Objektbasierte Programmierung mit Go

Christian Maurer

Objektbasierte Programmierung mit Go

2. Auflage

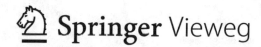

Christian Maurer
Berlin, Deutschland

ISBN 978-3-658-42013-0   ISBN 978-3-658-42014-7   (eBook)
https://doi.org/10.1007/978-3-658-42014-7

Die Deutsche Nationalbibliothek verzeichnet diese Publikation in der Deutschen Nationalbibliografie; detaillierte bibliografische Daten sind im Internet über http://dnb.d-nb.de abrufbar.

Plannung/Lektorat: Leonardo Milla
Springer Vieweg ist ein Imprint der eingetragenen Gesellschaft Springer Fachmedien Wiesbaden GmbH und ist ein Teil von Springer Nature.
Die Anschrift der Gesellschaft ist: Abraham-Lincoln-Str. 46, 65189 Wiesbaden, Germany

Professor David L. Parnas gewidmet

Vorwort

Object-oriented languages

A side effect of the application of information hiding is the creation of new objects that store data.

... FORTRAN ... Pascal ... Simula ... Smalltalk ... More recent languages have added new types of features (known as inheritance)

designed to make it possible to share representations between objects.

Often, these features are misused and result in a violation of information hiding and programs that are hard to change.

The most negative effect of the development of O-O languages has been to distract programmers from design principles.

Many seem to believe that if they write their program in an O-O language, they will write O-O programs.

Nothing could be further from the truth.

Component-Oriented Design

The old problems and dreams are still with us.

Only the words are new.

Abstract Data types

... Being able to use variables of these new, user-defined, abstract data types

in exactly the way as we use variables of built-in data types is obviously a good idea.

Unfortunately, I have never seen a language that achieved this.

David L. Parnas

In: The Secret History of Information Hiding, Software Pioneers, Springer 2002

Dieses Buch ist die fehlerbereinigte und erweiterte Version der ersten Auflage. Es besteht aus zwei Teilen:

- der Umsetzung objektbasierter Programmierung mit Go,
  - einer Darstellung der Grundzüge objektbasierter Entwicklung,
  - einer Einführung in wesentliche Aspekte von Go und
  - der Vorstellung des Mikrouniversums μU mit der Präsentation diverser klassischer Algorithmen,
- den Dokumentationen von Lehrprojekten aus Kursen der Lehrerweiterbildung Informatik am Institut für Informatik der Freien Universität Berlin und einigen von meinen Programmsystemen, die darauf basieren:
  - den|dem Roboter[n],
  - dem Terminkalender,
  - dem Spiel des Lebens,
  - der Go-Registermaschine,
  - dem elektronischen Griffel,
  - der Einadressmaschine Mini,
  - der Verwaltung eines Buchbestandes.
  - dem Inferno, einer Verwaltung quasi beliebiger Datensätze,
  - den Lindenmayer-Systemen,
  - dem Betrieb von Bahnhöfen,
  - der Darstellung von Figuren im Raum und
  - dem Berliner U- und S-Bahn-Netz.

Gegenüber der ersten Auflage wurden einige kleinere Fehler korrigiert und folgende Erweiterungen aufgenommen:

1. Das Kapitel über das Mikrouniversum wurde aktualisiert und die Kollektion *Graphen* darin aufgenommen.
2. Die letzten fünf der oben genannten Projekte sind hinzugekommen.

Bei Herrn Leonardo Milla vom Springer-Verlag möchte ich mich herzlich bedanken: Er hat meinen Wunsch nach dieser zweiten Auflage sehr freundlich unterstützt.

Alle Quelltexte sind auf der *Seite des Buches im weltweiten Netz* verfügbar: https://maurer-berlin.eu/obpbuch2/.

Berlin   Christian Maurer
den 4. April 2023

Inhaltsverzeichnis

Abbildungsverzeichnis

Teil I
Die Umsetzung objektbasierter Programmierung mit Go

Grundzüge objektbasierter Entwicklung

1

Zusammenfassung

In diesem Kapitel wird eine kurze Charakterisierung eines *auf den wesentlichen Kern reduzierten Programmlebenszyklus* dargestellt. Aufgabe der Systemanalyse ist es, die Objekte herauszupräparieren, die in einem System vorkommen. Diese Objekte liefern die Komponenten der Systemarchitektur und damit ein stringentes Konzept für die Konstruktion.

Entia non sunt multiplicanda praeter necessitatem;
frustra fit per plura, quod fieri potest per pauceriora.

Johannes Clauberg (1622–1665)
zugeschrieben William of Ockham (1287–1347)

Ganzheiten sollten nicht über das Notwendige hinaus vermehrt werden;
es ist überflüssig, etwas mit mehr Aufwand zu erledigen, was mit weniger geschehen kann.

„Occam's razor."

Die zentrale Leitidee, die wir hier verfolgen, ist, dass sich alle Konstruktionen im Rahmen der Entwicklung von Programm(system)en maßgeblich auf die *systematische Entwicklung abstrakter Datentypen*stützen. Die vorgestellten Grundsätze basieren darauf, was uns Parnas in [5] schon Anfang der siebziger Jahre gelehrt hat (s. auch z. B. [1] und [2]).

Sie sind insofern allgemeingültig, als sie weitgehend unabhängig von bestimmten Programmierparadigmen sind. (Die Einschränkung „weitgehend" ist dadurch begründet, als an etlichen Stellen das *Zustandskonzept* der imperativen Programmierung deutlich durchschimmert, das im *deklarativen* Paradigma keinen Sinn gibt.)

1.1   Der Programmlebenszyklus

Der Kern aller Modelle eines *(software life cycle)* bilden die Phasen

- *Systemanalyse,*
- *Systemarchitektur,*
- *Benutzerhandbuch* und
- *Konstruktion.*

Die Wartungsfreundlichkeit von Systemen wird durch die folgenden *grundlegenden Prinzipien der Analyse, der Planung, des Entwurfs und der Realisierung* bestimmt:

- die detaillierte Auseinandersetzung mit allen *sachlichen Hintergründen* der gestellten Aufgabe,
- eine *Zerlegung* in *Komponenten* und die Beschreibung ihrer wechselseitigen Abhängigkeiten sowie
- die vollständige und widerspruchsfreie Festlegung des *Außenverhaltens* des Systems,
- die elegante und nachvollziehbare *Beschreibung* und *Konstruktion* der ermittelten *Komponenten.*

Aus mangelnder Rücksicht auf diese Prinzipien resultieren fehlerträchtige, unbeherrschbare und risikoreiche Systeme, deren

- bestimmungsgemäßes Verhalten,
- Anpassbarkeit an andere Maschinen, Betriebssysteme, Entwicklungsumgebungen oder Programmiersprachen,
- Entwicklungsfähigkeit und Wartbarkeit bei Änderung oder Fortschreibung der Anforderungen

wegen ihrer inhärenten Instabilität gegen kleine Änderungen grundsätzlich *nicht sichergestellt* werden können und deren *Teile* auch *nicht* zur Lösung anderer Probleme *verwendbar* sind. Im Umkehrschluss sind damit einige Minimalforderungen an die Entwicklung von Programmen charakterisiert, die in der „Softwarekrise" um 1970 herum artikuliert wurden, was dazu geführt hat, dass die *Softwaretechnik* ein eigenständiges Fachgebiet der Informatik wurde.

Jedes Phasenmodell geht letztlich von einem starren Konzept aus und wird dem dialektischen Spiel der Phasen untereinander nicht genügend gerecht.

1.1.1 Systemanalyse

Bei jedem Vorhaben zur Konstruktion eines IT-Systems sind zur Präzisierung des Auftrags Untersuchungen über die funktionellen Abläufe und die Datenflüsse im System erforderlich, insbesondere auch darüber, welche Teile des zu automatisierenden Systems sich durch Rechner erledigen lassen. Sie bilden die notwendigen Voraussetzungen für die Festlegung der Leistungen des IT-Systems (s. Abb. 1.1) und damit für die Formulierung des Auftrags.

Daneben steht der Dialog zwischen AuftraggeberInnen und SystemanalytikerInnen über Details des Einsatzzweckes des Systems, der letztlich Grundlage für die Systemanalyse ist (s. Abb. 1.2).

Im Zuge der vertieften Beschäftigung mit den Sachfragen müssen auch die Rückwirkungen des Rechnereinsatzes einbezogen werden: Durch die Umstellung auf automatische Datenverarbeitung verändert sich eventuell die Struktur des betrachteten Systems.

Im Zusammenhang mit solchen Überlegungen wächst auch die Sensibilität für die Risiken blinden Vertrauens in IT-Systeme, die auf *von Menschen* (sic!) *geschriebenen Texten* – den Quelltexten von Programmen – beruhen, die weder „anfassbar" noch objektiv „messbar" sind, sondern reine *Gedankenkonstruktionen*.

Die Arbeit an der Systemanalyse kann zur Einsicht führen, dass sich nicht unbedingt *jeder* Aspekt des Systems automatisieren lässt, weil sich die Realisierung mancher interessanten Idee im Rahmen der vorgesehenen Kosten-Nutzen-Relation als zu aufwendig erweist (s. Abb. 1.3).

Die detaillierten Überlegungen in der Systemanalyse liefern einen natürlichen Einstieg in die Entwurfsarbeit, weil sich aus der Sachanalyse die im System erkannten *Objekte* und ihre *Gliederung* ableiten lässt.

Was im folgenden Kapitel gezeigt wird, sei hier schon zugesichert:

Abb. 1.1 Der Auftrag

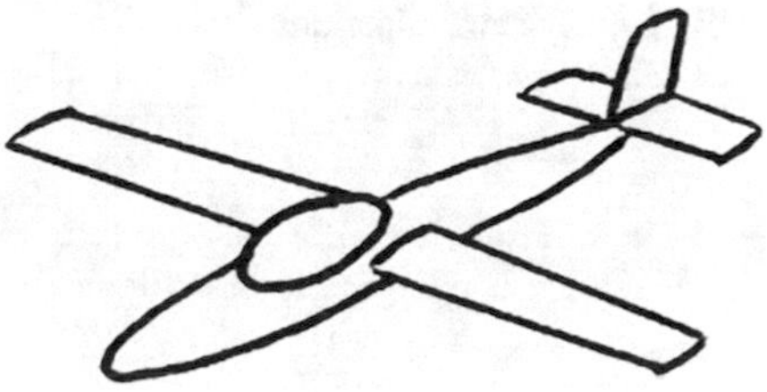

Abb. 1.2 Wie die Systemanalytiker den Auftrag verstanden haben

Abb. 1.3 Reduktion der
Systemanalyse, weil die
Auftraggeber geizig sind

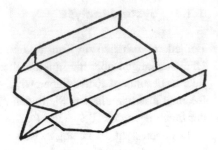

▶   Längs dieser Objekte ergibt sich die Antwort auf die Frage nach der Zerlegung des
     Systems in beherrschbare Teile völlig von selbst.

1.1.2   Systemarchitektur

Auf die Systemanalyse folgt die Arbeit am *Entwurf der Systemarchitektur* (s. Abb. 1.4)
mit dem Ziel einer Zerlegung des Gesamtsystems in *Komponenten* und ihrer gegenseitigen
Abhängigkeit.

Das Leitmotiv dabei ist die Frage, was die einzelnen Teile des Systems sind und wie
sie zusammenhängen. Hauptanliegen in dieser Phase ist die *Reduktion der Komplexität* des
Systems auf ein beherrschbares Maß, die sich möglichst stringent aus den Ergebnissen der
Systemanalyse ergibt.

Der Gewinnung sinnvoller Kriterien für eine Zerlegung dienen die folgenden Postulate
an die Komponenten:

● ein starker *innerer Zusammenhang* jeder einzelnen Komponente und
● eine von den anderen Komponenten weitgehend *unabhängige Verständlichkeit, Konstruierbarkeit, Prüf-* und *Wartbarkeit.*

Zur Erfüllung dieser Forderungen muss jede Komponente in zwei Teile aufgespalten werden:

Abb. 1.4 Systemarchitektur

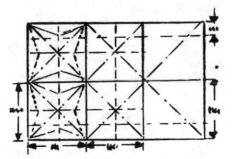

- die *Spezifikation,* der Aufzählung aller ihrer Leistungen und der exakten Beschreibung der *Voraussetzungen* und *Effekte* für jede einzelne Leistung und
- die *Implementierung* dieser Leistungen gemäß der Spezifikation, in der eine Entwurfsentscheidung unter Beachtung des Anforderungsprofils an das Systemverhalten (wie z. B. die Optimierung des Laufzeitverhaltens oder der Nutzung des Speichers) getroffen wird.

Konsequenz aus der Unterscheidung dieser beiden Teile ist die Forderung nach *strikter Trennung* von Spezifikation und Implementierung in verschiedene Textdateien mit einer Reihe von Vorteilen:

- Die Spezifikationen können gegen die nachträgliche Veränderung von Implementoren geschützt werden (eine Maßnahme, die einen Schutzmechanismus gegen typische Schwierigkeiten bei der Konstruktion größerer Systeme darstellt);
- Personen, die die Komponenten zur Entwicklung eigener Komponenten verwenden, werden nicht *dadurch* überfordert, dass ihre Arbeit die Kenntnis der Implementierungen der benutzten Komponenten voraussetzt; sie müssen nur deren Spezifikation kennen.
- Die Implementierung verschiedener Alternativen durch verschiedene Personen ist möglich.

Als Folgerung aus diesen Überlegungen ergibt sich, dass für die Entwicklung eines Systems Programmiersprachen benutzt werden müssen, mit denen sich dieses Konzept verwirklichen lässt.

Die strikte Trennung der beiden Teile bietet die Gewähr dafür, dass Klienten einer Komponente nicht implizite Annahmen über ihr Verhalten machen, die sie aus der Kenntnis von Implementierungsdetails haben. Nur so sind die internen Daten der Komponente vor unkontrollierten Zugriffen an der „Schnittstelle" (= der Spezifikation) vorbei sicher, die ihr Verhalten verändern und dadurch Nebeneffekte erzeugen können, die sich völlig unvorhersehbar auf das System auswirken.

(Wie ließe sich denn ein Kraftfahrzeug entwickeln, wenn z. B. die Konstruktion der Karosserie von technischen Details der Zylinderkopfhaube oder des Antiblockiersystems abhinge oder diese Details sogar zu beeinflussen suchte?)

1.1.2.1 Charakterisierung des Komponentenbegriffs

Im folgenden werden die allgemeinen Forderungen an die Komponenten einer Zerlegung des vorigen Abschnittes präzisiert.

Notwendige Bedingungen an einen sauberen Komponentenbegriff sind

- die *Einfachheit* der Spezifikation der Komponenten und
- die *Kontextunabhängigkeit* ihrer Implementierungen.

Zur *Einfachheit der Spezifikation* einer Komponente gehören

- *genaue* umgangssprachliche Formulierungen, möglicherweise funktionale Spezifikationen (d. h. in einer funktionalen Programmiersprache), algebraische Spezifikationen oder in formalen Spezifikationssprachen,
- *Minimalität* ihres Leistungsumfangs durch die Bereitstellung eines zusammenhängenden, nicht in Teilprobleme zerlegbaren Problemkreises,
- gleichzeitig *Maximalität* ihres Leistungsumfangs mit dem Ziel der Verwendbarkeit auch für andere Zwecke als dem ursprünglich geplanten, aber trotzdem *Offenheit* für Erweiterungen ihres Leistungsumfanges.
- *Unabhängigkeit* von den Spezifikationen anderer Komponenten mit Ausnahme derjenigen, auf denen sie per „Erweiterung der Spezifikation" aufbauen,
- die Reduktion von Datentransporten auf das geringsmögliche Maß, sowohl innerhalb der Komponente als auch zwischen ihr und den von ihr benutzten Komponenten,
- die rigide *Vermeidung* der Offenlegung irgendwelcher Implementierungsdetails.

Der *Kontextunabhängigkeit der Implementierung* einer Komponente lassen sich folgende Punkte zuordnen:

- *Beschränkung* auf die Erledigung der durch die Spezifikation gegebenen Aufgabe, die durch eine starke innere (logische wie sachliche) Bindung gekennzeichnet ist, also Verzicht auf die Konstruktion von Systemteilen, die nicht unmittelbar aus der gegebenen Spezifikation erwachsen,
- Begrenzung der Anzahl der benutzten Komponenten auf das *Minimum* dessen, was für die Erfüllung der Spezifikation Aufgabe notwendig ist, ggf. unter Auslagerung von abtrennbaren Teilen in separate Komponenten,
- Offenhaltung von *alternativen* Implementierungen, z. B. unter Effizienzgesichtspunkten des vorgesehenen Verwendungszwecks,
- die von der Implementierung anderer Komponenten *unabhängige* Auswahl solcher Datenstrukturen und Algorithmen, die dem Anforderungsprofil angepasst sind,
- *Kopplung* an die benutzten Komponenten nur über deren Spezifikation, also ohne jede Kenntnis ihrer internen Daten oder Abläufe,
- *Testbarkeit,* d. h. Überprüfbarkeit ihrer einwandfreien Funktion gemäß Spezifikation,
- *Wartbarkeit,* d. h. Lokalisierbarkeit und Behebbarkeit von Fehlern und Anpassbarkeit an andere Bedingungen der Benutzung.

1.1.2.2 Objektbasierte Zerlegungen
Ein – zu seiner Zeit noch unkonventionelles – Zerlegungskriterium hat Parnas bereits 1972 in [4] formuliert: anstatt ein System nach seinen Ablaufschritten zu zerlegen, soll jede

Komponente eine *Entwurfsentscheidung* realisieren (zu der es in der Regel Alternativen gibt).

Dieser Anspruch wird durch eine *Systemarchitektur* eingelöst, die sich an den *Objekten* des betrachteten Systems orientiert:

▶   Die Komponenten eines Systems sind durch seine Objekte und die Eigenschaften und Operationen, die sie charakterisieren bzw. bearbeiten, definiert.

Eine derartige *objektbasierte Zerlegung* lässt sich nicht nur auf sehr natürliche Weise aus der Systemanalyse ableiten, sondern liefert, wie im folgenden gezeigt wird, einen stringenten Ansatz für die Systemarchitektur eines Systems: Aus ihr ergeben sich *hinreichende* Bedingungen für einen abgrenzbaren Komponentenbegriff im Sinne des vorigen Abschnitts, d. h., sie erfüllt vollständig alle genannten Forderungen.

Eine *ablauforientierte* Zerlegung entspricht dagegen *in überhaupt keiner Weise* dem von Parnas vorgezeichneten Weg durch den Programmlebenszyklus.

Ansatz für eine objektbasierte Entwurfsmethodik ist die Aufgabe, aus der Systemanalyse die realen Objekte, die im System manipuliert werden, in einem problemangemessenen Feinheitsgrad zu modellieren und aus ihrem Leistungsspektrum die Zugriffe auf ihre Modelle herauszuarbeiten. Eine derartige Strukturanalyse führt rückwirkend zu einem tieferen Verständnis für das zugrundeliegende reale System und daher auch für die Forderung nach Genauigkeit der Formulierungen in der Anforderungsdefinition. Das führt zur Festlegung

• sowohl der Spezifikationen einzelner Komponenten
• als auch der Wechselbeziehungen verschiedener Komponenten in der Systemarchitektur.

Die Hierarchie der so gefundenen – vorerst ungeordneten – Menge der Komponenten des Systems ergibt sich aus der Aufdeckung der Abhängigkeiten zwischen den betrachteten Objekten: Eine Komponente, die neue Objekte durch die Zusammenfassung von gegebenen Objekten auf strukturierte Weise definiert, benutzt genau *diejenigen* Komponenten, die ihrerseits die zusammenzufassenden Objekte definieren.

1.1.2.3 Abstrakte Datentypen

Die Forderungen des vorigen Abschnitts nach starkem inneren Zusammenhang und einer von anderen Komponenten weitgehenden Unabhängigkeit der einzelnen Komponenten sind unmittelbar erfüllt, wenn eine Komponente

• entweder eine *Klasse von Objekten des gleichen Typs* oder
• – in Ausnahmefällen – den Zugriff auf ein *einzelnes Objekt* behandelt.

Bei Programmiersprachen, die eine Trennung von Spezifikation und Implementierung erlauben, definiert die zugehörige Spezifikation

- einen *abstrakten Datentyp,* d.h. eine Klasse von Objekten mit ihren Zugriffsoperationen, die in *dem* Sinne *abstrakt* ist, als seine Repräsentation in der Spezifikation zwar kommentarhaft beschrieben sein mag, jedoch syntaktisch nicht sichtbar ist, oder
- die Zugriffsoperationen auf ein *abstraktes Datenobjekt* (das nur in der Implementierung verwaltet, also nicht explizit zur Verfügung gestellt wird).

Der zweite Fall kann insofern als Spezialfall des ersten betrachtet werden, als es um *ein* Exemplar eines abstrakten Datentyps und die Zugriffsfunktionen darauf geht.

Eine Ausnahme stellen diejenigen Komponenten der untersten Schicht dar, die das System an die Dienste des Betriebssystems anbinden; einzelne periphere Komponenten des Rechners (wie z.B. Bildschirm, Tastatur, Maus oder Drucker) werden in der Regel nur in *einer* Ausprägung benötigt und deshalb meistens als einzelne Datenobjekte modelliert.

Weitere Komponententypen sind überflüssig, weil auch algorithmisch betonte Systemteile strukturell deutlich an Klarheit gewinnen und sich sauber in die Hierarchie der im System verwendeten Objekte einfügen, wenn sie als Zugriffsoperationen auf gewisse herauszuarbeitende Datentyen erkannt werden. Damit kannn sich eine Zerlegung weitgehend auf den erstgenannten Fall stützen.

Die Implementierung eines Datentyps und der Zugriffe darauf setzt sich wiederum aus Datentypen und der Zugriffe auf sie zusammen, die in anderen derartigen Komponenten spezifiziert sind.

Die Zerlegung eines Systems in Komponenten hat nach diesem Prinzip genau *dann* ein Ende erreicht, wenn bei der Implementierung nur noch atomare Datentypen, d.h. Bestandteile der eingesetzten Programmiersprache, verwendet werden, aus denen sich letztlich alle Datentypen zusammensetzen.

Unter der (offensichtlich sinnvollen) Annahme, dass kein Objekt – auch nicht über mehrere Schichten – ein Objekt seines eigenen Typs als Teil enthalten kann, ist diese rekursive Definition fundiert, d.h. sie terminiert.

Somit ergibt sich eine stringente Systemarchitektur in Form einer nach zunehmender Komplexität der Objekte geordneten hierarchisch geschichteten Struktur aus abstrakten Datentypen.

Die *Benennung* der Komponenten ist abhängig von der verwendeten Programmiersprache; In Haskell oder Modula-2 heißen sie z.B. *Modul,* in C#, D und Java *Klassen* und in Go *Pakete.*

1.1.3 Benutzerhandbuch

Wenn die Systemarchitektur fertig ist, beginnt die Arbeit an einer exakten Beschreibung des (Außen-)Verhaltens des Systems und seiner Bedienung, d. h., der Gestaltung der *Benutzeroberfläche* und ggf. der *Schnittstellen* zu peripheren Geräten.

Die Benutzeroberfläche ist durch die Interaktionen zwischen Benutzern (ggf. auch eingesetzten peripheren Geräten) und dem automatisierten System, das auf Rechnern läuft, gegeben. Zu ihrer Gestaltung gehört die Beschreibung der *Benutzer-Eingaben* in die Rechner (ggf. auch durch die zur Erfassung von Daten eingesetzten Geräte) und der *Ausgaben* der Rechner (ggf. auch der für Datenausgabe vorgesehenen Geräte).

Die Überlegungen dazu lassen sich in zwei Kategorien einteilen:

- die *Darstellungsformen der Objekte* auf dem Bildschirm und ggf. sonstigen Geräten und
- die *Eingaben* und *-Kommandos* zur Bedienung des Systems.

Die genannten Punkte sind weitgehend unabhängig voneinander zu klären: Beispielsweise hängt die Repräsentation der Daten auf dem Bildschirm nicht von der Art der Bedienung des Systems (durch Tastatur und/oder Maus oder Eingaben aus Daten anderer Geräte) ab und die Bedienung des Programms hat nichts mit der Darstellung der Daten auf dem Bildschirm oder den Ausgaben auf peripheren Geräten zu tun.

Als Orientierungshilfe zur Gestaltung von Benutzeroberflächen seien einige Fragen von Nievergelt und Ventura in [3] zitiert, die „die meisten Schwierigkeiten der Benutzer interaktiver Programme gut kennzeichnen":

- Wo bin ich?
- Was kann ich hier tun?
- Wie kam ich hierhin?
- Wo kann ich hin und wie komme ich dorthin?

Dieser Fragenkatalog muss erweitert werden, z. B. durch:

- Wie komme ich hier wieder heraus?
- Wie erfahre ich nach einer Unterbrechung der Arbeit, wo ich bin?
- Was *soll* ich hier tun?
- Mit welchen Tasten, Mausklicks, Befehlen o. ä. erreiche ich, was ich will?
- Kann ich etwas *ungeschehen* machen? Wenn ja, *wie*?
- *Welchen* Fehler habe ich gerade gemacht?

Das Endprodukt der Arbeit in dieser Phase ist das *Benutzerhandbuch* (häufig auch „Bedienungsanleitung" genannt).

1.1.4 Konstruktion

Die Konstruktion eines Programms (s. Abb. 1.5) im Sinne des Programmlebenszyklus besteht nach dem vorhergesagten aus zwei Teilen:

- für jede Komponente aus
  - ihrer Spezifikation und
  - ihrer Implementierung
- und der *Systemintegration* – der Gliederung der Komponenten.

1.1.4.1 Spezikation der Komponenten

Wenn eine Komponente einen abstrakten *Datentyp* zur Verfügung stellt, wird im „Kopf" ihrer Spezifikation sein Name (was bei abstrakten *Datenobjekten* natürlich ersatzlos entfällt) angegeben. Der Name des Datentyps *ist* entweder der Name der Komponente, wenn das die Syntax der verwendeten Programmiersprache erlaubt, mindestens kann er jedoch als *Synonym dafür* aufgefasst werden. Dazu gehört ggf. eine Beschreibung der Semantik des Datentyps.

Der „Rumpf" der Spezifikation einer Komponente besteht aus der Auflistung aller *Zugriffsoperationen* auf die Objekte (die „Variablen" des Datentyps) unter Angabe ihrer *Syntax* und ihrer *Semantik,* d.h. der Angabe ihrer *Nutzungsvoraussetzungen* und *Effektbeschreibungen* Dabei darf nicht vergessen werden, Operationen vorzusehen, die es den Klienten ermöglichen, die Voraussetzungen zu überprüfen.

Für den Fall, dass mehrere Implementierungen vorliegen, die sich z. B. durch ihre Effizienz für unterschiedliche Nutzungsanforderungen unterscheiden, müssen natürlich entsprechend viele unterschiedliche Typnamen verwendet und Konstruktoren angegeben werden. In diesem Fall sollten Klienten auch durch eine Kommentierung *der Typen* angemessen informiert werden.

Falls erforderlich, werden *Konstanten* angegeben, z. B. als Schranken für bestimmte Bereiche, oder zur Benennung der Komponenten von Aufzähltypen wie z. B. in einem Daten-

Abb. 1.5 Konstruktion

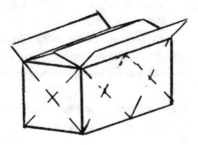

typ *Kalenderdatum Wochentag* (Montag, Dienstag, …) und *Periode* (täglich, wöchentlich, monatlich, …).

Variable gehören dagegen – wegen der Gefahren, die von unkontrollierbaren Veränderungen von außen damit verbunden sind – *auf keinen Fall* in die Spezifikation.

Zur Manipulation von *Komponentenvariablen* (d. h. von globalen Variablen in den Implementierungen der Komponenten, die von außen nicht zugreifbar sind) werden Operationen bereitgestellt, die deren Werte liefern bzw. verändern.

1.1.4.2 Implementierung der Komponenten

In der Implementierung einer Komponente erfolgt zunächst die Festlegung des konkreten Datentyps, der den spezifizierten Datentyp modelliert, oder die konkrete Repräsentation des Datenobjekts, das Träger für die Operationen auf dem abstrakten Datenobjekt ist.

In der Regel handelt es sich dabei um einen der folgenden Fälle:
Auf der untersten Ebene durch

- die Wahl eines elementaren Datentyps (Zeichen, Zeichenkette, Wahrheitswert, natürliche oder ganze Zahl, Gleitkommazahl, selbstdefinierter Aufzähltyp)

und auf höheren Ebenen durch

- die *Konstruktion neuer Objekte*, deren Attribute gegebene Objekte verschiedenen Typs sind, durch das „Zusammenbinden" vermöge eines Typkonstruktors *„Tupel"*, oder
- das Zusammenfassen gegebener Objekte zu *Mengen von Objekten* (die selbst wiederum Objekte sind), z. B. in statischen oder dynamischen Feldern, Streuspeichertabellen, in dynamischen Geflechten (Listen, Bäumen, Graphen) oder in persistenten Typkonstruktionen zur dauerhaften Speicherung (sequentiellen oder indexsequentiellen Dateien, B-Bäumen o. ä.).

Bei der Implementierung der Operationen handelt es sich dann in vielen Fällen um wohlbekannte Algorithmen zur Bearbeitung der jeweiligen Datenstrukturen.

Sollten sich bei der Implementierung Entwurfsfehler herausstellen – meist in Form von Unvollständigkeiten oder mangelnder Eindeutigkeit, eventuell aufgrund von bisher unentdeckten Widersprüchlichkeiten in vorherigen Phasen –, müssen die Spezifikation in enger Kooperation mit allen beteiligten Klienten korrigiert und deren Implementierungen den Änderungen angepasst werden.

In unserem einfachen Modell des Programmlebenszyklus ist für *Tests der Komponenten keine eigene Phase* vorgesehen, weil wir Tests der Implementierungen gegen ihre Spezifikation als Bestandteil der Implementierung betrachten.

Abb. 1.6 Was *eigentlich* gemeint war ...

1.1.4.3 Komponentenhierarchie

Ein Programm wird in einfachen Fällen mit einer Eingabeschleife *(event loop)*, in komplexeren Fällen mit einem Auswahlmenü gesteuert, worüber durch Eingaben der Nutzer in einzelne Programmteile verzweigt wird, die ihrerseits aus Eingabeschleifen oder Auswahlmenüs bestehen können. Die *Systemintegration* besteht damit aus der Konstruktion der Eingabeschleife(n) und Auswahlmenüs unter Einbindung der entwickelten Komponenten.

Der erste Schritt in einer Revision ist die Überprüfung darauf, ob das konstruierte System (s. Abb. 1.6) mit den Vorstellungen der Auftraggeber oder Nutzer übereinstimmt.

▶ Ein System macht nicht *das,* was sich die Auftraggeber ursprünglich vorgestellt hatten, sondern *das,* was die Entwickler *konstruiert* haben.

Ziel einer Revision des Systems sind dann ggf. entsprechende Korrekturen und in der Regel eine Erweiterung der Funktionalität des Systems oder eine Anpassung an veränderte Voraussetzungen für seinen Einsatz. Sie besteht daher aus einem Neueintritt in die erste Phase des Programmlebenszyklus, von wo aus er erneut zyklisch durchlaufen wird.

1.2 Vorteile einer objektbasierten Systemarchitektur

Dass die Forderungen an die Komponenten der Zerlegung eines Systems nach seinen Objekten aus dem Abschn. 1.1.2.1 und dass sämtliche Postulate aus dem Abschn. 1.1.2.2 an einen sachgerechten Komponentenbegriff auf natürliche Weise erfüllt sind, ist leicht einzusehen.

1.2.1 Zur Spezifikation

Leider tut sich hier eine entscheidende Schwäche vieler gängiger Programmiersprachen auf: Mangelnde syntaktische Unterstützung für die Absicherungen gegen Nichtbeachtung von Voraussetzungen oder für die Zusicherungen von Effekten. Eine optimale Sprachebene ist natürlich eine algebraische Spezifikation der Operationen durch Gleichungen (Beziehungen zwischen den Operationen).

Die *Verständlichkeit und Überschaubarkeit* der Spezifikation und die Minimalität ihres Leistungsangebotes sind durch die Behandlung genau eines Datentyps (ggf. Datenobjekts) a priori gewährleistet.

Die Minimalität des Leistungsangebots ist gesichert, weil es nur um Zugriffe auf Objekte *eines* Datentyps geht; entsprechendes gilt für die Unabhängigkeit von der Spezifikation anderer Komponenten, soweit die Spezifikation nicht die anderer Datentypen erweitert. Die Reduktion von Datentransporten ist auf triviale Weise erreicht, weil nur Operationen auf dem abtrakten Datentyp mit ihren Parametern bereitgestellt werden.

Bei der Verwendung *abstrakter Datentypen* sichert die Unsichtbarkeit des Aufbaus eines Objekts aus Bestandteilen in der Spezifikation von selbst die Wahrung des *Geheimnisprinzips* und eine weitestgehende Unabhängigkeit von anderen Komponenten.

Allgemeinheitsgrad und *Geschlossenheit* ergeben sich in Verbindung mit einer anzustrebenden Maximalität des Leistungsangebotes im Rahmen der gesteckten Grenzen: auf jeden Fall soll eine genügend große Vielfalt von Zugriffen auf die Objekte des betrachteten Datentyps vorgesehen werden, um die Komponente möglichst universell verwendbar zu machen. Das widerspricht keineswegs dem Prinzip der *Offenheit:* Eine Komponente lässt sich jederzeit durch die Spezifikation und Implementierung vorerst nicht bedachter, aber später als notwendig erkannter Zugriffe erweitern (was natürlich die Neuübersetzung ihrer Klienten erfordert).

1.2.2   Zur Implementierung

Auch die für die *Implementierung* als notwendig erachteten Postulate werden gewissermaßen von selbst eingelöst:

Die *Beherrschbarkeit der auftretenden Komplexität* ist durch die Konstruktion von Datentypen aus Bestandteilen gesichert, die vorher definiert sind. Da deren Konstruktionsdetails wiederum in anderen Implementierungen verborgen sind, muss sich die Implementierung der zusammengesetzten Datentypen nicht um Einzelheiten scheren, sondern kann ihre Existenz und die Zugriffe auf sie nur auf der Basis der Kenntnis ihrer Definition, also auf einer recht abstrakten Ebene, voraussetzen.

Wenn sich bei der Implementierung herausstellt, dass weitere, zunächst nicht vorgesehene Teile notwendig sind, gibt das Anlass zur Konstruktion separater Komponenten, die dann – wiederum nur unter Rückgriff auf ihre abstrakte Beschreibung, d. h. ihre Spezifikation – benutzt werden.

Das *Geheimnisprinzip* lässt sich hervorragend ausnutzen: *Geheimnisprinzip*

Die Ersetzung von Implementierungen durch Alternativen wird durch das geschilderte Prinzip optimal unterstützt. Typische Beispiele – wohlgemerkt bei gleichen Spezifikationen – gibt es etwa in folgenden Szenarios:

Es können unterschiedliche Implementierungen in Abhängigkeit davon erforderlich sein, ob Datenbestände nur einmal erfasst und dann vorzugsweise durchsucht, oder ob sie laufend aktualisiert werden und Recherchen vergleichsweise selten sind; die Implementierung des Zugriffs auf Daten in *einem* Rechner unterscheidet sich grundsätzlich vom Zugriff auf verteilte Daten, die auf verschiedenen Rechnern liegen.

Häufig gilt es, Alternativen zu prüfen, die zwischen widersprüchlichen Anforderungen an günstiges Laufzeitverhalten einer Komponente und der Forderung nach minimalem Speicherbedarf abwägen. Durchgriffe auf die Basismaschine werden in geeigneten Komponenten isoliert, deren Implementierungen sich für verschiedene Zielsysteme wesentlich voneinander unterscheiden können.

Die *Interferenzfreiheit* ist durch die Unabhängigkeit der Spezifikations- und Implementierungsteilen der Komponenten gesichert.

Zur Vermeidung der Verwendung systemübergreifender Zustandsinformationen, die im ganzen System sichtbar, folglich auch manipulierbar – und daher fast zwangsläufig Quelle höchst fataler, aber schwer auffindbarer Fehler in größeren Systemen – sind, müssen *globale Variable* – die aus eben diesem Grunde nur als *Teufelszeug* (!) bezeichnet werden können – in Komponenten (ggf. in lokalen Unterkomponenten) eingekapselt werden. Dadurch bleibt ihr Inhalt – im Gegensatz zu lokalen Variablen in Operationen – zwar über die ganze Programmlaufzeit erhalten, aber sie sind vor unkontrollierbaren Zugriffen von außen sicher. Das setzt natürlich voraus, dass die verwendete Programmiersprache ein solches Konzept unterstützt).

Andere nützliche Aspekte der geschilderten Methode sind, dass sie

- eine stringente Weiterentwicklung eines Prototyps durch Verfeinerung der bislang auftretenden Strukturen oder durch Zusammenfassung mit anderen Strukturen zu größeren Einheiten ermöglicht,
- grundsätzlich eine gewisse Gewähr dafür bietet, dass wiederverwendbare Teile von Programmsystemen konstruiert werden (was angesichts der kostenträchtigen Entwicklungsarbeit im Softwarebereich sehr wertvoll ist)
- und sich einer weitgehend dezentralen Programmentwicklung nicht in den Weg stellt.

Literatur

1. Dijkstra, E. W.: The Humble Programmer. Commun. ACM 15 (1972), 859-866. https://www.doi.org/10.1145/355604.361591. https://www.cs.utexas.edu/users/EWD/ewd03xx/EWD340.PDF
2. Liskov, B., Guttag, J. V.: Abstraction and Specification in Program Development. The MIT Press - McGraw-Hill Book Company (1986)
3. Nievergelt, J., Ventura, A.: Die Gestaltung interaktiver Programme - mit Anwendungsbeispielen im Unterricht. B. G. Teubner, Stuttgart (1983)
4. Parnas, D. L.: A Technique for Software Module Specification with Examples. Commun. ACM 15 (1972), 330–336. https://www.doi.org/10.1145/355602.361309
5. Parnas, D. L.: On the Criteria To Be Used in Decomposing Systems Into Modules. Commun. ACM 15 (1972), 1053–1058. https://www.doi.org/10.1145/361598.361623

Aspekte von Go

2

Zusammenfassung

In diesem Kapitel wird keine vollständige Einführung in Go gegeben, insbesondere soll es nicht die Sprachbeschreibung ersetzen. Es geht vielmehr um Aspekte von Go, die in dieser Form den Dokumentationen der Go-Entwickler nicht unmittelbar zu entnehmen sind, und zwar, wie sich fundamentale softwaretechnische Grundprinzipien in Go realisieren lassen. Das Paket-Konzept wird erläutert und es wird gezeigt, wie abstrakte Datentypen als Pakete realisiert werden können. Es folgen Betrachtungen zum Variablen- bzw. Objektbegriff und zu der Unterscheidung zwischen Wert- und Referenzsemantik – einem zentralen Punkt in der OOP.

Is Go an object-oriented language?
Yes and No.

The Go Authors
http://golang.org/doc/go_faq.html#Is_Go_an_object-oriented_language

Im Herbst 2007 begann bei Google die Arbeit am Entwurf der Programmiersprache Go; veröffentlicht wurde Go im November 2009; die erste stabile Version Go 1 erschien Ende März 2012.

Go erlaubt Programmierung auf unterschiedlichsten Abstraktionsebenen:

- von niedrigstmöglichen
  - durch die Einbindung von Programmteilen, die in Assembler oder C geschrieben sind, und von Systembibliotheken,
- über einfachste

C. Maurer, *Objektbasierte Programmierung mit Go*,
https://doi.org/10.1007/978-3-658-42014-7_2

- zur Entwicklung kleiner Programme
- bis zu ganz hohen
  - durch die Zusammenfassung ganzer Gruppen von Komponenten wiederum zu Komponenten, durch die abstrakte Entwurfsmuster realisiert werden.

2.1   Zur Installation von Go

Compiler, Quelltexte, Lizenzbedingungen usw. finden sich im weltweiten Netz (s. [1]). Hinweise zur Installation sind im weltweiten Netz unter abgelegt (s. [2])

Go benötigt einige Umgebungsvariablen, die zweckmäßigerweise in einer Datei im Verzeichnis /etc/profile.d gesetzt werden. Wechseln Sie dazu als root dorthin:

```
cd /etc/profile.d
```

und legen Sie dort die Datei go.sh mit folgendem Inhalt ab:

```
export  GO111MODULE=auto
export  GOOS=linux
export  GOARCH=amd64
export  GOROOT=/usr/local/go
export  PATH=$PATH:$GOROOT/bin
if [ $UID = 0 ]; then
  export  GOSRC=$GOROOT/src
else
  export  GO=$HOME/go
  export  GOPATH=$GO
  export  GOSRC=$GO/src
  export  GOBIN=$GO/bin
  mkdir -p $GOSRC $GO/pkg $GOBIN
  export  PATH=$PATH:$GOBIN
fi
```

Diese Definitionen sind dann nach jedem Neustart des Rechners gültig.

Die Datei go.sh ist im weltweiten Netz bei https://maurer-berlin.eu/go abgelegt und kann von dort heruntergeladen werden.

Go wird im Verzeichnis /usr/local/go installiert, indem Sie als root das Gorepository einspielen, nachdem Sie eine evtl. vorhandene ältere Version gelöscht haben:

```
cd /usr/local
rm -rf go
tar xfzv go...tgz
```

Die dritte Zeile ist dabei zu präzisieren, z. B. so: tar xfzv go1.20.2.linux-amd64. tar.gz.

Die Bibliothekspakete von Go liegen dann im Verzeichnis /usr/local/go/src.

2.2   Pakete in Go

Der Komponentenbegriff in Go ist der des *Pakets (package).*
Es gibt zwei Arten von Paketen:

- *Programmpakete,* die ein ausführbares Programm implementieren, und
- *Bibliothekspakete,* die Leistungen für *andere* Pakete liefern.

Der Quelltext eines Pakets besteht aus einer oder mehreren Dateien, deren Name mit dem Suffix „. go" endet. Alle Quelltextdateien, die zu einem Paket gehören, müssen sich im gleichen Verzeichnis befinden und mit der gleichen Zeile

```
package  ...
```

beginnen, wobei für . . . der Name des Pakets eingesetzt wird. In den Quellen von *Programmpaketen* muss dafür der Bezeichner main verwendet werden, d. h., sie müssen immer mit der Zeile

```
package main
```

beginnen.

2.2.1   Programmpakete

Die Quelltexte eines *Programmpakets* können sich im Prinzip in einem beliebigen Verzeichnis befinden; sinnvoll ist es allerdings, sie in ein Unterverzeichnis von $GOSRC mit dem Namen des Programms zu stellen; Quelltexte von *Bibliothekspaketen müssen* dagegen in einem Verzeichnis (unterhalb des Knotens $GOSRC) liegen, dessen Name mit dem Namen des Pakets übereinstimmt.

2.2.2   Bibliothekspakete

Bibliothekspakete

- können auf mehrere Dateien verteilt werden,
- verfügen über einen einfachen *Exportmechanismus,*
- können einen *Initialisierungsteil* haben und
- können *geschachtelt* werden.

Die Möglichkeit, ein Paket in mehrere Dateien aufzuteilen, erlaubt insbesondere die *Zerlegung* eines *abstrakten Datentyps,* der von einem Bibliothekspaket zur Verfügung gestellt wird, in

- seine *Spezifikation* und
- seine *Implementierung(en)*.

Bei *Programmpaketen* gibt eine solche Trennung natürlich keinen Sinn, weil sie nichts exportieren.

▶   Damit erfüllt Go die im Abschn. 1.1.2.3 genannten Bedingungen.

Die Beziehungen zwischen Paketen werden durch die Begriffe „Import" und „Export" geregelt. Die syntaktischen Regeln dazu sind denkbar einfach:

Alle Bezeichner aus einem Paket `abc`, die mit einem *Großbuchstaben* beginnen, werden mit der Anweisung

```
import "abc"
```

importiert. Mehrere Pakete werden dabei in Klammern eingeschlossen und paarweise voneinander durch ein Semikolon oder einen Zeilenvorschub getrennt. Auf Bezeichner mit einem kleinen Anfangsbuchstaben kann dagegen von außerhalb des Pakets nicht zugegriffen werden; ihre Sichtbarkeit ist auf die Quelltexte innerhalb des Pakets eingeschränkt. (s. https://golang.org/ref/spec → Exported Identifiers).

Die Importanweisung muss am Anfang eines Pakets – unmittelbar nach der ersten Zeile `package ...` – stehen. Jeder importierte Bezeichner wird dann mit dem Namen des Pakets, das ihn exportiert, als Präfix – vom Bezeichner durch einen Punkt getrennt – verwendet.

2.2.2.1 Spezifikation von Bibliothekspaketen

Die Spezifikation eines abstrakten Datentyps hat die syntaktische Form eines *Interface,* das mit der Typdeklaration beginnt. Danach können sowohl

- die Namen benutzter Interfaces als auch
- eine Liste der Signaturen der exportierten Methoden, die auf ihm operieren, und
- ggf. weitere Funktionen

folgen.

Der erste dieser beiden Fälle zeigt, dass es sich im Grunde um eine rekursive Definition handeln kann, die einen sehr mächtigen Aspekt von Go darstellt: Spezifikationen können in der Weise „geschachtelt" werden, dass Interfaces – schlicht mittels der `import`-Klausel – „vererbt" werden können. Dieser Mechanismus der „Vererbung" *auf der Ebene von Spezifikationen* ist m. E. viel bedeutender, als die auf der Ebene von Implementierungen, weil er – wenn geschickt eingesetzt – Berge von Quelltextzeilen erspart.

Diese Einschätzung klingt zwangsläufig recht abstrakt und kann nur im Kontext geeigneter Beispiele verständlich werden. Wir werden aber viele detaillierte Beispiele für diese

These geben und das im Kapitel über das Mikrouniversum an einigen abstrakten Datentypen erläutern.

An dieser Stelle zeigt sich deutlich, dass der Entwurf von Go weit über das Konzept der Objekt*basierung* hinausgeht und einen zentralen Aspekt der Objekt*orientierung* realisiert.

Ein einfaches Beispiel dazu:

Wenn das Paket xyz den Datentyp namens Xyz und die Methoden X(), Y() uint und Z (b bool) exportiert und dabei aus dem Interface Abc im Paket abc dessen Methoden A() und B() erbt, die im Paket abc definiert sind, sieht das so aus:

```
package xyz

import "abc"

type Xyz interface {
  Abc
  X()
  Y() uint
  Z (b bool)
}
```

Klienten dieses Pakets können dann sowohl die Methoden von Xyz nutzen als auch – ohne Import des Pakets abc – dessen Methoden A() und B() als solche auf Objekten des Typs Xyz.

Zu einer Spezifikation eines abstrakten Datentyps in einem Paket kann es durchaus auch alternative Implementierungen geben, was für bestimmte Zwecke sehr hilfreich ist. Sie realisieren unterschiedliche Entwurfsentscheidungen, die Alternativen für Klienten anbieten, z. B. in Bezug auf Laufzeitbetrachtungen oder Speichereffizienz. Auch dafür werden wir einige Beispiele vorstellen.

Die Konsequenz der bisher vorgestellten Tatsachen und Postulate ist, dass Go für objektbasierte Programmentwicklung hervorragend geeignet ist und eine rigide Umsetzung des Prinzips des *„information-hiding"* ermöglicht, wie es in jedem Lehrbuch über Softwaretechnik erläutert ist.

Die einzige Einschränkung, dass in Go Spezifikationen abstrakter Daten*objekte* syntaktisch nicht formulierbar sind, kann kompensiert werden, indem statt der Konstruktion eines Daten*objekts* ein Daten*typ* konstruiert wird, von dem nur ein einziges Exemplar erzeugt und benutzt wird.

Lediglich bei Datenobjekten, die den Zugriff auf ein Peripheriegerät kapseln, von dem nur ein Exemplar existiert (Maus, Tastatur, Drucker o. ä.), ist das nicht sinnvoll; aber hier kann man sich mit einem einfachen „Trick" behelfen, der auch an geeigneter Stelle vorgestellt wird. Es muss hier aber ausdrücklich betont werden: Die Vorzüge des Paket-Konzepts von Go machen diesen Nachteil mehr als wett.

2.2.2.2 Konstruktoren

Konstruktoren haben syntaktisch eigentlich nichts in einer Spezifikation zu suchen, weil das
– im Widerspruch zum objektorientierten Ansatz – die mögliche Vielfalt von Implementierungen einschränken würde.

Aber mit einem einfachen „Trick" lässt sich das umgehen:

Es wird eine Konstruktorfunktion in die Spezifikation aufgenommen, die ihrerseits eine
– von außen unzugängliche, weil kleingeschriebene – Funktion aus der Implementierung
aufruft und damit die Details ihrer Konstruktion versteckt. Damit wird erreicht, dass Klienten
über die Syntax und Semantik der Konstruktoren informiert werden, *ohne* in den Quelltext
der Implementierung schauen zu müssen. (Der Zwang, so etwas tun zu müssen, stellt einen
zwar häufig zu beobachtenden, aber äußerst kritikwürdigen Verstoß gegen den Grundsatz
des *„information hiding"* dar.)

Wenn ein Paket mehrere Implementierungen enthält, sollten die Konstruktorfunktionen
Hinweise – in Form von Kommentaren – zu den semantischen Unterschieden zwischen den
entsprechenden Implementierungen enthalten, damit ein Klient diejenigen Konstruktoren
auswählen kann, die zu seinen Anwendungszwecken passen.

2.2.2.3 Abstrakte Datenobjekte

Ein Paket kann auch ein abstraktes Daten*objekt* realisieren, was z. B. bei Durchgriffen auf
die Hardware sinnvoll ist – ein Rechner verfügt nur über *eine* Tastatur, *eine* Maus oder *eine*
tty-Konsole.

In der Regel ist es aber grundsätzlich möglich, auch abstrakte Datenobjekte unter Rückgriff auf abstrakte Datentypen zu konstruieren. Dazu wird – nur in der Implementierung –
ein Datentyp definiert und von ihm ein einziges Exemplar erzeugt.

Die Spezifikation gibt in diesem Fall keinen Interface-Typ mehr an, sondern besteht nur
aus den Zugriffsfunktionen auf das Objekt „hinter den Kulissen", was den Begriff *abstraktes*
Datenobjekt ausmacht; zweckmäßigerweise auf die Art, wie es oben bei den Konstruktoren
gemacht wurde: Die Zugriffsfunktion in der Spezifikation ruft eine Funktion aus der Implementierung auf (z. B. mit dem gleichen Namen, aber einem führenden Kleinbuchstaben).

2.2.3 Pakete nur als Interfaces

Pakete können aber auch eine andere Rolle spielen:

Der im Abschn. 2.2.2.1 erwähnte *rekursive* Aspekt bei den Interfaces legt es natürlich
nahe, dass das Paketkonzept auch durchaus einen Sinn ergibt, *ohne* einen abstrakten Datentyp oder ein abstraktes Datenobjekt zu spezifieren – einfach als Muster (*„pattern"*) zur
Verwendung in anderen Interfaces.

▶   Ein Paket kann auch nur ein Interface definieren, *ohne* einen Datentyp zu spezifizieren.

Auch dazu wird im folgenden Kap. 1 ein Beispiel gegeben, das der „Objekte".

2.2.4   Schachtelung von Paketen

Die Möglichkeit der Ineinanderschachtelung von Paketen erweist sich für die Systemarchitektur größerer Programmsysteme als äußerst vorteilhaft. Standardbeispiel im Kleinen dafür ist, abtrennbare Teile der Implementierung eines Pakets in ein „Unterpaket" zu „verpacken", d. h. eins, das im Verzeichnisbaum unterhalb des Knotens des Pakets liegt.

Softwaretechnisch ist das ein ganz erheblicher Vorteil, weil damit spezielle Dienstleistungen unterer Schichten für die Implementierung von Paketen zur Verfügung gestellt werden können, die weiter außen nicht ohne Weiteres sichtbar – insbesondere nicht zugreifbar – und damit vor der Veränderung an der Spezifikation vorbei geschützt sind. Auch dafür werden wir an geeigneten Stellen Beispiele geben.

2.2.5   Initialisierung von Paketen

Der Initialisierungsteil eines *Programmpakets* ist der Rumpf der „Hauptfunktion" `func main()`, die das eigentliche Hauptprogramm enthält; die Initialisierung eines *Bibliothekspakets* besteht aus dem Rumpf der Funktion `init()`.

Beiden Funktionen werden – wie die „leeren" Klammern zeigen – keine Parameter übergeben.

Die Funktion `init` wird weder exportiert noch explizit aufgerufen, sondern zur Laufzeit eines benutzenden Programms ausgeführt, bevor irgendeine Funktion aus ihrem Paket aufgerufen wird. Ihre Aufgabe ist in der Regel, interne (nicht exportierte) Daten mit bestimmten Anfangswerten zu belegen (s. https://golang.org/ref/spec/#Program_execution).

Wenn in einem Paket mehrere `init`-Funktionen vorkommen, laufen sie in umbestimmter Reihenfolge ab; die Reihenfolge der Ausführung der Initialisierungsteile in einem Programm, in dem direkt oder indirekt mehrere Pakete importiert werden, ist durch die Import-Abhängigkeiten definiert.

2.3   Variable konkreter Datentypen

Um grundlegende Aspekte der objektbasierten Programmierung darstellen zu können, seien zunächst die Prinzipien des imperativen Paradigmas zusammengefasst, die sich auf das Variablen- und Typkonzept beziehen. Unter *konkreten Datentypen* verstehen wir diejenigen

Datentypen, die rekursiv aus atomaren Datentypen per *Feld-, Verbund-, Verweis-, Kanal-,
Funktions-* und *Abbildungskonstruktoren* zusammengesetzt sind.

Unter einer *konkreten Variablen* verstehen wir immer eine *Variable eines konkreten
Datentyps.*

In Go gibt es die folgenden konkreten Datentypen:

- die *atomaren Datentypen*
  bool für Wahrheitswerte,
  int8, int16, int32, int und int64 für ganze Zahlen mit dem Synonym rune
  für int32, uint8, uint16, uint32, uint, uint64 für natürliche Zahlen mit dem
  Synonym byte für uint8 und
  uintptr für solche, die den Wert eines Zeigers (also eine Adresse) repräsentieren,
  float32 und float64 für reelle Zahlen,
  complex64 und complex128 für komplexe Zahlen und
  string für Zeichenketten,
- für jeden konkreten Datentyp X und jeden Ausdruck n mit dem Wert einer natürlichen
  Zahl das *Feld (array)* [n]X,
- für jeden konkreten Datentyp X den *(slice)*
  []X,
- für jede Folge X, Y, ... konkreter Datentypen den *Verbund*
  struct { x X; y Y; ... }
  mit *Komponenten* x vom Typ X, y vom Typ Y, . . . ,
- für jeden konkreten Datentyp X den *Verweistyp* (= *Zeigertyp, Referenztyp*)
  *X mit dem *Dereferenzierungsoperator* * der einem Zeiger p vom Typ *X diejenige
  Variable *p vom Typ X zuweist, „auf die p zeigt", (als etwas unglücklich könnte man
  die Wahl des Zeichens „*" für diesen Operator bezeichnen, weil es schon die Bedeutung
  des Typkonstruktors hat, der einem Typ den Typ der Verweise auf ihn zuordnet – aber
  Go macht leider auch an dieser Stelle Kotau vor der C-Welt),
- für je zwei (auch leere) Folgen X, Y, ..., E, F, ... konkreter Datentypen den *Funktionstyp*
  func ([*]X, [*]Y, ...) (E, F, ... (wobei die Klammern um *einen* Ergeb-
  nistyp weggelassen werden dürfen,
- für jede (auch leere) Folge von Interface-Typen oder Methodenspezifikationen A, B, ...
  den *Interface-Typ*
  interface{ A; B; ...},
- für jeden konkreten Datentyp X, für den Gleichheit == (und Ungleichheit !=) definiert
  sind, und jeden konkreten Datentyp Y den *Abbildungstyp*
  map[X]Y sowie
- für jeden konkreten Datentyp X den
  Kanaltyp chan X.

Zu den präzisen syntaktischen Angaben sei auf die Spezifikation von Go verwiesen (s. https://golang.org/ref/spec#Types).

In den folgenden Abschnitten werden wir zu allen nichtatomaren Datentypen genauere Erklärungen mit ausführlichen Beispielen geben.

Mit der Deklaration einer konkreten Variablen x eines Datentyps X

```
var x X
```

ist u. a. Folgendes verbunden:

- Zum Zeitpunkt der Übersetzung des Programms – d. h. durch den Übersetzer *(Compiler)* – wird *Speicherplatz* für den Wert der Variablen x bereitgestellt, dessen Größe (d. h. „Typgröße" seines Typs X) per Typdeklaration festgelegt ist.
- Dieser Speicherplatz ist unter dem Namen x der Variablen innerhalb ihres Gültigkeitsbereichs „adressiert", d. h., man kann sich den Namen der Variablen als *Verweis (Zeiger, Referenz)* auf die Startadresse des Speicherplatzes vorstellen,
- und er ist exklusiv für ihren Wert reserviert und steht damit für andere Zwecke nicht mehr zur Verfügung;
- man erreicht seine Startadresse unter &x.

Der Bedarf an Speicherplatz für eine konkrete Variable ist durch die *Typgröße* ihres Datentyps gegeben. Die atomaren Datentypen haben folgende Typgrößen:

- bool, int8 und uint8 = byte: 1 Byte,
- int16 und uint16: 2 Byte,
- int32, uint32, float32: 4 Byte,
- int und uint: 4 oder 8 Byte,
- int64, uint64, float64, complex64: 8 Byte und
- complex128: 16 Byte.
- string: eine Zeichenkette s belegt len(s) Bytes.

Die Typgrößen einiger zusammengesetzter Datentypen lassen sich daraus errechnen; bei

- Feldern als Produkt aus dem Wert der Konstante und der Typgröße des Basistyps,
- Verbunden als Summe der Typgrößen ihrer Komponenten.

In Go wird der Speicherplatzbedarf einer Variablen x eines konkreten Datentyps X von der polymorphen Funktion Sizeof aus dem Paket unsafe geliefert.

Für konkrete Variable bzw. Ausdrücke konkreter Datentypen sind in Go die üblichen *Standardoperationen* vorgesehen (wobei die einschlägigen Regeln der Typverträglichkeit zu beachten sind):

- die Wertzuweisung „="
  - zum Kopieren des Wertes eines Ausdrucks in eine Variable (genauer: des den Wert repräsentierenden Bitmusters in den für die Variable reservierten Speicherplatz),
- das Gleichheitsprädikat „==" und seine Negation „!="
  - zur Überprüfung auf Übereinstimmung der Werte zweier Ausdrücke (genauer: auf bitweise Übereinstimmung der Inhalte der für sie reservierten Speicherplätze) und
- die Prädikate der Ordnung „<", „<=", „>" und „>="
  - zum Größenvergleich der Werte von Ausdrücken.

ferner Operationen des Pakets `fmt`:

- `Print`, `Println`, `Printf`
  - zur Ausgabe auf dem Bildschirm,
  und `Read`, `ReadString`, `ReadCard`, `ReadInt` und `ReadReal`
  - zur Eingabe mittels Tastatur,
  sowie gewisse Routinen aus speziellen Bibliotheken für die Abfrage der Maus zur Ereignissteuerung mit ihr,
- `&` und die Funktion `Sizeof` aus dem Paket `unsafe`
  zum Zugriff auf die Repräsentation der Werte von Variablen als Bytefolgen im Arbeitsspeicher über die Startadresse und Größe des für sie reservierten Speicherplatzes,
- `Read` und `Write` aus dem Paket `file`
  zum Zugriff auf Bytefolgen im Dateisystem.

2.3.1 Verweise und Parameter

In diesem Abschnitt wird das *Zeigerkonzept* näher beleuchtet, dessen Verständnis unabdingbare Voraussetzung für alles weitere, insbesondere für die Realisierung des grundlegenden Begriffs „Objekt" in der *objektorientierten* Programmierung ist.

Go verfügt – genau wie z. B. C oder Java – nur über *Wertparameter, nicht* dagegen über *Variablen-(Verweis-, Referenz-)parameter,* wie man sie z. B. von Pascal oder Modula-2 kennt.

Wir zeigen hier an einem einfachen Beispiel, wie der Effekt, für den in diesen Sprachen Variablenparameter eingesetzt werden, genau so gut mit *Wertparametern* erreicht wird.

Den Operator +=, mit dem z. B. eine Variable n vom Typ int um einen Wert a erhöht wird, könnte so implementiert werden:

```
func inc (p *int, k int) {
   *p = *p + k
}
```

(Es sei an den vorigen Abschnitt erinnert: *int bezeichnet den Typ der Verweise auf int.)

Benutzt wird diese Funktion mit einem Aufruf, bei dem statt der Variablen n deren Startadresse &n übergeben wird:

```
inc (&n, a)
```

Das funktioniert deswegen, weil der *Dereferenzierungsoperator* * der Umkehroperator des *Adressoperators* & ist:

Für Variable p vom Typ *X und x vom Typ X folgt aus

```
p == &*p
```

d.h., der Wert des Zeigers p ist die Startadresse des für x reservierten Speicherplatzes („p *zeigt auf* x"), dass

```
x == *p
```

gilt, d.h., x ist gerade die Dereferenzierung des Zeigers p.

Insbesondere gilt (man setze *p für x ein)

```
p == &*p
```

d.h. der Wert von p ist gerade die Startadresse des für *p reservierten Speicherplatzes; kurz: *p ist genau *die* Variable, auf die p zeigt.

Natürlich gilt auch umgekehrt

```
*&x == x
```

d.h., die Variable x ist gerade die Dereferenzierung ihrer Startadresse.

Aus diesem Grunde hat die Anweisung *p = *p + k in inc den Effekt, dass über den Zeiger p auf die übergebene Adresse zugegriffen wird, ab der Sizeof(int) Bytes als Wert einer Variablen vom Typ int interpretiert und *so* verändert werden, dass dieser Wert nach dem Aufruf der Funktion um den des übergebenen Ausdrucks erhöht ist. Das liefert nun aber *genau dann* den gewünschten Effekt, wenn beim Aufruf die Startadresse &n des für var n int reservierten Speicherplatzes übergeben wird, was durch die Signatur des ersten Parameters von inc typsicher ist.

Das Beispiel lehrt uns auch, dass der „naive" Ansatz, dass Wertparameter vor einer Veränderung der übergebenen Variablen schützen, *keineswegs* gilt. Das ist nun aber kein Widerspruch, denn beim Aufruf wird *nicht die konkrete Variable,* sondern vielmehr *ein Verweis auf sie* übergeben (der nach dem Aufruf natürlich *nicht* verändert ist).

2.4   Variable abstrakter Datentypen = Objekte

Unter *abstrakten Datentypen* verstehen wir diejenigen Datentypen, deren Existenz zwar durch die Angabe ihres Bezeichners (und natürlich ihrer Zugriffsoperationen) in einer Spezifikation gesichert ist, deren Implementierung jedoch den Klienten – den Nutzern der in der Spezifikation definierten Leistungen – nicht bekannt sein muss.

In Go werden sie im *Definitionsteil* eines Pakets in der Form

```
type X interface { ... }
```

– also nur unter Angabe ihres *Namens* – definiert und deshalb auch als *opake* Datentypen bezeichnet, weil ihre Repräsentation an dieser Stelle „undurchsichtig" bleibt.

In den geschweiften Klammern ist dabei eine Folge anzugeben, die aus

- Namen von *Interface-Typen* oder
- Namen von *Methoden* mit den zugehörigen *Signaturen*

besteht (auf den Spezialfall, dass diese Folge leer ist, also auf den Typ `interface{}` gehen wir später ein).

Im *Implementierungteil* des Pakets sind sie in ganz einfachen Fällen als *Verweis* auf einen konkreten Datentyp realisiert, ansonsten in der Regel als Verweis auf einen Verbund, dessen Komponenten *ihrerseits* abstrakte Datentypen sein können.

Analog zum konkreten Fall werden wir im folgenden unter einer *abstrakten Variablen* immer eine Variable eines abstrakten Datentyps verstehen.

Abstrakte Variable werden zwar im Grundsatz wie konkrete vereinbart – aber es gibt hier doch zwei ganz erhebliche Unterschiede:

Der Wert einer solchen Variablen ist ein *Verweis,* d. h. die Adresse im Arbeitsspeicher, ab der der Wert der Variablen des Typs abgelegt wird, auf den verwiesen wird. Ihre Typgröße ist folglich die Adressbreite des Prozessors des benutzten Rechners.

Dieser Wert ist also von ihrem „eigentlichen Wert" – d. h. dem *der Variablen, auf den sie verweist* – zu unterscheiden und ihre Typgröße hat *nichts* mit der Typgröße des *eigentlichen Werts* zu tun.

Aus diesem Grund *muss der Deklaration einer solchen Variablen* – im Unterschied zu der von Übersetzer und Laufzeitsystem bei der Initialisierung konkreter Variablen durchgeführten Verfahrensweise – ausdrücklich *die Bereitstellung von Speicherplatz für den eigentlichen Wert folgen.*

Das ist aber eine für den Übersetzer prinzipiell unlösbare *Aufgabe*:

Das Konzept der separaten Übersetzbarkeit von Spezifikation und Implementierung hat zur Folge, dass bei der Übersetzung der „Blick" auf den *eigentlichen Datentyp* hinter den Kulissen unmöglich, folglich die *eigentliche* Typgröße nicht bekannt ist – ganz einfach aus dem Grunde, dass die Existenz der Implementierung zu diesem Zeitpunkt nicht vorausgesetzt werden kann (was ja gerade ein wichtiger Zweck dieser unabhängigen Übersetzbarkeit ist).

Da somit *der Übersetzer* die Reservierung des eigentlich benötigten Speicherplatzes *nicht* veranlassen kann, muss diese Aufgabe von einer *übergeordneten Instanz* übernommen werden:

Ein Klient eines abstrakten Datentyps – die Person, die ihn in einen Quelltext nutzt – muss die Deklaration jeder Variablen dieses Typs durch Einbau einer Anweisung ergänzen, in der der Speicherplatz für den *eigentlichen Wert* angelegt wird.

Zweckmäßigerweise geschieht das mit Funktionen, die als Wert eine neu erzeugte Variable des betreffenden abstrakten Datentyps liefern. Sie können für bestimmte Zwecke mit Parametern ausgestattet sein.

Die Funktionen, die das leisten, heißen in der objektorientierten Programmierung *Konstruktoren*.

Dabei handelt es sich um ein charakteristisches Kennzeichen der *objektorientierten Programmierung*.

Wir werden von jetzt an *abstrakte Variable* als *Objekte* bezeichnen. Fazit:

▶ Objekte müssen explizit erzeugt werden, bevor sie bearbeitet werden können.

Ein zweiter wichtiger Punkt ist, dass in Go der Typname in der Implementierung nicht der gleiche wie in der Spezifikation sein darf (das hat u. a. systemimmente Gründe, auf die wir später zu sprechen kommen).

Damit lautet die Deklaration einer Variablen x eines abstrakten Datentyps ABC, den ein Paket abc zur Verfügung stellt:

```
var x abc.ABC
```

und das Objekt x wird mit der Zuweisung

```
x = abc.New()
```

erzeugt. Diese beiden Zeilen lassen sich auch in *einer* Deklaration zusammenfassen:

```
var x abc.ABC = abc.New()
```

oder – noch kürzer – unter Ausnutzung der dynamischen Typanpassung von Go:

```
x := abc.New()
```

2.5 Wert- versus Referenzsemantik

Nach den Überlegungen aus dem vorigen Abschnitt stellt sich nun die Frage, welche Konsequenzen sich daraus ergeben, wenn Objekte „hinter den Kulissen", also in der Implementierung, nichts anderes als Verweise sind.

2.5.1 Zuweisungen, Anlage von Kopien

Eine *Wertzuweisung*

```
x = y
```

hat bei *konkreten Variablen* zur Folge, dass der Wert der Variablen x mit dem von y überschrieben wird. Konsequenz ist, dass es nach der Zuweisung zwei verschiedene konkrete

Variable mit identischem Wert gibt, weil für die Werte der beiden Variablen unterschiedliche Speicherplätze reserviert sind. Wenn folglich danach der Wert z. B. der Variablen y verändert wird, ist die Variable x davon nicht betroffen; ihr Wert ist *nicht* verändert.

Für *Objekte* x und y, d. h. für Variable eines *abstrakten Datentyps,* gilt *das* nun gerade *nicht:*

Mit dieser Zuweisung wird vielmehr der Verweis y auf ein Objekt, d. h. lediglich die Adresse, ab der der „Wert" von y zu finden ist, in den Verweis x kopiert. Das hat eine völlig andere Konsequenz:

Der Zeiger x verweist jetzt auf das gleiche Objekt wie der Zeiger y, d. h., die Variable x bezieht sich jetzt auf das gleiche Objekt wie y. Wenn danach das Objekt y verändert wird, ist demzufolge auch der Wert des Objekts x (in gleicher Weise) verändert.

Der erstgenannte Fall ist ein Beispiel für *Wertsemantik,* der zweite für *Referenzsemantik.*

2.5.2   Prüfung auf Gleichheit und Größenvergleich

Diese Unterscheidung ist auch in anderen Fällen vorzunehmen.

Der Boolesche Ausdruck

```
x == y
```

liefert für konkrete Variable x und y eine Aussage darüber, ob die Werte der beiden Variablen gleich sind *(Wertsemantik),* für Objekte dagegen nur, ob die Zeiger x und y auf das gleiche Objekt verweisen *(Referenzsemantik).*

Da Letzteres nichts über die Gleichheit der Objekte aussagt, auf die x und y verweisen, kommen wir bei Objekten damit nicht weiter.

Noch krasser stellt sich die Situation beim Größenvergleich dar.

Bei konkreten Variablen, für deren Typ die Relation < definiert ist, liefert der Boolesche Ausdruck

```
x < y
```

eine Aussage darüber, ob der Wert von x kleiner ist als der von y oder nicht.

Bei Objekten x und y könnte er dagegen bestenfalls die (völlig uninteressante) Aussage liefern, ob der Wert des Verweises x kleiner ist als der von y, d. h., ob der Speicherplatz für das Objekt, auf das x verweist, im Arbeitsspeicher vor dem liegt, auf das y verweist.

Das geht in Go aber nicht:

Der Operator < ist für Verweise nicht definiert; also ist der Ansatz, mit ihm Objekte der Größe nach zu vergleichen, völlig untauglich.

2.5.3 Serialisierung

Für einen konkreten Datentyp X hat man mit &x die Startadresse einer Variablen x vom Typ X, für einen Verweis p vom Typ *X mit *p die konkrete Variable vom Typ X, auf die p zeigt, im Griff; der von ihm belegte Speicherplatz ist ein zusammenhängender Bereich im Arbeitsspeicher, dessen Größe bekannt ist.

Für eine Variable x eines abstrakten Datentyps X ist &x dagegen ist lediglich die Startadresse des Wertes des Verweises x – dort ist der eigentliche Wert nicht zu finden.

Eine Manipulation der „eigentlichen" Variablen *x bedeutete den Zugriff auf Repräsentationsdetails des Typs X in einer Implementierung unter Umgehung der Spezifikation von X. Das ist nach den postulierten Prinzipien des *information hiding* nicht erlaubt – und bei einer kunstgerechten Implementierung schlicht unmöglich, was dadurch erreicht wird, dass die Bezeichner der Komponenten der Repräsentation von X mit *kleinen* Buchstaben beginnen, also nicht exportiert werden.

Die Typgröße eines Zeigers hat nichts mit der Größe des Speicherplatzes der Variablen zu tun, auf die er verweist. was nichts mit der tatsächlichem Bedarf an Speicherplatz zu tun hat. Insbesondere ist es unmöglich, an die – in komplexen Fällen unzusammenhängenden – Bereiche des Arbeitsspeichers heranzukommen, in denen ein Objekt abgelegt ist.

Die Folge ist, dass man Objekte ohne Weiteres *weder* als Bytefolge in einer Datei ablegen *noch* als solche über das Netz versenden kann.

Auf *konkrete Variablen* wird über ihre Namen zugegriffen und der Speicherplatz für ihren Wert wird vom Übersetzer qua Deklaration bereitgestellt, weil ihre Größe durch die Typangabe dabei feststeht. Sie werden per Wertsemantik bearbeitet.

Bei *abstrakten Variablen,* d. h. *Objekten,* liegen die Dinge aber ganz anders:

Auf sie wird über *Verweise* zugegriffen.

Aus den im Einzelnen dargelegten Gründen ist Referenzsemantik (mit wenigen Ausnahmen unter genau überlegten Voraussetzungen) ein untaugliches Mittel zu ihrer Bearbeitung.

Um Objekten mit *Wertsemantik* beizukommen, d. h., die Effekte zu erzielen, die bei konkreten Variablen qua Wertsemantik gegeben sind, werden mit dem Blick auf die Überlegungen im vorigen Abschnitt u. a. folgende Operationen benötigt, die mit Referenzsemantik nicht zu bewältigen sind:

- zur Erzeugung neuer Objekte durch Konstruktoren (Operationen zur Beseitigung nicht mehr benutzter Objekte sind obsolet, weil Go über Speicherbereinigung verfügt),
- zur Überprüfung auf Übereinstimmung zwischen Objekten sowie zur Herstellung von Kopien von Objekten,
- zum Vergleich von Objekten bezüglich einer Ordnungsrelation.
- zum „Leeren" von Objekten, d. h. zur Löschung ihrer Werte, sowie zur Überprüfung darauf, ob sie leer sind,
- zur Darstellung von Objekten auf dem Bildschirm und
- zu ihrer interaktiven Veränderbarkeit (per Tastatur, Maus o. ä.).

- zur Codierung von Objekten als serielle Bytefolgen und umgekehrt (ggf. unter Einfügung von Redundanz zur Fehlererkennung oder -korrektur), um sie z. B. persistent auf Datenspeichern ablegen oder an Prozesse auf anderen Rechnern senden zu können.

Literatur

1. https://go.dev
2. https://maurer-berlin.eu/go

Das Mikrouniversum

3

Zusammenfassung

Das Mikrouniversum setzt alle Grundsätze der objektbasierten Programmierung rigide um. Es besteht aus vielen Paketen mit abstrakten Datentypen und -objekten für alle möglichen Verwendungszwecke. In diesem Kapitel werden einige davon vorgestellt, die im zweiten Teil des Buches benutzt werden.

Object-oriented design is, in its simplest form, based on a seemingly elementary idea.
Computing systems perform certain actions on certain objects;
to obtain flexible and reusable systems, it is better
to base the structure of software on the objects than on the actions.
Bertrand Meyer
Object-oriented Software Construction, Prentice-Hall (1988), xiv.

Viele dieser Pakete stammen aus meiner Lehrtätigkeit in der Informatik; sie waren ursprünglich in Modula-2 geschrieben, später nach Java konvertiert und jetzt nach Go portiert und weiterentwickelt. Zunächst wird das zentrale Paket `obj` vorgestellt.

Es folgen einige Grundsätze zur Konstruktion einfacher *Benutzeroberflächen*. Ein wesentlicher Teil dieses Kapitels besteht aus der Vorstellung von „Kollektionen", Gesamtheiten von Objekten (z. B. Folgen, Puffer, Mengen, Dateien, Graphen).

3.1 Installation des Mikrouniversums

Die Quelltexte des Mikrouniversums sind im Netz unter https://maurer-berlin.eu/mU zu finden. Es ist sinnvoll, dort gelegentlich nachzusehen, ob es eine neue Version gibt, in der Fehler beseitigt sind oder die leistungsfähiger ist als die vorherigen Versionen.

© Der/die Herausgeber bzw. der/die Autor(en), exklusiv lizenziert an Springer Fachmedien
Wiesbaden GmbH, ein Teil von Springer Nature 2023
C. Maurer, *Objektbasierte Programmierung mit Go*,
https://doi.org/10.1007/978-3-658-42014-7_3

Das Mikrouniversum wird entweder von root im Verzeichnis $GOSRC oder von „usern"
im Unterverzeichnis go/src ihres Heimatverzeichnisses installiert, indem die Datei
μU.tgz per tar-Kommando mit den Optionen xfz (für „entpacken", „Datei", „dekompri-
mieren") entpackt wird. Dabei wird – sofern nicht bereits vorhanden – das Unterverzeichnis
μU erzeugt, in dem alle Quelltexte abgelegt werden.

Wenn die im folgenden Abschnitt genannten *Voraussetzungen* erfüllt sind, wird die μU-
Bibliothek mit dem Befehl „go install μU" hergestellt. (Wenn μU vorher schon installiert war, sollte das Verzeichnis $GOSRC/$\mu$U vorher gelöscht werden, um obsolete Dateien
zu entfernen.)

Zum Übersetzen und Binden ist auch das im Verzeichnis $GOSRC/$\mu$U enthaltene Skript
gi sehr nützlich, das dazu in ein Verzeichnis kopiert werden muss, das im Pfad enthalten
ist (z. B. $HOME/bin).

3.1.1 Voraussetzungen

Vorausgesetzt wird ein Rechner mit **Linux** als Betriebssystem, auf dem **Go** installiert ist (s.
Hinweise zur Installation von Go im Abschn. 2.1.

Alle folgenden Angaben beziehen sich auf openSUSE mit der bash als Login-Shell.
Andere Distributionen oder Shells erfordern eventuell Anpassungen wie z. B. „X=...;
export X" anstelle von „export X=...".

Da wesentliche Teile des Mikrouniversums auf folgendes zurückgreifen:

- die C-Bibliothek,
- X-Window,
- eine Schrift mit Zeichen konstanter Breite *(fixed width font)*,
- OpenGL,
- die Umwandlung von Graphiken zwischen dem ppm-Format *(portable pixmap)* *(„portable pixmap")* und anderen Formaten (z. B. gif oder jpg),
- Ausdrucke aus Programmen heraus,

muss unter openSUSE folgendes installiert werden:

- die grundlegende Entwicklungsumgebung (Werkzeuge für das Übersetzen und Binden
  von Anwendungen), insbesondere der GNU C-Compiler,
- die Bibliothek für Erweiterungen des X11-Protokolls
  libXext-devel,
- die terminus-bitmap-fonts (http://terminus-font.sourceforge.net),
- die Graphik-Bibliothek Mesa-devel, die die OpenGL-Spezifikation umsetzt,
  (https://www.mesa3d.org),

- das *OpenGL Utility Toolkit*, beides in `freeglut-devel`
  (http://freeglut.sourceforge.net),
- das Werkzeug zur Manipulation von Graphik-Formaten `netpbm`
  (http://netpbm.sourceforge.net) und
- das Textsatzsystem T$_E$X des Genies Donald E. Knuth.

Bei anderen Distributionen haben die entsprechenden Pakete eventuell andere Namen – das lässt sich aber leicht durch „googeln" nach diesen Begriffen herausfinden. Unter Ubuntu ist die Installation

- der terminus-bitmap-Fonts und
- der für openGL notwendigen Pakete

komplizierter; Details dazu sind auf meiner Seite zur Installation des Mikrouniversums (https://maurer-berlin.eu/mU/instmU.shtml) zu finden.

Wenn diese Pakete nicht installiert sind, erfolgen beim Übersetzen von μU.go entsprechende Fehlermeldungen. Nach fehlerfreier Übersetzung kann ein einwandfreies Funktionieren aller Bibliotheken des Mikrouniversums mit dem Start des Programms μU überprüft werden.

Da das Mikrouniversum Leistungen verfügbar macht, die über die üblichen Standards des tty-Konsolenbetriebs *weit hinausgehen,* nämlich

- *hochauflösende graphische Ausgaben in beliebigen Farben* und
- und den *Einsatz einer Maus*

ist die Ausführung selbst anspruchsvoller ereignisgesteuerter Graphikprogramme `auch in Konsolen` möglich. Dazu muss die die Datei `/dev/input/mice` für die „Welt" lesbar sein, d.h. die Rechte `rw-r--r--` besitzen.

Bei anderen Distributionen muss „`/input/mice`" eventuell durch den Namen einer anderen Datei ersetzt werden – auch in der Datei μU/mouse/def.go.

Der Zugriff auf den „Framebuffer", der für den Konsolenbetrieb notwendig ist, setzt voraus, dass die Datei `/dev/fb0` die Rechte `rw-rw-rw-` besitzt, also Lese- und Schreibrechte für alle.

Wem das aus Sicherheitsgründen zu heikel ist, kann auch dafür sorgen, dass root die user in die Gruppe `video` einträgt.

Beides kann z.B. durch entsprechende Einträge in `/etc./init.d/boot.local` gesichert werden.

Programme mit *graphischen Ausgaben* oder *Verwendung der Maus* können in Konsolen natürlich *nicht per Login auf fernen Rechnern* ausgeführt werden, sondern *nur auf dem lokalen Rechner,* an dem Maus und Bildschirm hängen, da dabei auf eben diese *lokalen* Ressourcen zugegriffen wird.

Unter X-Window, d. h. auf graphischen Oberflächen wie z. B. KDE, Xfce, Gnome oder IceWM, können dagegen alle Programme *auch auf einem fernen Rechner* ausgeführt werden, wenn dessen Ausgaben auf den lokalen Rechner *umgeleitet* werden. Am einfachsten (und sichersten) ist es, das mit der `secure shell` in einem Fenster per Anmeldung mit dem Kommando `ssh -X host`(host = Name des fernen Rechners) zu erledigen, um dann das Programm dort zu starten. Voraussetzung dazu ist, dass die `ssh`-Dienste auf den beteiligten Rechnern installiert sind, der Dämon `sshd` aktiviert ist und es einem erlaubt ist, sich per `ssh` auf ihm anzumelden.

3.1.1.1 Andere Betriebssysteme

Go lässt sich auch unter *Windows*® installieren. Aber bei meinen Versuchen, das Mikrouniversums in diesem Betriebssystem unter Zuhilfenahme des Windows-Subsystems für Linux (s. https://docs.microsoft.com/de-de/windows/wsl/about) zu installieren, haben sich *jede Menge „Fallen"* aufgetan. Aus diesem Grund wird der Einsatz einer virtuellen Maschine empfohlen, z. B. der *VirtualBox* (s. https://www.virtualbox.org), um tatsächlich eine Linux-Distribution verwenden zu können.

Sollte mir irgendwann die Anpassung an das Betriebssystem *MacOS*® – einem Unix-System – gelingen, wird das auf meiner Seite im weltweiten Netz veröffentlicht.

3.1.2　Lizenzbedingungen

Das Mikrouniversum ist nur zum Einsatz in der Lehre konstruiert und hat deshalb einen rein akademischen Charakter. Es liefert u. a. etliche Beispiele und Animationen für meine Lehrbücher „Nichtsequentielle Programmierung mit Go 1" (Springer Vieweg 2012), „Nichtsequentielle und Verteilte Programmierung mit Go" (Springer Vieweg 2018 und 2019) und die englischsprachige Ausgabe „Nonsequential and Distributed Programming with Go" (Springer Nature 2021). Für Zwecke der Lehre an Universitäten und in Schulen sind die Quellen des Mikrouniversums uneingeschränkt verwendbar; jede Form weitergehender Nutzung ist jedoch strikt untersagt.

This software is provided by the authors „as is" and any express or implied warranties, including, but not limited to, the implied warranties of merchantability and fitness for a particular purpose are disclaimed. In no event shall the authors be liable for any direct, indirect, incidental, special, exemplary, or consequential damages (including, but not limited to, procurement of substitute goods of services; loss of use, data, or profits; or business interruption) however cause, and an any theory of liability, whether in contract, strict liability, or tort (including negligence or otherwise) arising in any way out of the use of this software, even if advised of the possibility of such damage.

Apart from this the text in German above and below is a mandatory part of the license.

Die Quelltexte des Mikrouniversums sind äußerst sorgfältig entwickelt und werden laufend überarbeitet. *Aber:* Es gibt keine fehlerfreie Software – dies gilt natürlich auch für *diese* Quellen. Ihre Verwendung in Programmen könnte zu *Schäden* führen, z. B. zum Abfackeln von Rechnern, zur Entgleisung von Eisenbahnen, zum GAU in Atomkraftwerken oder zum Absturz des Mondes. Deshalb wird vor der Verwendung irgendwelcher Quellen von μU in Programmen zu ernsthaften Zwecken *ausdrücklich gewarnt!* (Ausgenommen sind Demo-Programme zum Einsatz in der Lehre.)

Meldungen entdeckter Fehler und Hinweise auf Unklarheiten werden sehr dankbar angenommen.

3.1.3 Namensgebung im Mikrouniversum

Das Mikrouniversum verwendet dabei in der Regel die folgende einheitliche Namensgebung:

Die Benennung des Datentyps oder -objekts und die Spezifikation der Operationen auf ihm, die das entsprechende Bibliothekspaket exportiert, steht in einer Datei mit dem Namen def.go.

Die Repräsentation der Daten und die Implementierung der Operationen tragen Namen, die weitgehend selbsterklärend sind. Wenn es nur *eine* Implementierung (oder unter mehreren „die" Standardimplementierung) gibt, ist die entsprechende Datei nach dem Namen des abstrakten Datentyps benannt, den das Paket exportiert.

Beispielsweise enthält das Paket lockp, das Sperrsynchronisation mit Schlossalgorithmen realisiert, Implementierungen mit den (suggestiven) Namen dekker.go und peterson.go (Dekker und Peterson sind die Urheber der beiden Algorithmen).

In Konsequenz zur Namensgebung beim Mikrouniversum verwenden wir als Namen für die Implementierung eines abstrakten Datentyps in der Regel den Bezeichner des Datentyps *in Kleinschreibung* und – in Anlehnung an die Gepflogenheiten anderer objektorientierten Sprachen – für die Konstruktoren in der Regel den Bezeichner New. Diesen Bezeichnern werden, falls es mehrere Implementierungen gibt, weitere Zeichen angehängt.

Das Mikrouniversum bietet eine Vielfalt abstrakter Datenobjekte und -typen in Form von Paketen. Sie sind *grundsätzlich* in Spezifikation und Implementierung getrennt; die abstrakten Datenobjekte sind größtenteils mit den oben genannten Operationen ausgestattet.

Einige dieser Pakete werden in den folgenden Abschnitten vorgestellt und ausführlich erläutert.

Zunächst aber noch ein wichtiger Hinweis:

Zur drastischen Verkürzung des Textes in Spezifikationen gilt *im ganzen Buch* die folgende Sprachregelung:

▶ In allen Spezifikationen in diesem Buch wird *grundsätzlich* das *aufrufende Objekt* mit x bezeichnet.

3.2   Der Konstruktor New

Wie im Abschn. 2.4 über Objekte begründet wurde, muss jedes Objekt vor seiner Benutzung *erzeugt* werden. *Genau das* ist der Zweck der Konstruktoren. Ihre Syntax für einen abstrakten Datentyp `type Abc`, der in einem Paket `package abc` mit dem Dateinamen `abc.go` realisiert wird, sieht beim Mikrouniversum im Prinzip immer wie folgt aus:

```
func New() Abc
```

Im zugehörigen Implementierungsteil beginnt die Konstruktion dieser Funktion – auf der Grundlage von Typdeklarationen der Art

```
type abc struct {
        ... ...
        }
```

immer mit der Anweisung

```
x := new(abc)
```

was dazu führt, dass Speicherplatz für eine Variable vom Typ `abc` bereitgestellt wird und dessen Adresse in den Wert von `*x` eingetragen wird. Die Konstruktor-Funktion endet mit

```
return x
```

Zwischen diesen Zeilen werden ggf. Komponenten, soweit sie nicht mit den `zero`-Werten für ihren Typ initialisiert werden sollen, auf bestimmte initiale Werte gesetzt, die als *leer* interpretiert werden (s. Abschn. 3.3.3).

Der Aufruf von Funktionen, die Objekte manipulieren oder als Parameter enthalten, *setzt grundsätzlich voraus,* dass diese Objekte durch den vorherigen Aufruf des Kontruktors `New` (o. ä.) erzeugt wurden. Diese Voraussetzung ist *unabdingbar:*

Der für ein Objekt qua Deklaration `var x Abc` reservierte Speicherplatz hat anfangs – genau wie im konkreten Fall – keinen definierten Wert, enthält also eine *zufällige Adresse.*

Ein Zugriff auf die Variable – z. B. mit einer Zuweisung `x = ...`– würde in der Regel einen Zugriff auf einen Adressbereich im Arbeitsspeicher bedeuten, die dem aufrufenden Prozess vom Betriebssystem nicht „zugewiesen" wurde. Aus diesem Grunde quittiert das Laufzeitsystem von Go jeden Zugriff auf eine nicht erzeugtes Objekt mit einer `panic`, d. h., mit einem Programmabbruch unter Meldung des entsprechenden Fehlers.

3.3   Das Paket Object

Für viele abstrakte Datentypen im Mikrouniversum werden eine Reihe von grundlegenden Interfacetypen gebraucht, die sich als äußerst nützlich oder sogar notwendig erweisen werden.

Wir versammeln derartiges in dem zentralen Paket `obj`, das wir hier vorstellen. Wir gehen jetzt schrittweise vor und zeigen zuerst seine wichtigsten „Teile", die Interfaces

```
Equaler
Comparer
Clearer
Coder
```

Motivation und Grundlage für deren Konstruktion ist die Bedeutung, die die folgenden Interfaces in Java für viele Klassen haben – insbesondere teils auch für die Klasse `Object`:

```
java/lang/Cloneable.java
java/lang/Comparable.java
java/util/Collection.java
java/io/Serializable.java
```

Wir brauchen dabei einen grundlegenden Datentyp, hinter dem sich *alle* Datentypen „verstecken" können, das *leere Interface*. Ich hatte ihn früher im μU/obj-Paket als Typ definiert: `type Any = interface.`

Den Sinn dieser Definition haben die Go-Entwickler offenbar irgendwann kapiert: Sie haben ihn unter dem Namen `any` als *alias* für das leere Interface `interface` in die Spezifikation von Go aufgenommen.

3.3.1   Equaler

Die meisten Objekte in der Informatik können mit anderen daraufhin verglichen werden, ob sie gleich sind, und sie können kopiert werden. Wie im Abschn. 2.5 über *Wert versus Referenzsemantik* erläutert, ist ein naiver Versuch, zwei Objekte x und y mit dem Booleschen Ausdruck x == y auf Gleichheit zu überprüfen, genauso unsinnig wie die Zuweisung x = y zum Kopieren des Objektes y in das Objekt x, weil damit nur Verweise verglichen bzw. kopiert werden, nicht aber die eigentlichen Objekte.

Es sei noch einmal darauf hingewiesen, dass für Operationen auf Instanzen eines abstrakten Datentyps beim Mikrouniversum durchgängig die Syntax von Methodenaufrufen verwendet wird, wie es in der objektorientierten Programmierung üblich ist.

Die Implementierung der Prüfung auf Gleichheit eines Objekts x vom Typ Abc in einem Paket, in dem ein Datentyp konstruiert wird, wird somit in einer Methode

func (x *abc) Eq (y **any**) **bool**

gekapselt; ganz entsprechend das Kopieren eines Objekts in Methoden

func (x *abc) Copy (Y **any**)

oder

func (x *abc) Clone() **any**

Das Mikrouniversum stellt beide zur Verfügung.

Damit bekommen wir das das folgende Interface in der Datei equaler.go mit zwei zusätzlichen Funktionen:

```
package obj

type Equaler interface {

// Returns true, iff the x has the same type as y
// and coincides with it in all its value[s].
  Eq (y any) bool

// Pre: y has the same type as x.
// x.Eq (y) (y is unchanged).
  Copy (y any)

// Returns a clone of x, i.e. x.Eq (x.Clone()).
  Clone() any
}


// Returns true, iff a implements Equaler.
func IsEqualer (a any) bool { return isEqualer(a) }

// Pre: a and b are of the same type;
//      both are atomic or implement Equaler.
// Returns true, if a and b are equal.
func Eq (a, b any) bool { return eq(a,b) }

/ Pre: a is atomic or implements Equaler.
// Returns a clone of a.
func Clone (a any) any { return clone(a) }

// Returns true, iff a is atomic or implements Equaler.
func AtomicOrEqualer (a any) bool { return Atomic(a) ||
isEqualer(a) }
```

Für Nicht-Mathematiker muss dazu angemerkt werden, dass das englische Wort *iff* die Bedeutung *if and only if* hat – auf deutsch: *genau dann, wenn.*

Die Funktion `Atomic` ist in der Datei `obj.go` definiert (s. Abschn. 3.3).

Die Implementierung der Funktionen `Eq` und `Clone` zeigen wir hier nicht, sondern verweisen dazu auf den μU-Quelltext zu diesem Buch.

Schon an diesem ersten Beispiel zeichnen sich deutliche Vorteile ab, die das Paket `object` mit sich bringt:

- Seine Spezifikationen sind für alle abstrakten Datentypen gültig, in deren Interface `Object` enthalten ist, d.h., die dieses Interface implementieren (s. Bemerkung zur Schachtelung von Paketen im Abschn. 2.2.4 und von Spezifikationen im Abschn. 2.2.2.1).
- Die Verständlichkeit größerer Systeme ist dadurch erleichtert, dass Leistungen mit der gleichen Semantik in allen Paketen die gleichen Namen tragen – beim Import nur durch das Präfix des importierten Pakets unterschieden.

3.3.2   Comparer

In der Informatik werden viele Objekte modelliert, die auf eine sehr natürliche Weise mit
einer Ordnungsrelation versehen sind, wie z. B. Zeichen und Zeichenketten, Uhrzeiten,
Kalenderdaten, Geldbeträge, Postleitzahlen, Folgen und Mengen. Auf Typen von Objekten, auf denen ein Prädikat zum Größenvergleich keinen Sinn gäbe, wie z. B. für Farben,
Dateien, geometrische Figuren, Vektoren usw. ist diese Ordnungsrelation einfach die dis-
krete Relation, d. h. die Gleichheit.

Damit wird es z. B. möglich, Folgen von ihnen zu sortieren.

Ein Größenvergleich von Objekten, für die eine Ordnung definiert ist, mit dem Operator
$x < y$ ist, wie wir begründet haben, sinnlos. Folglich wird die Überprüfung in einer Methode

```go
func (x *abc) Less (Y any) bool
```

gekapselt. Das entsprechende Interface in der Datei `comparer.go` ist

```go
package obj

type Comparer interface {

// Pre: x is of the same type as the calling object.
// Returns true, iff the calling object is smaller than x.
  Less (x any) bool

// Pre: x is of the same type as the calling object.
// Returns true, iff the calling object is smaller than x
// or equals x.
  Leq (x any) bool
}


// Returns true, iff a implements Comparer.
func IsComparer (a any) bool { return isComparer(a) }

// Pre: a and b have the same type;
//      both are atomic or implement Comparer.
// Returns true, iff a is smaller than b.
func Less (a, b any) bool { return less(a,b) }

// Pre: a and b have the same type; both
//      both are atomic or implement Comparer and Equaler.
// Returns true, if a is smaller than b or a equals b.
func Leq (a, b any) bool { return leq(a,b) }
```

3.3.3   Clearer

Es ist grundsätzlich sinnvoll, die „Wertemenge" von Objekten um einen Wert „leer" anzurei-
chern, d. h. *leere Objekte* zuzulassen. Sie können – natürlich in Abhängigkeit vom Kontext

der Semantik des betreffenden Typs – als „undefiniert", „unbekannt" o. ä. interpretiert werden. Was „leer" bedeutet, hängt von der Semantik des Typs der aufrufenden Objekte ab. Handelt es sich um eine Menge oder Folge, ist die Bedeutung klar; andernfalls ist es z. B. ein Objekt mit einem undefinierten Wert, repräsentiert durch einen Text nur aus Leerzeichen.

Damit wird auch die *Eingabe neuer Objekte* unter dem Konzept des *„Editierens"* (Veränderns) von Werten subsumiert, indem z. B. die leeren Zeichenketten überschrieben werden. Ein neu erzeugtes Objekt sollte auf jeden Fall leer sein.

Der Überprüfung, ob ein Objekt einen *leeren Wert* hat, dient eine Methode

```
func (x *abc) Empty() bool
```

und dem Überschreiben eines Objekts mit *leeren Werten* die Methode

```
func (x *abc) Clear()
```

Die entsprechenden Operationen sind im zweiten Interfacetyp von `Object` in der Datei `clearer.go` spezifiziert:

```
package obj

type Clearer interface {

// Returns true, iff the calling object is empty. What "empty"
// actually means, depends on the very semantics of the type
// of the objects considered. If that type is, e.g., a collector,
// empty means "containing no objects"; otherwise it is normally
// an object with undefined value, represented by strings
// consisting only of spaces.
  Empty() bool

// The calling object is empty.
  Clr()
}

// Returns true, iff a implements Clearer.
func IsClearer (a any) bool { return isClearer(a) }

// a is empty.
func Clear (a any) any { return clear(a) }
```

3.3.4 Coder

Objekte können in (im Speicher zusammenhängende) unstrukturierten Bytefolgen verwandelt werden, deren Interpretation auf Maschinenebene als Werte von Objekten nicht möglich ist, um sie z. B. auf einem externen Speicher persistent abzulegen oder sie als „Datenpakete" über das Netz an Prozesse auf anderen Rechnern zu transportieren.

Zu diesem Zweck muss ein Objekt „codierbar" (auch „serialisierbar" genannt) und „decodierbar" sein, d. h. umkehrbar eindeutig aus einer Bytefolge, in die es codiert wurde, wieder herstellbar sein.

Der passende Typ für solche Bytefolgen sind Slices von Bytes ([]byte), dem wir den eigenen Namen *Strom („Stream")* geben:

```go
package obj

type (
  Stream = []byte
  anyStream = []any
  UintStream = []uint
)
```

Derartige *„type aliases"* sind mit Go 1.9 in die Spezifikation von Go aufgenommen.

Dazu werden zwei Methoden bereitgestellt: eine zum Codieren

```go
func (x *abc) Encode () []byte
```

und eine zum Decodieren

```go
func (x *abc) Decode (b []byte)
```

Dabei sind zwei Voraussetzungen zu beachten:

In der Implementierung von Encode muss der slice zur Aufnahme des Wertes zur Vermeidung von Speicherzugriffsfehlern mit einem Aufruf der make-Funktion bereitgestellt werden. Dazu wird eine Methode zur Bekanntgabe der benötigten Anzahl von Bytes zum Codieren

```go
func (x *abc) Codelen () uint
```

gebraucht.

Die Voraussetzung für den Aufruf von Decode ist natürlich, dass die Bytefolge b mit len(b) == x.Codelen() ein codiertes Objekt vom gleichen Typ des aufrufenden darstellt. In der Datei coder.go findet sich das Interface

```go
package obj

const C0 = uint(8) // == Codelen(int(0)); == Codelen(uint(0))

type Coder interface {

// Returns the number of bytes, that are needed
// to serialise x uniquely revertibly.
  Codelen() uint

// x.Eq (x.Decode (x.Encode()))
  Encode() Stream

// Pre: b is a result of y.Encode() for some y
//      of the same type as x.
```

```
// x.Eq(y); x.Encode() == b, i.e. those slices coincide.
  Decode (Stream)
}

// Returns true, iff a implements Coder.
func IsCoder (a any) bool { return isCoder(a) }

// Pre: a is atomic or implements Object.
// Returns the codelength of a.
func Codelen (a any) uint { return codelen(a) }

// Pre: a is atomic or implements Object.
// Returns a as encoded byte sequence.
func Encode (a any) Stream { return encode(a) }

// Pre: a is atomic or streamic or implements Object.
//      b is a encoded byte sequence.
// Returns the object, that was encoded in b.
func Decode (a any, b Stream) any { return decode(a,b) }

// Returns a stream of length 16, that encodes a, b.
func Encode2 (a, b int) Stream { return encode2(a,b) }

// Pre: len(s) == 16; s encodes 2 numbers of type int.
// Returns these 2 numbers.
func Decode2 (s Stream) (int, int) { return decode2(s) }

// Returns true, iff a is atomic or implements Coder.
func AtomicOrCoder (a any) bool { return Atomic(a) || isCoder(a) }

// Pre: For each i < len(a): c[i] == Codelen(a[i]).
// Returns a encoded as Stream.
func Encodes (a AnyStream, c []uint) Stream { return encodes
(a,c) }

// Pre: For each i < len(a): c[i] == Codelen(a[i]).
//      s is an encoded AnyStream.
// a is the Anystream, that was encoded in s.
func Decodes (s Stream, a AnyStream, c []uint) { decodes (s,a,c) }
```

Auf die Implementierung der Funktionen Codelen, Encode und Decode gehen wir hier auch nicht weiter ein, sondern verweisen dazu auf die Werkzeuge aus den Paketen asn1, json und gob aus dem Go-Paket encoding oder unsere simplen Konstruktionen in den Paketen des Mikrouniversums.

3.3.5   Das Interface des Pakets `obj`

Themen wie *Generizität* oder *parametrische Polymorphie* werden in diesem Buch nicht behandelt, weil das – wie sich zeigen wird – in Go viel einfacher geht. Einen entscheidenden Beitrag dazu liefert die Spezifikation des Datentyps, der jetzt am Ende dieses Abschnitts vorgestellt wird.

Stark beeinflusst durch die Ideen, die sich um die Wurzel der Klassenhierarchie in Java, der Klasse „Object" ranken, bietet es sich an, in Go ein Interface zu definieren, das „Objekte" definiert.

Jedes „vernünftige" Objekt sollte – aus den im jeweiligen Interface angeführten Gründen – alle vier oben genannten Interfaces implementieren. Ausgenommen von dieser Forderung sind natürlich „atomare Objekte", d. h. Variable einfacher Datentypen (s. `func Atomic`).

```go
package obj

type Object interface {

// Most objects in computer science can be compared with others,
// whether they are equal, and can be copied, so they have the type
   Equaler // see equaler.go

// Furthermore, usually we can order objects; so they have the type
   Comparer // see comparer.go

// Moreover they can be empty and may be cleared with the effect
// of being empty, hence they have the type
   Clearer // see clearer.go

// and can be serialised into connected byte sequences,
// e.g. to be written to a storage device or transmitted
// over communication channels, so they have the type
   Coder // see coder.go
}

// Returns true, iff the type of a is bool,
// [u]int{8|16|32}, float[32|64], complex[64|128] or string.
func Atomic (a any) bool {
  if a == nil {
    return false
  }
  switch a.(type) {
  case bool,
      int8, int16, int32, int, int64,
      uint8, uint16, uint32, uint, uint64,
      float32, float64, complex64, complex128,
      string:
    return true
  }
  return false
```

```
}

// Returns true, iff the type of a implements Object.
func IsObject (a any) bool {
  if a == nil {
    return false
  }
  _, o := a.(Object)
// _, e := a.(Editor) // Editor implements Object
  return o // || e
}
```

Da es sinnvoll ist, nichtatomare Variablen in abstrakte Datentypen zu verpacken, ist diese „Klassifizierung" in

- atomare Variablen und
- Objekte

durchaus stringent.

Alle diese soweit entwickelten Interfaces, Methoden und Funktionen werden in vielen vielen weiteren Datentypen, die wir in diesem Kapitel vorstellen, gebraucht.

Aus Gründen der Vereinfachung befinden sich in obj noch eine Reihe weiterer Interfaces. Wir stellen einige davon im Folgenden vor, ohne jeweils dazu viel zu erklären – die Spezifikationen geben genug Aufschluss über ihren Sinn.

Weitere Interfaces aus diesem Paket werden im Kontext der Pakete vorgestellt, für die sie gebraucht werden.

3.3.6   Stringer

Diverse Objekte in der Informatik lassen sich durch Zeichenketten eindeutig identifizieren. Dazu und zur Prüfung, ob eine Zeichenkette ein Objekt darstellt, wird das folgende Interface in der Datei stringer.go gebraucht.

```
package obj

type Stringer interface {

// Returns a string representation of x.
  String() string

// Returns true, iff s represents an object.
// In this case, x is that object, otherwise x is undefined.
  Defined (s string) bool
}

func IsStringer (a any) bool {
```

```
if a == nil { return false }
_, ok := a.(Stringer)
return ok
}
```

3.3.7 Formatter

Dieses Interface in der Datei `formatter.go` wird für Daten benötigt, die unterschiedlich dargestellt werden können, wie z. B.

- Kalenderdaten – mit oder ohne Wochentag – 9.3.2021, 09.03.21 oder Dienstag, 9. März 2021 – oder
- Zeitangaben – mit oder ohne Sekunden – 17.30, 17.30:20.

```
package obj

type Format byte

type Formatter interface {

// Pre: f < Nformats of the objects of the type of x.
// x has the format f.
  SetFormat (f Format)

// Returns the format of x.
  GetFormat() Format
}

func IsFormatter (a any) bool {
  if a == nil { return false }
  _, ok := a.(Formatter)
  return ok
}
```

3.3.8 Valuator

Dieses Interface in der Datei valuator.go wird z. B. für bewertete Graphen gebraucht, deren Ecken oder Kanten Werte haben.

```
package obj

type Valuator interface {

// Returns the value of x, if IsValuator (x).
```

```
// Returns otherwise 1.
  Val() uint

// Pre: IsValuator (x).
// x.Val() == n (% 1 << a, if x has the type uint<a>).
  SetVal (n uint)
}

// Returns true, iff a implements Valuator or has an uint-type.
func IsValuator (a any) bool { return isValuator(a) }

// Pre: IsValuator (a).
// Returns the value of a.
func Val (a any) uint { return val(a) }

// Pre: IsValuator (x).
// x.Val() == n (% 1 << a, if x has the type uint<a>).
func SetVal (x *any, n uint) { setVal(x,n) }
```

3.4   Ein- und Ausgabe

Dieser Abschnitt befasst sich mit der „Mensch-Rechner-Schnittstelle". Sie besteht aus zwei Teilen:

- dem *Bildschirm* zur Ausgabe von Daten und
- der *Tastatur* (einschl. der *Maus*) zur Eingabe und Änderung von Daten.

Ein- und Ausgabe werden dabei konzeptionell grundsätzlich getrennt, was im Kap. 1 ausführlich begründet ist. Das Prinzip von Unix, sämtliche Aus- und Eingaben in dem gemeinsamen Konzept der Dateien *(file)* zu bündeln, hat damit nichts zu tun. Deshalb stellen wir diese beiden Teile getrennt vor.

3.4.1   Pakete für den Bildschirm

Bevor das Bildschirm-Paket scr vorgestellt wird, zeigen wir sechs Pakete, die dafür gebraucht werden: die für *ph Farben, F*onts und *B*ildschirm-bzw. *F*enstergrößen und die drei kleinen mit Konstanten für *Kursorformen, Linienstärken* und Erscheinungsformen des *Mauszeigers.*

3.4.1.1 Farben

Die Definitionen von Farben und eine Reihe von Methoden zu ihrer Manipulation sind im Datentyp `Colour` im Paket `col` gekapselt.

```
package col

import
  . "µU/obj"
type
  Colour interface {

  Object // empty colour is black

// Encodes the colour with red and blue reversed.
  EncodeInv() Stream

// String returns the name of x, defined by the name given with
  New3. Stringer

// String1 returns (rrggbb", where "rr", "gg" and "bb" are the
  rgb-values
// in sedecimal basis (with uppercase letters).
  String1() string

// Defined returns true, iff s is a string of 3 values in
  sedecimal basis
// (with uppercase letters). In that case, c is the colour with
// the corresponding rgb-values; otherwise, nothing has happened.
  Defined1 (s string) bool

// Return the values of red/green/blue intensity of x.
  R() byte; G() byte; B() byte

// x is the colour defined by the values of r, g and b.
  Set (r, g, b byte)
  SetR (b byte); SetG (b byte); SetB (b byte)

// Liefert x.R() + 256 * x.G() + x.B().
  Code() uint

// Returns true, if c is, what the name of the func says.
  IsBlack() bool
  IsWhite() bool
  IsFlashWhite() bool

// Returns the rgb-values of x scaled to the range from 0 to 1.
  Float32() (float32, float32, float32)
  Float64() (float64, float64, float64)

// c is changed in a manner suggested by the name of the method.
  Invert()
```

```
  Contrast()
}

// Returns the colour White.
func New() Colour { return new_() }

// Returns the colour defined by (r, g, b).
func New3 (r, g, b byte) Colour { return new3(r,g,b) }

// Returns the colour defined by (r, g, b) with name n.
func New3n (n string, r, g, b byte) Colour { return
new3n(n,r,g,b) }

func HeadF() Colour { return headF() }
func HeadB() Colour { return headB() }
func HintF() Colour { return hintF() }
func HintB() Colour { return hintB() }
func ErrorF() Colour { return errorF() }
func ErrorB() Colour { return errorB() }
func MenuF() Colour { return menuF() }
func MenuB() Colour { return menuB() }

// Returns a random colour.
func Rand() Colour { return random() }

// Returns the fore- and backgroundcolours at the start of
   the system
// for unmarked and marked objects.
func StartCols() (Colour, Colour) { return startCols() }
func StartColF() Colour { return startColF() }
func StartColB() Colour { return startColB() }

// Returns (FlasWhite, Black).
func StartColsA() (Colour, Colour) { return startColsA() }

// Returns the slice of all colours defined in this package.
func AllColours() []Colour { return allColours() }

func Black() Colour { return black() }
...
viele weitere Farben
...
```

Die Farben (z. B. Red(), Orange(), Yellow(), Green(), Cyan(), Blue(), Magenta()) sind als Methoden definiert, um sie vor dem Zugriff von außen zu schützen.

3.4.1.2 Fonts

Es gibt nur wenige Fonts, die für den *Bildschirm* und für den *Ausdruck von Texten* gebraucht werden. Voreingestellt ist 8 × 16, was der Standardauflösung im Konsolenbetrieb entspricht. Für die Fonts werden die `terminus`-Fonts (s. Abschn. 3.1.1) verwendet, die nicht proportional sind, was für die im Abschnitt über den Bildschirm erläuterte *Rasterung* (s. Abschn. 3.4.2) notwendig ist.

```
package fontsize


type Size byte; const ( // for prt for screen
  Tiny = Size(iota)    // cmtt6    7 * 5 px
  Small                // cmtt8   10 * 6 px
  Normal               // cmtt10  16 * 8 px
  Big                  // cmtt12  24 * 12 px
  Large                // cmtt14  28 * 14 px
  Huge                 // cmtt17  32 * 16 px
  NSizes
)


package font
import . "µU/fontsize"

type Font byte; const ( // only for prt
  Roman = Font(iota); Bold; Italic; NFonts
)
const M = 6 // len names
var Name []string


// Returns a string of len 2, that uniquely defines f and s.
func Code (f Font, s Size) string { return code(f,s) }

// Returns the width resp. the height of a font in size s;
// for prt in pt and for scr in px.
func Wd (s Size) uint { return wd(s) }
func Ht (s Size) uint { return ht(s) }
```

3.4.1.3 Bildschirm-/Fenstergrößen

Mit Blick auf die gängigen technischen Standards werden *Modi* zum Betrieb unterschieden, definiert im Typ `Mode` mit Konstanten vom Typ `byte`.

```
package mode


type Mode byte; const (
  None = Mode(iota) // lines x colums for 8x16-font
  Mini   // 192 x 160    10 x 24
  HQVGA  // 240 x 160    10 x 30
  QVGA   // 320 x 240    15 x 40
  HVGA   // 480 x 320    20 x 60
```

```
TXT      // 640 x 400    25 x 80
VGA      // 640 x 480    30 x 80
PAL      // 768 x 576    36 x 96
WVGA     // 800 x 480    30 x 100
SVGA     // 800 x 600    37 x 100
XGA      // 1024 x 768   48 x 128
HD       // 1280 x 720   45 x 160
WXGA     // 1280 x 800   50 x 160
SXVGA    // 1280 x 960   60 x 160
SXGA     // 1280 x 1024  64 x 160
WXGA1    // 1366 x 768   48 x 171
SXGAp    // 1400 x 1050  65 x 175
WXGAp    // 1440 x 900   56 x 180
WXGApp   // 1600 x 900   56 x 200
WSXGA    // 1600 x 1024  64 x 200
UXGA     // 1600 x 1200  75 x 200
WSXGAp   // 1680 x 1050  65 x 210
FHD      // 1920 x 1080  67 x 240
WUXGA    // 1920 x 1200  75 x 240
SUXGA    // 1920 x 1440  90 x 240
QWXGA    // 2048 x 1152  72 x 256
QXGA     // 2048 x 1536  96 x 256
WSUXGA   // 2560 x 1440  90 x 320
WQXGA    // 2560 x 1600  100 x 320
QSXGAp   // 2800 x 2100  131 x 350
QUXGA    // 3200 x 2400  150 x 400
UHD      // 3840 x 2160  135 x 440
HXGA     // 4096 x 3072  192 x 512
WHXGA    // 5120 x 3200  200 x 640
HSXGA    // 5120 x 4096  256 x 640
HUXGA    // 6400 x 4800  300 x 800
FUHD     // 7680 x 4320  270 x 960
NModes )


// Returns the pixelwidth of m.
func Wd (m Mode) uint { return x[m] }

// Returns the pixelheight of m.
func Ht (m Mode) uint { return y[m] }

// Returns the pixelwidth and -height of m.
func Res (m Mode) (uint, uint) { return x[m], y[m] }

// Returns the mode with (w, h) pixels for (width, height),
// if such exists; panics otherwise.
func ModeOf (w, h uint) Mode { return modeOf(w,h) }
```

Die Größenangaben zum Textmodus beziehen sich dabei auf die Schriftgröße 8×16 (s. u.).
Voreinstellung ist im Konsolenbetrieb diejenige, unter der Linux gestartet wird

3.4.1.4 Kursorformen

Dafür ist der folgende Typ verfügbar:

```
package shape

type Shape byte; const (
  Off = Shape(iota)
  Understroke
  Block
  NShapes
)

// Returns the coordinates of the upper left corner and the height
// of the rectangle for all combinations (c, s) with c != s.
func Cursor (x, y, h uint, c, s Shape) (uint, uint) {
  return cursor(x,y,h,c,s) }
```

3.4.1.5 Linienstärken

Dafür ist der folgende Typ verfügbar:

```
package linewd

type Linewidth byte; const (
  Thin = Linewidth(iota)
  Thick
  Thicker
)
```

3.4.2   Bildschirm

Die einfachste Operation zur Ausgabe von Zeichenketten ist die eingebaute Funktion `print[ln]`; leistungsfähiger ist die Funktion `Print[ln]` aus dem Go-Paket `fmt`. Sie erlauben lediglich die Ausgabe anspruchsloser Programme ohne Bildschirmmasken: Mit ihnen lassen sich Texte nur zeilenweise über den Bildschirm „rollen".

Alles, was über diese primitive Form der Ausgabe hinausgeht, wie etwa

- die Konstruktion von Bildschirmmasken und dazu
- die gezielte Ausgabe von Texten an definierten Stellen einer Konsole oder eines Fensters

geht damit nicht ohne weiteres und die Ausgabe graphischer Objekte ist nicht möglich. Auf der Linux-Ebene gibt es sehr komplizierte, aber auch sehr leistungsfähige Bibliothekssysteme, die so etwas unterstützen, z. B. `ncurses` für den *Konsolenbetrieb* und `Qt`, `gtk` oder die Bibliotheken aus `X11` und von OpenGL für *graphische Oberflächen* (s. http://www.gnu.org/software/ncurses, https://www.qt.io, https://www.gtk.org, https://www.x.org/wiki

und https://www.opengl.org). Die Dokumentation dieser Bibliotheken ist sehr umfangreich und bedarf langer Einarbeitung, was durch Einblick in die header-Dateien in den Unterverzeichnissen von `/usr/include/qt5`, im Verzeichnis `/usr/include/X11` (mit seinen Unterverzeichnissen) und in `/usr/include/GL` sofort ersichtlich ist.

Für die Konstruktion anspruchsvollerer Programme ist ein einfaches Konzept für die Ausgaben notwendig, das diese komplizierte Materie hinter einer *leicht verständlichen* und *einfach benutzbaren* Schnittstelle mit leistungsfähigen Implementierungen „versteckt".

Das Mikrouniversum stellt in seinem Bildschirmpaket `scr` das abstrakte Datenobjekt `Screen` mit einer Fülle von Methoden und Funktionen zu seiner Verwaltung und für die Ausgabe von Texten und Graphiken zur Verfügung. Wesentlich ist dabei, dass diese Funktionen sowohl im Konsolenbetrieb als auch auf graphischen Oberflächen, die auf `X11` beruhen, völlig gleichartig funktionieren.

Ein entscheidender Beitrag zur Forderung nach einer einfachen Schnittstelle für die Ausgabe von Objekten ist die *Zusammenführung der Ausgabe von Text und Graphik.* Der Bildschirm ist in Textzeilen und -spalten bzw. in Pixelspalten und -zeilen *gerastert.* Das Raster dient der Positionierung der Ausgabe von Zeichenketten und graphischen Objekten, wobei sich die Position von Methoden, deren Namen mit `Gr` enden, auf Pixel beziehen.

Ein technisch sehr aufwendiges Unterpaket von `scr` ist das Mauspaket `scr/mouse`; es wird nur für die beiden Implementierungen `scr/console.go` für die Konsole und `scr/xwindow.go` für graphische Oberflächen unter X-Window des Bildschirmpakets und für das Tastaturpaket `kbd` (s. nächster Abschn. 3.4.3) gebraucht und soll weiter außen nicht benutzt werden; deshalb wird es hier nicht vorgestellt.

Das Paket importiert außer `obj` die im Abschn. 3.4.1 genannten Pakete. Es liefert Methoden

- zur Rückstellung auf normale Eingabe im Konsolenbetrieb,
- zur Abfrage von Bildschirmparametern,
- zur Abfrage und zum Setzen von Bildschirmfarben für Ausgaben
- zum Löschen und zum Puffern von rechteckigen Teilen des Bildschirms,
- zur Manipulation des Kursors,
- zur Ausgabe von Zeichen, Zeichenketten und natürlichen Zahlen,
- zur Manipulation der Fontgröße,
- zur Ausgabe einfacher geometrischer Figuren (z. B. Punkte, Strecken, Rechtecke, Polygone, Kreise, Ellipsen, Bezier-Kurven), alle auch *invers* und einige auch *gefüllt,*
- zur Abfrage der Maus und zum Setzen von Mausparametern,
- zur Serialisierung von rechteckigen Teilen des Bildschirms,
- zur Darstellung von Graphikdateien im `ppm`-Format
- zur Verwaltung einer „Ablage" und
- zum Bewegen in dreidimensionalen Gebilden, die unter Einsatz von OpenGL erzeugt wurden,

und Funktionen

- zur Abfrage der Bildschirmgröße,
- zur Angabe, ob ein Prozess unter X-Window läuft (alternativ auf einer Konsole) und
- zur Sperrsynchronisation des Bildschirms in nebenläufigen Programmen.

Natürlich liefert es auch *Konstruktoren* zur Erzeugung von Bildschirmen.

Um nicht den Bezeichner s eines z. B. s := NewMax() erzeugten Bildschirms ständig vor die Methodenaufrufe aus scr setzen zu müssen, liefert scr in der Datei ado.go auch ein abstraktes Daten*objekt*.

Zu Beginn eines Programmlaufs im *Konsolenbetrieb* wird die Tastatur auf „rohe" Eingabe K_MEDIUMRAW gestellt. Bei der Beendigung des Programms muss sie wieder auf „normale" Eingabe K_XLATE (s. /usr/include/linux/kd.h) zurückgestellt werden, damit der Rechner bedienbar bleibt. Das durch folgendes Verfahren erledigt:

Die Funktion init() in kbd/keyboard.go ruft die Funktion initConsole in kbd/console.go auf, in der die Funktion zum Rückstellen in die Menge derjenigen Funktionen eingereiht werden, die am Ende eines Programms aufgerufen werden (s. Datei halt.go im Paket ker). Dieser Mechanismus wird von der Methode Fin() im Bildschirmpaket aufgerufen.

Zu Beginn eines Programmlaufs wird auch das Blinken des Kursors abgestellt, damit der nicht nervt; mit dem Aufruf der Methode Fin() wird er wieder zum Blinken gebracht.

Damit sieht die erste Zeile eines Programms, das das Mikrouniversum benutzt, typischer weise so aus:

```
scr.NewMax(); defer scr.Fin()
```

Der Aufruf der Anweisung scr.Fin() ist dabei zwingend erforderlich, weil sonst nach der Beendigung eines Programms

- im Betrieb unter X-Window der Kursor futsch ist und
- im Konsolenbetrieb die Tastatur „tot" und deshalb der Rechner nicht mehr bedienbar ist,

Hier folgt nun die Spezifikation, die aus naheliegenden Gründen zwar sehr lang ist, aber die oben genannte Forderung nach leichter Verständlichkeit und einfacher Benutzbarkeit erfüllt:

```
package scr

/* Pre: For use in a (tty)-console:
        The framebuffer is usable, i.e. one of the options "vga=..."
        is contained in the line "kernel ..." of /boot/grub/menu.lst
        (posible values can be found at the end of imp.go). Users are
        in the group video (or world has the rights "r" and "w" in
        /dev/fb0) and world has the right "r" in /dev/input/mice.
        For use in a screen on a graphical user interface:
```

```
                X is installed.
                Programs for execution on far hosts are only called under X.
        Fore-/background colour of the screen and actual fore-/background-
        colour are FlashWhite and Black. The screen is cleared and the
        cursor is off.In a console SIGUSR1 and SIGUSR2 are used internally
        and not any more available.
        No process is in the exclusive possession of the screen. */

// #cgo LDFLAGS: -lX11
// #include <X11/Xlib.h>
import
  "C"
import (
  "µU/env"
  "µU/obj"
  "µU/col"
  "µU/mode"
  . "µU/fontsize"
  "µU/font"
  "µU/scr/shape"
  "µU/linewd"
)
type
  Event struct {
            T,      // type
            C,      // xkey.keycode, xbutton.button, xmotion.is_hint
            S uint // state
        }
var
  Eventpipe chan Event = make (chan Event) // only for XWindow
const ( // mousepointer representations
          // (see /usr/include/X11/cursorfont.h)
  Crosshair = 34
  Gumby    =  56
  Standard = 132 // top_left_arrow
)
type
  Screen interface {

// The keyboard is switched back to normal mode.
  Fin()

// Under X, the screen is newly written.
  Flush()

// Under X, in the title bar of the window frame the screen
// the string n appears, unless the screen was initialized
// by a call of NewMax.
  Name (n string)

// Returns the actual mode.
```

```
  ActMode() mode.Mode
```

```
// Returns the coordinates of the top left corner of the screen.
  X() uint
  Y() uint
```

```
// Returns - depending on the actual fontsize -
// the number of textlines and -columns of the actual mode.
  NLines() uint
  NColumns() uint
```

```
// Returns the pixelwidth/-height of the screen in the actual mode.
  Wd() uint
  Ht() uint
```

```
// Returns the pixel distance between two textlines
// = charheight/-width of the actual fontsize (s. below).
  Wd1() uint
  Ht1() uint
```

```
// Return the quotient Pixelwidth / Pixelheight of the actual mode.
  Proportion() float64
```

```
// colours ///////////////////////////////////////////////////////////
```

```
// The colours of the screen are set to f and b (fore-/background);
// to get the effect of these calls,
// you have to call "Cls()" afterwards.
  ScrColours (f, b col.Colour)
  ScrColourF (f col.Colour)
  ScrColourB (b col.Colour)
```

```
// Returns the fore-/backgroundcolour of the screen.
  ScrCols() (col.Colour, col.Colour)
  ScrColF() col.Colour
  ScrColB() col.Colour
```

```
// The actual foregroundcolour is f, the actual backgroundcolour
// is b resp. that of the screen.
// The colours of the screen are not changed.
  Colours (f, b col.Colour)
  ColourF (f col.Colour)
  ColourB (b col.Colour)
```

```
// Returns the actual fore-/backgroundcolour.
  Cols() (col.Colour, col.Colour)
  ColF() col.Colour
  ColB() col.Colour
```

```
// Returns the colour of the pixel at (x, y).
  Colour (x, y uint) col.Colour
```

```
// ranges ///////////////////////////////////////////////////////

// Pre: c + w <= NColumns, l + h <= NLines resp.
//      x <= x1 < Wd, y <= y1 < Ht.

// The screen is cleared between line l and l+h and column c and c+w
// (both including) in its backgroundcolour.
  Clr (l, c, w, h uint)

// The pixels in the rectangle defined by (x, y, w, h)
// including) have the backgroundcolour of the screen.
  ClrGr (x, y int, w, h uint)

// The screen is cleared in its backgroundcolour.
// The cursor has the position (0, 0) and is off.
// The mouse has the position (?, ?) and is off.
  Cls()

// If on, then the screen buffer is cleared and
// all further output is only going to the screen buffer,
// otherwise, the screen contains the content of the screen buffer
// and all further output is going to the screen.
  Buf (on bool)

// Returns true, iff the output goes only to the screen buffer.
  Buffered() bool

// The content of the rectangle defined by (l/x, c/y, w, h) is copied
// into the archive (the former content of the archive is lost).
  Save (l, c, w, h uint)
// SaveGr (x, y, x1, y1 int)
  SaveGr (x, y int, w, h uint)
  Save1() // full screen

// The content of the rectangle defined by (l/x, c/y, w, h)
// is restored from the archive.
  Restore (l, c, w, h uint)
// RestoreGr (x, y, x1, y1 int)
  RestoreGr (x, y int, w, h uint)
  Restore1() // full screen

// cursor ///////////////////////////////////////////////////////

// Pre: l < NLines, c < NColumns.
// The cursor has the position (line, coloumn) == (l, c)
// and the shape s. (0, 0) is the top left top corner.
  Warp (l, c uint, s shape.Shape)

// Pre: x <= NColumsGr - Columnwidth, y <= Ht - Lineheight.
// The cursor has the graphics position (column, line) = (x, y)
```

```
// and the shape s. (0, 0) is the top left top corner.
  WarpGr (x, y uint, s shape.Shape)

// text /////////////////////////////////////////////////////////

// The position (0, 0) is the top left corner of the screen.
// The pixels of the characters have the actual foregroundcolour,
// the pixels in the rectangles around them have the actual
// backgroundcolour (if transparency is switched on,
// those pixels are not changed).

// Pre: 32 <= b < 127, l < NLines, c + 1 < NColumns.
// b is written to the screen at position (line, colum) = (l, c).
  Write1 (b byte, l, c uint)

// Pre: l < NLines, c + len(s) < NColumns.
// s is written to the screen starting at position
// (line, column) == (l, c).
  Write (s string, l, c uint)

// Pre: x + Columnwidth < Wd resp.
//      x + Columnwidth * Länge (s) < Wd,
//      y + Lineheight < Ht.
// b and s resp., is written to the screen within the rectangle
// with the top left corner (x, y) in the actual colours.
  Write1Gr (b byte, x, y int)
  WriteGr (s string, x, y int)

// Pre: c + number of digits of n < NColumns, l < NLines.
// n is written to the screen starting at position
// (line, column) == (l, c).
  WriteNat (n, l, c uint)
  WriteNatGr (n uint, x, y int)
  WriteInt (n int, l, c uint)
  WriteIntGr (n, x, y int)

// Pre: see above.
// As above, but with fore- and backgroundcolour reversed.
  Write1InvGr (b byte, x, y int)
  WriteInvGr (s string, x, y int)

// Returns true, iff transparency is set.
  Transparent() bool

// Transparence is switched on, iff t == true.
// If it is on, the backgroundcolour is that of the screen.
  Transparence (t bool)

// font /////////////////////////////////////////////////////////

// Returns the actual font; at the beginning Roman.
```

```
ActFont() font.Font

// f is the actual font.
  SetFont (f font.Font)

// Returns the actual fontsize; at the beginning Normal.
  ActFontsize() Size

// s is the actual fontsize.
// NColumns and NLines are changed accordingly.
  SetFontsize (s Size)

// graphics //////////////////////////////////////////////////

// Position (0, 0) is the top left corner of the screen.
// All output is done in the actual foregroundcolour;
// For operations with name ...Inv all pixels have the complementary
// colour of the fgcolour; for operations with name ...Full
// also all pixels in the interior have these colours.
// The actual linewidth at the beginning is Thin.


// Returns the actual linewidth.
  ActLinewidth() linewd.Linewidth

// The actual linewidth is w.
  SetLinewidth (w linewd.Linewidth)

// Pre: See above.
// A pixel in the actual foregroundcolour is set at position (x, y)
// on the screen resp. the colour of that pixel is inverted.
  Point (x, y int)
  PointInv (x, y int)

// Returns true, iff the point at (x, y) has a distance
// of at most d pixels from the point (a, b).
  OnPoint (x, y, a, b int, d uint) bool

// Pre: See above.
// At (xs[i], ys[i]) (i < len(xs) == len(ys)) a pixel is set in the
// actual foregroundcolour resp. that pixel is inverted in its colour.
  Points (xs, ys []int)
  PointsInv (xs, ys []int)

// Returns true, iff one of the points at (xs[i], ys[i]) has a distance
// of at most d pixels from the point (a, b).
  OnPoints (xs, ys []int, a, b int, d uint) bool

// Pre: See above.
// The part of the line segment between (x, y) and (x1, y1)
// visible on the screen is drawn in the actual foregroundcolour resp.
// the pixels on that part are inverted in their colour.
```

```
  Line (x, y, x1, y1 int)
  LineInv (x, y, x1, y1 int)
```

```
// Pre: See above.
// Returns true, iff the point at (x, y) has a distance of
// at most d pixels from the line segment between (x, y) to (x1, y1).
  OnLine (x, y, x1, y1, a, b int, d uint) bool
```

```
// Pre: See above.
//      If the calling process runs under X:
//          -1<<15 <= x[i], x1[i], y[i], y1[i] < 1<<15
//          for all i < n:= len(x) == len(y).
//      Otherwise:
//          0 <= x[i], x1[i] < Wd and
//          0 <= y[i], y1[i] < Ht for all i < N.
// For all i < n the parts of the line segments between
// (x[i], y[i]) and (x1[i], y1[i]), that are visible on the screen,
// are drawn in the actual foregroundcolour
// resp. all points on them are inverted.
  Lines (x, y, x1, y1 []int)
  LinesInv (x, y, x1, y1 []int)
```

```
// Pre: See above.
// Returns true, iff the point at (x, y) has a distance
// of at most d pixels from each of the line segments
// between (x[i], y[i]) and (x1[i], y1[i]).
  OnLines (x, y, x1, y1 []int, a, b int, d uint) bool
```

```
// Pre: See above.
//      x[i] < Wd, y[i] < Ht für alle i < n:= len(x) == len(y).
// From (x[0], y[0]) over (x[1], y[1]), ... until (x[n-1], y[n-1])
// a sequence of line segments is drawn resp. all points on it
// are inverted.
  Segments (x, y []int)
  SegmentsInv (x, y []int)
```

```
// Returns true, iff the point at (a, b) has a distance
// of at most d pixels from one of the sequence of line segments
// defined by x and y.
  OnSegments (x, y []int, a, b int, d uint) bool
```

```
// Pre: See above.
// A line through (x, y) and (x1, y1) is drawn resp. all points on
// it are inverted.
  InfLine (x, y, x1, y1 int)
  InfLineInv (x, y, x1, y1 int)
```

```
// Returns true, iff the point at (a, b) has a distance of
// at most d pixels from the line through (x, y) and (x1, y1).
  OnInfLine (x, y, x1, y1, a, b int, d uint) bool
```

```
// Pre: See above.
// Between (x, y), (x1, y1) and (x2, y2) a triangle is drawn in the
// actual foregroundcolour resp. all points on it are inverted
// resp. all its interior points (including its borders) are
// drawn / inverted.
  Triangle (x, y, x1, y1, x2, y2 int)
  TriangleInv (x, y, x1, y1, x2, y2 int)
  TriangleFull (x, y, x1, y1, x2, y2 int)
  TriangleFullInv (x, y, x1, y1, x2, y2 int)

// Pre: See above.
// Between (x, y) and (x1, y1) a rectangle (with horizontal and
// vertical borders) is drawn in the actual foregroundcolour resp.
// all points on it are inverted resp. all its interior points
// (including its borders) are drawn / inverted.
  Rectangle (x, y, x1, y1 int)
  RectangleInv (x, y, x1, y1 int)
  RectangleFull (x, y, x1, y1 int)
  RectangleFullInv (x, y, x1, y1 int)

// Pre: See above.
// Returns true, iff the point at (a, b) has a distance
// of at most d pixels from the border of the rectangle
// between (x, y) and (x1, y1).
  OnRectangle (x, y, x1, y1, a, b int, d uint) bool

// Returns true, iff the point (a, b) is up to distrance t
// inside the rectangle given by (x, y) and (x1, y1).
  InRectangle (x, y, x1, y1, a, b int, t uint) bool

// The content of the rectangle defined by (x0, y0, x1, y1)
// is copied to the rectangle with the upper left corner (x, y).
  CopyRectangle (x0, y0, x1, y1, x, y int)

// Pre: len(x) == len(y).
//      PolygonFull: The polygon defined by x and y is convex
//      (see function Convex).
// A polygon is drawn between (x[0], y[0]), (x[1], y[1]), ...,
// (x[n-1], y[n-1]), (x[0], y[0]) resp. all pixels on it are inverted
// resp. the polygon is filled.
  Polygon (x, y []int)
  PolygonInv (x, y []int)
  PolygonFull (x, y []int)
  PolygonFullInv (x, y []int)

// Pre: len(x) == len(y).
//      The polygon defined by x and y is not convex
//      (see function Convex), but its lines do not intersect.
//      In a console: (a, b) is a point inside the polygon;
//      under X: The values of a and b do not matter.
  PolygonFull1 (x, y []int, a, b int)
```

```
  PolygonFullInv1 (x, y []int, a, b int)
```

```
// Pre: len(x) == len(y).
// Returns true, iff the point at (a, b) has a distance
// of at most d pixels from the polyon defined by x and y.
  OnPolygon (x, y []int, a, b int, d uint) bool
```

```
// Pre: See above. r <= x, x + r < Wd, r <= y, y + r < Ht.
// Around (x, y) a circle with radius r is drawn / inverted
// resp. all points in its interior are set / inverted.
  Circle (x, y int, r uint)
  CircleInv (x, y int, r uint)
  CircleFull (x, y int, r uint)
  CircleFullInv (x, y int, r uint)
```

```
// Returns true, iff the point at (x, y) has a distance of at most
// d pixels from the border of the circle around (a, b) with radius r.
  OnCircle (x, y int, r uint, a, b int, d uint) bool
```

```
// Returns true, iff the point at (x, y) has a distance
// of at most d pixels from the interior of the circle around (a, b)
// with radius r.
  InCircle (x, y int, r uint, a, b int, d uint) bool
```

```
// Pre: See above. r <= x, x + r < Wd, r <= y, y + r < Ht,
//       a and b given in degrees.
// Around (x, y) an arc with radius r is drawn / inverted
// resp. all points in its interior are set / inverted
// from angle a to angle a+b, starting at vertical upright
// position with a and b signed in mathematical orientation
// (counterclockwise).
  Arc (x, y int, r uint, a, b float64)
  ArcInv (x, y int, r uint, a, b float64)
  ArcFull (x, y int, r uint, a, b float64)
  ArcFullInv (x, y int, r uint, a, b float64)
```

```
// Pre: See above. a <= x, x + a < Wd, b <= y, y + b < Ht.
// Around (x, y) an ellipse with horizontal / vertical semiaxis
// a / b is drawn / inverted resp. all points in its interior
// are set / inverted.
  Ellipse (x, y int, a, b uint)
  EllipseInv (x, y int, a, b uint)
  EllipseFull (x, y int, a, b uint)
  EllipseFullInv (x, y int, a, b uint)
```

```
// Returns true, iff the point at (A, B) has a distance of
// at most d pixels from the border of the ellipse around (x, y)
// with semiaxis a and b.
  OnEllipse (x, y int, a, b uint, A, B int, d uint) bool

  InEllipse (x, y int, a, b uint, A, B int, d uint) bool
```

```
// Pre: See above. n:= len(xs) == len(ys).
// From (xs[0], ys[0]) to (xs[n], ys[n]) a Beziercurve of order n
// with (xs[1], ys[1]) .. (xs[n-1], ys[n-1]) as nodes is drawn
// to the screen resp. all points on that curve are inverted.
// (For n == 0 the curve is the point (xs[0], ys[0]),
// for n == 1 the line between (xs[0], ys[0]) and (xs[1], ys[1]).
  Curve (xs, ys []int)
  CurveInv (xs, ys []int)

// Returns true, iff the point at (x, y) has a distance of
// at most d pixels from the curve defined by xs and ys.
  OnCurve (xs, ys []int, a, b int, d uint) bool

// mouse ///////////////////////////////////////////////////////

// The mousepointer is represented by p.
  SetPointer (p uint)

// Returns the position of the mouse cursor.
// For the result (l, c) holds 0 <= l < NLines and 0 <= c < NColumns.
  MousePos () (uint, uint)

// Returns the position of the mouse cursor.
// For the result (x, y) holds 0 <= x < Wd and 0 <= y < Ht.
  MousePosGr () (int, int)

// The mouse position is written to the screen at position (l,c)/(x,y).
  WriteMousePos (l, c uint)
  WriteMousePosGr (x, y int)

// Pre: The calling process does not run under X.
// The mouse cursor is switched on, iff b (otherwise off).
  MousePointer (b bool)

// Pre: The calling process does not run under X.
// Returns true, iff the mouse cursor is switched on.
  MousePointerOn () bool

//
//  WriteMousePointer()

// Pre: l < NLines, c < NColumns.
// The mouse cursor has the position (line, column) = (l, c).
  WarpMouse (l, c uint)

// Pre: 0 <= x < Wd, 0 <= y < Ht.
// The mouse cursor has the position (row, line) = (x, y).
  WarpMouseGr (x, y int)

// Pre: c + w <= NColumns, l + h <= NLines.
```

```
// Returns false, if there is no mouse; returns otherwise true,
// iff the the mouse cursor is in the interior of the rectangle
// defined by l, c, w, h.
   UnderMouse (l, c, w, h uint) bool

// Pre: 0 <= x <= x1 < Wd, 0 <= y <= y1 < Ht.
// Returns false, if there is no mouse; returns otherwise true,
// iff the mouse cursor is inside the rectangle between (x, y) and
// (x1, y1) or has a distance of at most d pixels from its boundary.
   UnderMouseGr (x, y, x1, y1 int, d uint) bool

// Pre: 0 <= x < Wd, 0 <= y < Ht.
// Returns false, if there is no mouse; returns otherwise true, iff
// the mouse cursor has a distance of at most d pixels from (x, y).
   UnderMouse1 (x, y int, d uint) bool

// serialisation //////////////////////////////////////////////////

// Pre: 0 < w <= Wd, 0 < h <= Ht.
// Returns the number of bytes that are needed to serialize the pixels
// of the rectangle between (0, 0) and (w, h) uniquely invertibly.
   Codelen (w, h uint) uint

// Pre: 0 < w, x + w < Wd, 0 < h, y + h < Ht.
// Returns the byte sequence, that serialises the pixels
// in the rectangle between (x, y) and (x + w, y + h).
   Encode (x, y int, w, h uint) obj.Stream

// Pre: s is the result of a call of Encode for some rectangle.
// The pixels of that rectangle are drawn to the screen with the
// upper left corner (x, y); the rest of the screen is not changed.
   Decode (s obj.Stream, x, y int)

// image-operations /////////////////////////////////////////////////

   WriteImage (c [][]col.Colour, x, y int)

   Screenshot (x, y int, w, h uint) obj.Stream

// openGL /////////////////////////////////////////////////////////////

   Go (draw func(), ex, ey, ez, fx, fy, fz, nx, ny, nz float64)
}

func UnderC() bool {
   return env.UnderC()
}

func UnderX() bool {
   return env.UnderX()
}
```

```
// Returns a new screen with the size of the physical screen.
// The keyboard is switched to raw mode.
func New (x, y uint, m mode.Mode) Screen {
  if env.UnderX() {
    return NewW (x, y, m)
  }
  return NewC (x, y, m)
}

// Returns a new screen of the size given by the mode m.
// The keyboard is switched to raw mode.
func NewMax() Screen {
  if env.UnderX() {
    return NewMaxW()
  }
  return NewMaxC()
}

// Pre: The size of the screen given by x, y, w, h
//      fits into the available physical screen.
// Returns a new screen with upper left corner (x, y),
// width w and height h. The keyboard is switched to raw mode.
func NewWH (x, y, w, h uint) Screen {
  if env.UnderX() {
    return NewWHW (x, y, w, h)
  }
  return NewWHC (x, y, w, h)
}

// Returns the (X, Y)-resolution of the screen in pixels.
func MaxRes() (uint, uint) {
  if env.UnderX() {
    return MaxResW()
  }
  return MaxResC()
}

// Returns true, iff mode.Res(m) <= MaxRes().
func Ok (m mode.Mode) bool {
  if env.UnderX() {
    return OkW (m)
  }
  return OkC (m)
}

// Lock / Unlock guarantee the mutual exclusion when writing on the
// screen (e.g. to avoid, that a process after having set its colours
// is interrupted in a subsequent draw and later resumes its drawing
// in another colour, that was meanwhile changed by another process).
func Lock() { lock() }
```

```
func Unlock() { unlock() }

func Lock1() { lock1() }
func Unlock1() { unlock1() }

func Act() Screen {
  if env.UnderX() {
    return actualW
  }
  return actualC
}

// Returns true, iff len(x) == len(y) and x, y define a convex polygon.
func Convex (x, y []int) bool {
  return convex (x,y)
}
```

Die Implementierungen von `console.go` und `xwindow.go` sind sehr technisch, aber algorithmisch weitgehend uninteressant. Einzige Ausnahme sind die Algorithmen von Bresenham (s. [3]), die in `console.go` zur Ausgabe von Linien, Kreisen und Ellipsen verwendet werden.

3.4.3 Tastatur

Das Mikrouniversum kapselt den Zugriff auf die Tastatur und Maus in einem *abstrakten Datenobjekt,* dem Paket `kbd`, dessen Implementierung das Paket `mouse` benutzt.

Außer den Namen für die Tasten liefert es Funktionen

- zum Auslesen des Tastaturpuffers,
- zur Abfrage, ob eine Maus existiert, und
- zum Warten auf einen Tastendruck.

Für die *Zeichentasten* steht die alphanumerische Tastatur des Rechners zur Verfügung; Zeichen, für die keine einzelne Taste vorgesehen ist, werden die in der Spezifikation genannten Kommandos vorgesehen.

Zur Bedienung und Steuerung eines Systems mit Tastatur und Maus müssen drei Gruppen von *Tasten* unterschieden werden:

- die *alphanumerischen* Tasten zur Eingabe von Zeichenketten und Zahlen,
- die *Kommandotasten* zur Auslösung bestimmter Systemreaktionen (Eingabetaste, Rückschritttaste, Pfeiltasten usw.) und
- die *Mausknöpfe* und *Bewegungen der Maus* zum Navigieren auf dem Bildschirm und „Anklicken" von Objekten.

Mit den Kommandotasten ausgelöste Kommandos können in ihrer „*Wirkungstiefe*" durch Kombination mit geeigneten Vorwahltasten (den *Umschalt-, Kontroll-* und *Metatasten*) verstärkt werden; zu jedem Kommando gehört eine natürliche Zahl als Tiefe (0 als Basisversion, zunehmende Zahlen für größere Tiefen). Damit sind prinzipiell wirkungsgleiche Kommandos unterschiedlicher Tiefe in Systemen möglich, wie z.B. die Bewegung in einem Text zum nächsten Zeichen, Wort, Satz, Abschnitt oder Kapitel, oder in einem Kalender zum nächsten Tag, zur nächsten Woche, zum nächsten Monat, Jahr oder Jahrzehnt.

Tastatur und Maus senden ihre Zeichen und Kommandos unter Ausnutzung des Kanalkonzepts in Go als *Botschaften* an den Bildschirm, der sie empfängt und verarbeitet (s. Variable `eventpipe` in der Spezifikation von `scr`).

Hier die Spezifikation unseres Tastaturpakets:

```
package kbd


// >>> Pre: The preconditions of mouse are met.

/* We distinguish between three groups of keys to operate and
   control a system with keyboard and mouse:
   - character-keys (with echo in form of an alphanumerical
     character on the screen) to enter texts and numbers,
   - command-keys
     to induce particular reactions of the system and
   - mouse-buttons and -movements
     to navigate on the screen.
   In order to abstract from concrete keyboards or mouses,
   the following commands are provided for the last two groups: */


type
  Comm byte; const (
  None = Comm(iota)     // to distinguish between character-
                        // and command-keys,
                        // see specification of "Read"
  Esc                   // to leave the system (or a part of it)
                        // or to reject
  Enter                 // to confirm or to leave an input
  Back                  // to move backwards in the system
  Left; Right; Up; Down // to move the cursor on the screen and
  PgLeft; PgRight; PgUp; PgDown // to move in the system,
                        // e.g. in a screen mask,
  Pos1; End             // in the corresponding direction
  Tab                   // for special purposes
  Del; Ins              // to remove or insert objects
  Help; Search          // to induce context dependent reactions
                        // of the system
  Act; Cfg;             // and for special purposes
  Mark; Unmark          // to mark and unmark objects
  Cut; Copy; Paste      // cut buffer operations
  Red; Green; Blue      // to handle colours
  Print; Roll; Pause    // for special purposes
```

```
     OnOff; Lower; Louder   // loudspeaker
     Go                     // to move the mouse
     Here; This; That       // to click on objects and
     Drag; Drop; Move       // to move them around with a mouse
     To; There; Thither     // and to drag and drop them
     ScrollUp; ScrollDown   // for the mouse wheel
  // Nav                       // to navigate in space with a 3d-mouse
     NComms                 // number of commands
  )
```

```
/* Commands may be enforced in the "depth" of their "impact":
   Every command is associated with a natural number as its depth
   (0 as basic version, bigger numbers for greater depths).
   So we allow for commands with conceptionally equal effects
   but variable ranges of "move depth", as e.g. the movement in a
   text to the next character, word, sentence, paragraph or page,
   or in a calendar to the next day, week, month, year, decade.

   Commands of depth 0 are implemented by keys (without metakeys)
   or mouse-actions with system independent semantics:
   - Enter:              input-key "Enter"/"Return"
   - Esc:                stop-/break-key "Esc"
   - Back:               backspace-key "<-"
   - Left, Right, Up, Down: corresponding arrow-keys
   - PgUp, PgDown, Pos1, End: corresponding keys
   - Tab:                Tabkey "|<- ->|"
   - Del, Ins:           corresponding keys
   - Help, Search:       F1-, F2-key
   - Act, Cfg:           F3 , F4-key
   - Mark, Unmark:       F5-, F6-key
   - Cut, Copy, Paste:   F7-, F8-, F9-key
   - Red, Green, Blue:   F10-, F11-, F12-key
   - Print, Roll, Pause: corresponding keys
   - OnOff, Lower, Louder: corresponding keys on laptops
   - Go:                 mouse moved with no button pressed
   - Here, This, That:   left, right, middle button pressed
   - Drag, Drop, Move:   mouse moved
                         with corresponding button pressed
   - To, There, Thither: corresponding button released

   commands of depth > 0 by combination with metakeys:
   - depth 1:            Shift-key,
   - depth 2:            Strg-key,
   - depth 3:            Alt(Gr)-key */
```

```
// The calling process was blocked,
// until the keyboard buffer was not empty.
// Returns a tripel (b, c, d) with the following properties:
// Either c == None and the first object from the keyboard buffer
// is the byte b or b == 0 and the first object of the keyboard
// buffer is the command c of depth d.
```

```
// This object is now removed from the keyboard buffer.
// If there is no mouse, then c < Go.
func Read() (byte, Comm, uint) { return read() }
```

```
// The calling process was blocked, until there is a byte in the
// keyboard buffer. Returns the first byte from the keyboard
   buffer.
// This byte is deleted from the keyboard buffer.
func Byte() byte { return byte_() }
```

```
// The calling process is blocked, until there is a command
// in the keyboard buffer. Returns the first command and its depth
// from the keyboard buffer. This command is deleted from the
   buffer. func Command() (Comm, uint) { return command() }
```

```
// Returns a string, describing the calling Command.
func (c Comm) String() string { return text[c] }
```

```
// Precondition: A byte or command was read.
// Returns the last read byte, if there is one, otherwise 0.
func LastByte() byte { return lastByte() }
```

```
// Precondition: A byte or command was read.
// Returns the last read command, if one was read, otherwise None.
// In the first case, d is the depth of the command, otherwise
   d = 0.
func LastCommand() (Comm, uint) { return lastCommand() }
```

```
// c is stored as last read command.
func DepositCommand (c Comm) { depositCommand(c) }
```

```
// b is stored as last read byte.
func DepositByte (b byte) { depositByte(b) }
```

```
// The calling process was blocked, until until the keyboard
// buffer contained one of the commands Enter (for b = true)
// resp. Esc or Back (for b = false).
// This command is now removed from the keyboard buffer.
// Returns true, iff the depth of the command was == 0.
func Wait (b bool) bool { return wait(b) }
```

```
// The calling process was blocked,
// until until the keyboard buffer contained command c with
   depth d.
// This command is now removed from the keyboard buffer.
func WaitFor (c Comm, d uint) { waitFor(c,d) }
```

```
// The calling process was blocked, until until the keyboard
   buffer
// contained one of the commands Enter, Esc or Back.
// This command is now removed from the keyboard buffer.
```

```
func Quit() { quit() }
```

```
// Returns true, if the keyboard buffer contained
// one of the commands Enter or Here, and false, if it contained
// one of the commands Back or There, for b = false of any depth
// and for b = true of a depth > 0. The calling process was
   blocked,
// until the keyboard buffer contained one of these commands;
// this command is now deleted from it.
func Confirmed (b bool) bool { return confirmed(b) }
```

3.4.4   Editor

Der Aus- und Eingabe von Objekten an definierten Bildschirmpositionen dient der Datentyp Editor, dessen Spezifikation im Paket obj untergebracht ist:

```
package obj
```

```
type Editor interface { // Objects, that can be written to a
                        // particular position of a screen and
                        // that can be changed by interaction
                        // with a user (e.g. by pressing keys
                        // on a keyboard or a mouse).
                        // A position on a screen is given by
                        // line- or pixeloriented coordinates,
                        // i.e., by pairs of unsigned integers
                        // (l, c) or integers (x, y), where
                        // l = line and c = column on the screen,
                        // x = pixel in horizontal and y = pixel
                        // in vertical direction. In both cases
                        // (0, 0) denotes the top left corner
                        // of the screen.
  Object
```

```
// Pre: l, c have to be "small enough", i.e. l + height of x
//      < scr.NLines, c + width of x < scr.NColums.
// x is written to the screen with
// its left top corner at line/column = l/c.
  Write (l, c uint)
```

```
// Pre: see Write.
// x has the value, that was edited at line/column l/c.
// Hint: A "new" object is "read" by editing an empty one.
  Edit (l, c uint)
}
```

```
func IsEditor (a any) bool {
  if a == nil { return false }
  _, ok := a.(Editor)
```

```
    return ok
}

type EditorGr interface {
  Editor

  WriteGr (x, y int) // see above. x, y are pixel coordinates.
  EditGr (x, y int)
}

func IsEditorGr (a any) bool {
  if a == nil { return false }
  _, ok := a.(EditorGr)
  return ok
}
```

3.4.5 Ein-/Ausgabefelder

Der Ausgabe von Zeichenketten mit der Funktion `print[ln]` (oder der leistungsfähige-ren Funktion `Print[ln]` aus dem Go-Paket `fmt`) und ihre Eingabe mit den Funktionen `Read...` aus dem Go-Paket `bufio` erlauben lediglich die Interaktion in Programmen, bei denen die Bildschirmgestaltung keine Rolle spielt, weil sich mit ihnen Zeichenketten nur zeilenweise aus- und eingeben lassen.

Für Aus- und Eingaben von Zeichenketten werden Felder definierter Breite innerhalb einer Bildschirmzeile vorgesehen, aus denen Bildschirmmasken zusammengesetzt werden können. Das Mikrouniversum enthält dafür den abstrakten Datentyp `Box`.

Den Methoden zum Ausgeben und Editieren werden Parameter zur Festlegung ihrer Startposition auf dem Bildschirm mitgegeben: `l`, `c` vom Typ `uint` für Zeile und Spalte *(line)*, *(column)* oder `x`, `y` vom Typ `int`.

Es wird zwischen Überschreibe- und Einfügemodus unterschieden, zwischen denen hin- und hergeschaltet werden kann. Welcher Modus eingeschaltet ist, ist an der Form des Kursors erkennbar: ein kleiner Kursor (Unterstrich) für den Einfügemodus, ein großer „Block"-Kursor für den Überschreibemodus.

Die Zeichenketten in den Feldern können mit bestimmten Schrift- und Hintergrundfarben versehen werden.

Vor der Eingabe einer Zeichenkette in einem Feld wird es mit einem definierten Inhalt (der auch nur aus Leerzeichen bestehen kann) vorbesetzt; damit muss zwischen der Neueingabe von Zeichenketten und ihrer Änderung nicht unterschieden werden.

Jede Eingabe beginnt mit einer Ausgabe des Feldinhaltes. Beim Editieren kann die im Feld ausgegebene Zeichenkette auf eine Weise verändert werden, die sich – unter Einsatz einiger im Tastaturpaket genannter Kommandos – an gängige Prinzipien anlehnt. Nach dem Abschluss der Eingabe durch dafür vorgesehene Kommandos wird der Feldinhalt an das System übergeben, das die weitere Steuerung übernimmt.

Der Abschluss einer Eingabe erfolgt durch Kommandos, die nicht der Korrektur des Feldinhaltes dienen: `Enter`, `Esc`, `Up`, `Down`, `PgUp`, `PgDown` oder anderen Kommandos in Verbindung mit Metatasten. Mit der Vielfalt dieser Kommandos ist es möglich, gezielt durch die Felder in einer Bildschirmmaske zu springen.

Hier die Spezifikation des Datentyps `Box`:

```
package box
import (. "µU/obj"; "µU/col")


type Box interface { // Boxes within one line of the screen
                     // to write and edit strings.

  Stringer
  col.Colourer

// Pre: n > 0.
// x has the width n.
  Wd (n uint)

// The editor mode is changed to that of a pocket calculator.
  SetNumerical()

// See scr.Transparence.
  Transparence (t bool)

// Pre: 0 < c < width of the calling box.
// At the beginning, the cursor is in position c.
  Start (c uint)

// x has the fore- and backgroundcolour of the screen.
  ScrColours ()

// x has the fore-/backgroundcolour f/b.
  Colours (f, b col.Colour)
  ColourF (f col.Colour)
  ColourB (b col.Colour)

// x is filled with an empty string.
  Clr (l, c uint)

// Pre: l < scr.NLines,
//      c + width of x <= scr.NColumns,
//      c + len(s) <= scr.NColumns.
//      width of X == 0 or len (s) <= width of x.
// If width of X was 0, now width of x == len(s).
// s is written to the screen,
// starting at position (line, column) == (l, c) in the colours
  of x. Write (s string, l, c uint)

// Pre: y <= scr.Ht - scr.Ht1.
```

```
//      x + scr.Wd1 * width of x < scr.NColumns,
//      x + scr.Wd1 * length of s < scr.NColumns.
// Like Write, starting at pixelpos (column, line) == (x, y).
  WriteGr (s string, x, y int)

// Pre: 1 < scr.NLines, c + width of the calling box
   < scr.NColumns,
//      c + len (s) < scr.NColumns
//      width of x == 0 or length of x <= width of x.
// If width of x was 0, now width of x == len(s).
// s is now the string, that was edited starting at position
  (1, c).
// To correct while typing, the usual keys can be used:
// - Backspace and Del to remove characters,
//   in combination with Shift or Strg to delete all,
// - arrow keys Left/Right and Pos1/End to move inside x,
// - Ins to toggle between insert mode (underline cursor)
//   and overwrite mode (block cursor).
// The cursor starts at the beginning of x. If s was empty,
// the mode starts with insert, otherwise with overwrite.
// The calling process was blocked, until the input
// was terminated with another command (see kbd)
// or one of the above commands with depth > 0.
  Edit (s *string, 1, c uint)

// Pre: y <= scr.Ht() - scr.Ht1(),
//      x + scr.Wd1() * width (of the calling box) < scr.NColumns(),
//      x + scr.Wd1() * len(s) < scr.NColumns().
// Like Edit, starting at pixelpos (column, line) == (x, y).
  EditGr (s *string, x, y int)
}

// Returns an new box of width 0,
// the colours of the screen and the default editor mode.
func New() Box { return new_() }
```

3.4.6   Fehlermeldungen und Hinweise

Das abstrakte Datenobjekt errh dient der Ausgabe von

- Fehlermeldungen und
- Benutzerhinweisen.

Nach einer fehlerhaften Eingabe erscheint in der letzten Bildschirmzeile ein Hinweis auf den Fehler. Der Inhalt des Eingabefeldes bleibt stehen, damit der Fehler nachvollzogen werden kann.

Der Kursor ist jetzt nicht sichtbar. Wenn die Kenntnisnahme der Fehlermeldung mit der Esc-Taste quittiert wird, verschwindet der Fehlertext und der Kursor erscheint wieder am Anfang des betreffenden Feldes, wobei sich der Feldeditor im Überschreibemodus befindet, damit die eingegebene Zeichenkette korrigiert werden kann.

Hier seine Spezifikation:

```
package errh

import "μU/col"

var (ToWait, ToContinue, ToContinueOrNot, ToCancel, ToScroll,
     ToSelect, ToChange, ToSwitch, ToSelectWithPrint, ToPrint
     string)

// s is written to the first line of the screen
func Head (s string) { head(s) }
// The head is deleted, the former content of the screen
// is restored.
func DelHead() { delHead() }

// s is written to the last line of the screen resp. to
// the screen starting at position (line, column) == (1, c).
func Hint (s string) { hint(s) }
func HintPos (s string, l, c uint) { hintPos(s,l,c) }
func Hint1 (s string, n uint) { hint1(s,n) }

// The hints are deleted, the former content of the screen
// is restored.
func DelHint() { delHint() }
func DelHintPos (s string, l, c uint) { delHintPos(s,l,c) }

// s (and n resp.) is written to the last line of the screen.
// The calling process is blocked, until Enter or the
// left mouse button is pressed; then the former content
// of the last line of the screen is restored.
// func Proceed0 (s string) { proceed0(s) }
// func Proceed (s string, n uint) { proceed(s,n) }

// The s's (and n's resp.) are written to the last line of the
// screen. The calling process is blocked, until Escape or
// Backspace is pressed; then the former content
// of the last line of the screen is restored.
func Error0 (s string) { error0(s) }
func Error (s string, n uint) { error(s,n) }
func Error2 (s string, n uint, s1 string, n1 uint) {
      error2(s,n,s1,n1) }
func Error3 (s string, n uint, s1 string, n1 uint,
            s2 string, n2 uint) { error3(s,n,s1,n1,s2,n2) }
func Error4 (s string, n uint, s1 string, n1 uint,
            s2 string, n2 uint, s3 string, n3 uint) {
```

```
              error4(s,n,s1,n1,s2,n2,s3,n3) }
func ErrorF (s string, f float64) { errorF(s,f) }
func ErrorZ (s string, z int) { errorZ(s,z) }

// s is written to the screen, starting at position
// (line, column) == (l, c). The calling process is blocked,
// until Escape or Backspace is pressed; then the former
// content of the screen, starting at (l, c), is restored.
func Error0Pos (s string, l, c uint) { error0Pos(s,l,c) }
func ErrorPos (s string, n, l, c uint) { errorPos(s,n,l,c) }

// The calling process is blocked,
// until the user has confirmed by pressing "j" or "J".
func Confirmed () bool { return confirmed() }

// h is written to the center of the screen.
// The calling process is blocked, until Enter,
// Esc, Back or a mouse button is pressed;
// then the former content of the screen is restored.
func Help (h []string) { help(h) }

// Like Help, but only a short hint for F1 is given.
func Help1() { help1() }
```

3.4.7   Printer

Das Paket zum Ausdrucken von Zeichenketten ist auch ein abstraktes Datenobjekt. *Voraussetzung für seine Benutzung ist die Installation von* TeX. Es liefert Funktionen

- zur Definition des Fonts,
- zur darauf basierenden Zeilen- und Spaltenzahl auf einer DIN-A4-Seite und
- zum Ausdrucken von Zeichenketten, wobei deren Startposition (Zeile, Spalte) als Parameter mitgegeben wird.

Hier seine Spezifikation:

```
package prt // >>> Pre: TeX is installed.

import "µU/font"

var PrintCommand = "lp"

// The actual font is f.
func SetFont (f font.Font) { setFont(f) }

// Returns the actual font.
func ActualFont() font.Font { return actualFont }
```

```
// The actual fontsize is f.
func SetFontsize (s font.Size) { setFontsize(s) }

// Returns the actual fontsize.
func ActualSize() font.Size { return actualSize }

// Returns the number of lines per page.
func NLines() uint { return nL[actualSize] }

// Returns the number of columns per line.
func NColumns() uint { return nC[actualSize] }

// Spec: See TeX.
func Voffset (mm uint) { voffset(mm) }

// Spec: See TeX.
func Footline (s string) { footline(s) }

// Pre: l < maxL; c + 1 < maxC.
// b is n line l, column c in the actual font and fontsize
// in the printer buffer.
func Print1 (b byte, l, c uint) { print1(b, l, c) }

// Pre: l < maxL, c + len(s) < maxC.
// s is in line l from column c in the actual font and fontsize
// in the printer buffer.
func Print (s string, l, c uint) { print(s, l, c) }

// All lines of the printer buffer are printed;
// the printer buffer is not empty.
func GoPrint() { goPrint() }
```

3.4.8 Auswahlen

Das Paket sel liefert ein abstraktes Datenobjekt mit Funktionen

- zur interaktiven Auswahl aus Listen in Form von *„pulldown menues"* und
- zur Auswahl von Farben oder Fonts.

Hier seine Spezifikation:

```
package sel
import ("μU/col"; "μU/font")

type WritingCol func (uint, uint, uint, col.Colour, col.Colour)
```

```
// Pre: 1 < n => m > 0; Z < scr.NLines - 2;
// w >= 1, c + w <= scr.NColumns; i < n.
// The calling process was blocked, until user has selected
// a value i <= n with keyboard or mouse. Until then a bar menue
// of height min(n, scr.NY1 - l - 1) and width w was written
// to the screen, starting at line l, column c,
// consisting of at most h texts with fore/background colour b/f,
// one of which has inverted colours (at the beginning this is
   t[i]).
// Either user has chosen one of the texts with arrow keys or
   mouse
// (then i < n is now the number, that corresponds to the selected
// text) or she has cancelled the selection (then now i == n).
// The bar menue now has disappeared from the screen
// and its place on the screen is restored.
func Select (wc WritingCol, n, h, w uint, i *uint, l, c uint,
             f, b col.Colour) { select_(wc, n, h, w, i, l, c, f, b)
}


// Pre: 1 < n <= len (T) + 1; l < scr.NLines - 2;
// w >= 1, c + w <= scr.NColumns; i < n.
// The calling process was blocked, until user has selected
// a value i <= n with keyboard or mouse. Until then a bar menue
// of height min(N, scr.NY1 - l - 1) and width w was written
   to the
// screen, starting at line l, column c, consisting of h
// of the texts t[i] with fore-/background colour b/f,
// one of which has inverted colours (at the beginning this
   is t[i]).
// Either user has chosen one of the texts with arrow keys or
   mouse
// (then i < n is now the number, that corresponds to the selected
// text) or she has cancelled the selection (then now i == n).
// The bar menue now has disappeared from the screen
// and its place on the screen is restored.
func Select1 (t []string, n, w uint, i *uint, l, c uint,
              f, b col.Colour) { select1 (t, n, w, i, l, c, f, b)
}


// Returns an interactively selected Colour, true;
// returns Black, false), if the selection was cancelled.
func Colour (l, c, w uint) (col.Colour, bool) {return colour
(l,c,w)}
func Colours (l, c, w uint, cols ...col.Colour) (col.Colour,
 bool) {
  return colours(l,c,w,cols...)
}


// Returns an interactively selected font size.
func Fontsize (f, b col.Colour) fontsize.Size { return size(f,b) }
```

3.4.9 Menüs

Der abstrakte Datentyp `Menue` erlaubt die Konstruktion einer Menüsteuerung für Programme, die beliebig geschachtelt werden kann.

Hier die Spezifikation des Pakets `menue`:

```
package menue
import . "µU/obj"

type Menue interface { // Multiway trees of menues and statements.
                       // Each leaf contains a statement, that can
                       // be executed; the other nodes are menues,
                       // from which a node or leaf of the level
                       // below them can be selected.
                       // Nodes and leaves are identified by strings.

// If there is a level below x, nothing has happened.
// Otherwise, x is a leaf with statement s.
// While executing s, the name of x appears
// in the top line of the screen, iff t == true.
  Leaf (s Stmt, t bool)

// If x is a leaf, nothing has happened.
// Otherwise, y is inserted into the level below x.
  Ins (y Menue)

// If x is a leaf, the statement of x was executed and now
// the menue, from which x was selected, is again presented.
// Otherwise, a menue is presented, which allows to select
// a node or leaf from the level below x.
  Exec ()
}

// Returns an node with name s without a level below.
func New (s string) Menue { return new_(s) }
```

Der Typ `type Stmt func ()` steht für parameterlose Funktionen, also für Anweisungen *(statement),*

3.5 Kollektionen von Objekten

Unter *Kollektionen* verstehen wir *Gesamtheiten* von Objekten von Variablen eines konkreten atomaren Typs (z. B. `[u]int..`, `float..` oder `string`) oder von Objekten vom Typ `Object`, deren Objekte man sich „hintereinander aufgereiht" vorstellen und durch die man sich vorwärts und rückwärts „bewegen" kann.

Diese zwei *Richtungen* werden in Parametern mit dem Typ `bool` beschrieben – `true` für vorwärts und `false` für rückwärts.

Jede Kollektion hat entweder genau ein *aktuelles* Objekt oder ihr aktuelles Objekt ist undefiniert. Eine neu erzeugte Kollektion ist leer, folglich ist ihr aktuelles Objekt undefiniert. Kollektionen umfassen Methoden

- zum Entfernen aller Objekte aus einer Kollektion, zum Prüfen darauf, ob Objekte in der Kollektion enthalten sind, und zur Angabe der Zahl der Objekte in ihr,
- zum Versetzen des Zeigers auf das aktuelle Objekts,
- zum Einfügen und Entfernen von Objekten,
- zum Auslesen des aktuellen Objekts,
- zur Prüfung, ob ein bestimmtes Objekt in der Kollektion enthalten ist,
- zum Durchlaufen der Kollektion mit einer Operation (wenn diese Operation auf einer geordneten Kollektion die Ordnung zerstört, muss natürlich neu geordnet werden),
- zur Vereinigung zweier Kollektionen mit typgleichen Objekten (ggf. unter Beibehaltung der Ordnung durch „Verzahnung") und
- zum Ordnen einer Kollektion und zur Prüfung darauf, ob sie geordnet ist.

Diese Methoden werden von dem abstrakten Datentyp geliefert, der im folgenden Abschnitt vorgestellt wird.

3.5.1 Collector

Dieses Interface ist auch Bestandteil des Pakets `obj`:

```
package obj

// Collections of elements of type object or of variables of
// an atomic type (bool, [u]int.., float.., string, ...)
// in a sequential order.
// Every collection has either exactly one actual element
// or its actual element is undefined.
//
// An order relation is a reflexive, transitive and
// antisymmetric relations r, i.e., for all a, b, c in
// a collection r(a,a), r(a,b) and r(b,c) imply r(a,c),
// r(a,b) and r(b,a) imply Eq(a,b). Furthermore, we consider
// only linear relations, i.e., for all a, b in a collection
// either r(a,b) or r(b,a).
//
// In all specifications x denotes the calling collection.
//
// Constructors return a new empty collection with undefinedi
// actual object.

type Collector interface {
```

```
// Empty: Returns true, iff x does not contain any element.
// Clr:  x is empty; its actual element is undefined.
  Clearer


// Returns true, iff the actual element of x is undefined.
  Offc() bool


// Returns the nunber of elements in x.
  Num() uint


// Pre: a has the type of the elements in x.
// If x is not ordered:
//   If the actual element of x was undefined, a copy of a
//   is appended in x (i.e. it is now the last element in x),
//   otherwise x is inserted directly before the actual element.
// Otherwise, i.e., if x is ordered,
//   If an element b with Eq(b,a) was already contained in x,
//   nothing has changed.
//   Otherwise a copy of a is inserted behind the last element b
//   in x with r(b,a); so x is now still ordered w.r.t. r.
// In both cases all other elements and their order in x
// and the actual element in x are not influenced.
  Ins (a any)


// If f and if the actual element of x was defined, then the
// actual element is now the element behind the former actual
// clement, if that was defined; otherwise it is undefined.
// If !f and if the actual element of x was defined and was
// not the first element in x, then the actual element of x is
// now the element before the former one; if it was undefined,
// then it is now the last element of x.
// In all other cases, nothing has happened.
  Step (f bool)


// If f is empty, the actual element is undefined; otherwise
// for f / !f the actual element of x now is the last / first
// element of x.
  Jump (f bool)


// Returns true, iff for f / !f the last / first element of x
// is its actual element.
  Eoc (f bool) bool


// Returns a copy of the actual element of x,
// if that is defined; nil otherwise.
  Get() any


// Pre: a has the type of the elements in x.
// If x is not ordered:
//   If x was empty or if the actual element of x was undefined,
//   a copy of a is appended behind the end of x and is now
```

```
//   the actual element of x. Otherwise the actual element of x
//   is replaced by a.
// Otherwise, i.e. if x is ordered:
//   If x was empty, a copy of a is now the only element in x.
//   Otherwise, the actual element in x is deleted and a is
//   inserted into x where the order of x is preserved.
  Put (a any)


// Returns nil, if the actual element of x is undefined.
// Otherwise, the actual element was removed from x,
// and now the actual element is the element after it,
// if the former actual element was not the last element of x.
// In that case the actual element of x now is undefined.
  Del() any


// Returns true, iff a is contained in x. In that case
// the first such element is the actual element of x;
// otherwise, the actual element is the same as before.
  Ex (a any) bool


// Pre: x is ordered.
// Returns true, iff x contains objects b with Leq (a, b).
// In this case, the actual element is the smallest such object,
// otherwise the actual element is the same as before.
  ExGeq (a any) bool


// op was applied to all elements in x (in their order in x).
// The actual element of x is the same as before.
// If x was ordered, it is up to the client to check
// if x is still ordered and - if not - to sort x.
  Trav (op Op)


// Pre: y is a collector of elements of the same type as x
//      (especially contains elements of the same type as a).
// If x == y or if x and y do not have the same type,
// nothing has changed. Otherwise:
// If x is not ordered:
//   x consists of exactly all elements in x before (in their
//   order in x) and behind them all exactly all elements of y
//   before (in their order in y).
//   If the actual element of x was undefined, now the former
//   first element in y is the actual element of x, otherwise
//   the actual element of x is the same as before.
//   y is empty; so its actual element is undefined.
// Otherwise, i.e. if x is ordered w.r.t. to an order relation,
//   Pre: r is either an order (see collector.go) or
//        r is a strict order and x and y are strictly ordered
//        w.r.t. r (i.e. do not contain any two elements a and b
//        with a == b or a.Eq(b) resp.).
//   x consists exactly of all elements in x and y before.
//   If r is strict, then the elements, which are contained
```

```
//   in x as well as in y, are contained in x only once,
//   otherwise, i.e. if r is an order, in their multiplicity.
//   x is ordered w.r.t. r and y is empty.
//   The actual elements of x and y are undefined.
  Join (y Collector)


// Returns true, iff x is ordered.
  Ordered() bool


// x is ordered.
  Sort()
}


func IsCollector (a any) bool {
  if a == nil { return false }
  _, ok := a.(Collector)
  return ok
}
```

Der Typ type Op func (any) in der Methode Trav steht für Funktionen mit einem Parameter, also für Operationen auf Objekten.

Dem Konstruktor New einer Kollektion wird ein Objekt mitgegeben – entweder durch einen Ausdruck mit dem Wert eines atomaren Datentyps oder durch ein Objekt vom Typ Object. Damit ist der Typ der Objekte festgelegt, die in die erzeugte Kollektion aufgenommen werden können.

Das Mikrouniversum enthält die folgenden abstrakten Datentypen, die das Interface Collector implementieren:

- *Folgen,*
- *Kellerspeicher,*
- *Warteschlangen,*
- *Prioritätswarteschlangen,*
- *geordnete Mengen (AVL-Bäume mit Positionierung)* und
- *persistente Folgen,* d. h. *sequentielle Dateien,*
- *persistente Indexmengen (ISAM-Dateien).*

In den nächsten Abschnitten werden diese Kollektionen vorgestellt.

Vorher zeigen wir aber noch zwei Datentypen, die Collector erweitern.

3.5.2 Seeker

Der abstrakte Datentyp Seeker hat den Zweck, in Kollektionen gezielt auf ein Objekt an einer bestimmten Position in ihrer Reihenfolge zuzugreifen. Das folgende Interface findet sich in der Datei seeker.go im Paket obj:

```
package obj

type Seeker interface {
  Collector

// Returns Num(), iff Offc(); returns otherwise
// the position of the actual object of x (starting at 0).
  Pos() uint

// The actual object of x is its p-th object, iff p < Num();
// otherwise Offc() == true.
  Seek (p uint)
}

func IsSeeker (a any) bool {
  if a == nil { return false }
  _, ok := a.(Seeker)
  return ok
}
```

3.5.3 Predicator

Dieses Interface in der Datei `predicator.go` im Paket `obj` liefert Methoden

- zur Angabe der Anzahl der Objekte,
- zum Prüfen, ob auf alle Objekte ein bestimmtes Prädikat zutrifft
- zur Suche nach Objekten,
- zur Bearbeitung beim Durchlaufen nur derjenigen Objekte,
- zum Versatz des Zeigers auf das aktuelle Objekts nur auf diejenigen Objekte,
- zur Übertragung der Objekte in eine andere Kollektion,
- zur Entfernung aller Objekte,

auf die ein bestimmtes *Prädikat* zugrifft. Der Typ `type Pred func (any)` steht für Prädikate, also Boolesche Funktionen mit einem Parameter.

Hier die Spezifikation:

```
package obj

type Predicator interface {

// Returns the number of those elements in x,
// for which p returns true.
  NumPred (p Pred) uint

// Returns NumPred(p) == Num(), i.e. returns true, iff p returns
// true on all elements in x (particularly if x has no elements).
```

```
  All (p Pred) bool
```

```
// Returns true, iff there is an element in x,
// for which p returns true. In that case the actual element
// of x is for b/!b the last / first such element,
// otherwise the actual element of x is the same as before.
  ExPred (p Pred, b bool) bool
```

```
// Returns true, iff there is an element in x in direction f
// from the actual element of x, for which p returns true.
// In that case the actual element of x is for f / !f the
// next / previous such element, otherwise
// the actual element of x is the same as before.
  StepPred (p Pred, f bool) bool
```

```
// Pre: y is a collector of elements of the same type
//      as those in x (especially contains elements
//      of the same type as a).
// y consists exactly of those elements in x before
// (in their order in x), for which p returns true.
// The actual element of x is undefined; x is unchanged.
  Filter (y Collector, p Pred)
```

```
// Pre: See Filter.
// y contains exactly those elements in x (in their order in x),
// for which p returns true, and exactly those elements are
// removed from x. The actual elements of x and y are undefined.
  Cut (y Collector, p Pred)
```

```
// In x all elements, for which p returns true, are removed. If
// the actual element of x was one of them, now it is undefined.
  ClrPred (p Pred)
}
```

```
func IsPredicator (a any) bool {
  if a == nil { return false }
  _, ok := a.(Predicator)
  return ok
}
```

3.5.4 Folgen

Das Mikrouniversum enthält im Paket seq den abstrakten Datentyp Sequence, *Folgen* von Objekten atomarer Datentypen oder vom Typ Object.

Die Anzahl der Objekte der Folge kann – im Rahmen der verfügbaren Speicherressourcen – beliebig groß sein.

Folgen können *geordnet* sein. d.h., dass sie ihre Objekte in der durch eine *Ordnung* gegebene Reihenfolge enthalten.

Als Idee für den Zeiger auf das aktuelle Objekt in der Folge stelle man sich den Kursor beim Editieren einer Textzeile vor.

Hier ist die Spezifikation der Folgen:

```
package seq
import . "µU/obj"

type Sequence interface {

  Equaler
  Coder
  Seeker // hence Collector, hence Clearer
  Predicator

// Pre: x is not ordered.
// The order of the elements in x is reversed.
  Reverse()

// Pre: x is not ordered.
// If x contains at most one element, nothing has happened.
// Otherwise, for b == true, the former last element of x is now
// the first, for b == false, the former first element is now
// the last. The order of the other elements has not changed.
  Rotate (b bool)
}

// Pre: a is atomic or of a type implementing Object.
// If x contains at most one element, nothing has happened.
// Returns otherwise a new empty sequence with pattern object a,
// i.e., for objects of the type of a.
func New (a any) Sequence { return new_(a) }
```

Die *Implementierung* der Folgen beruht auf einer Repräsentation als *doppelt verkettete Liste* von *Zellen.*

Die Zellen sind Verbunde aus

- einem *Objekt* des Typs derjenigen Objekte, die in den Folgen aufgehoben werden,
- und der Vorwärts- und Rückwärts-Verzeigerung in Form zweier *Verweise* auf solche Zellen:

```
type cell struct {
  any "content of the cell"
  next, prev *cell
}
```

Wie dieses Beispiel zeigt, ist es in Go auch möglich, in Verbunden keine Namen für die Komponenten eines Verbundes anzugeben, sondern nur deren Typ, wobei es ratsam ist, in Gänsefüßen eingeschlossene Kommentare zur Semantik anzugeben.

In einem Verbund werden für eine Folge

- die *Anzahl* ihrer Objekte, die *Positionsnummer* der *aktuellen Zelle,*
- die Verweise auf die *Ankerzelle* und die *aktuelle Zelle* und
- die Information, ob die Folge bzgl. der Ordnung auf den Objekten geordnet ist,

gehalten:

```
type sequence struct {
  num, pos uint
  anchor, actual *cell
  ordered bool
}
```

Die eigentliche *Folge* besteht aus den Objekten, die ab der ersten auf den *Anker* folgenden Zelle im Arbeitsspeicher in der Reihenfolge der next-Verweise abgelegt sind.

Der Anker trägt das ihm im Konstruktur übergebene Objekte als „Musterobjekt" zur Kontrolle darauf, dass nur Objekte seines Typs in die Folge eingefügt werden. Er dient darüberhinaus als *Markierung „(sentinel)"* zur Erkennung von Anfang und Ende der Liste und von ihm aus wird mit next auf den ersten und mit prev auf die letzte Zelle der Folge verwiesen.

Der Einbau eines solchen Markierungsknotens führt zu einer deutlichen Vereinfachung vieler Algorithmen, weil Fallunterscheidungen leicht zu treffen sind.

Die ganze Konstruktion wird kurz als *doppelt verkettete Ringliste mit Anker* bezeichnet.

Mit den redundanten Komponenten num und pos in Imp sind zwei Invarianten verbunden:

- Der Wert von num muss mit der Anzahl der Zellen (mit Ausnahme des Ankers) in der Repräsentation der Folge übereinstimmen
- und der von pos mit der Ordnungszahl der aktuellen Zelle in der Liste (den next-Verweisen folgend), von 0 für die erste auf den Anker folgende Zelle bis num für den Anker.

Sie haben den Zweck, gewisse Operationen effizienter zu machen; z. B. muss zur Bestimmung der Anzahl der Objekte einer Folge nicht die Liste traversiert werden, um die Zellen zu zählen, sondern es wird im Direktzugriff einfach der Wert von num geliefert.

Damit ist natürlich das Problem verbunden, bei der Entwicklung der Algorithmen für die Einhaltung der Invarianten Sorge zu tragen. Das ist in diesem Beispiel leicht: Bei jeder Einfügung bzw. Entfernung eines Objekts in die bzw. aus der Folge wird num inkrementiert bzw. dekrementiert.

In dieser Implementierung wird im Konstruktor

```
func new_(a any) *sequence {
  x := new (sequence)
  x.anchor = new(cell)
  x.anchor.head = Clone (a)
  x.anchor.next, x.anchor.prev = x.anchor, x.anchor
  x.actual = x.anchor
  return x
}
```

nach der Bereitstellung von Speicherplatz für den Verbund `sequence` und die Ankerzelle `anchor` (mittels new) der Anker als einziges Element der Ringliste mit einer Kopie des übergebenen Objekts als Inhalt erzeugt, der qua Verweisung auf sich selbst zeigt. Der Anker wird als aktuelle Zelle markiert *(kein Objekt ist aktuell)* und die Invarianten `num` und `pos` werden implizit auf ihre `zero`-Werte gesetzt, d. h. auf 0. Genau *das* ist die Repräsentation einer *leeren* Folge.

Wir zeigen jetzt an zwei einfachen Beispielen, wie typische Zeigermanipulationen implementiert werden.

Ein Objekt wird in eine ungeordnete Folge *eingefügt,* indem eine Zelle mit einer Kopie von ihm als Inhalt eingerichtet, diese Zelle vor die aktuelle Zelle gesetzt wird und `num` erhöht und `pos` um 1 erhöht werden. Die Situation davor ist die aus Abb. 3.1, wobei die aktuelle Zeile mit A und die auf sie folgende mit B bezeichnet ist.

Dazu dient die folgende Methode, die bewirkt, dass vor der Zelle, auf die `x.actual` vorher gezeigt hat, die neu erzeugte Zelle N eingefügt wird:

```
func (x *sequence) insert (a any) {
  n := new (cell)
  n.any = Clone (a)
  n.next, n.prev = x.actual, x.actual.prev
  x.actual.prev.next = n
  x.actual.prev = n
}
```

Sie dient der Konstruktion diverser weiterer Methoden, u. a. der Methode `Ins`:

```
func (x *sequence) Ins (a any) {
  x.check (a)
  if x.ordered {
    x.actual = x.anchor.next
    x.pos = 0
```

Abb. 3.1 N soll vor A
eingefügt werden

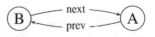

```
    for x.actual != x.anchor {
      if Less (x.actual.any, a) {
        x.actual = x.actual.next
        x.pos++
      } else {
        if Less (a, x.actual.any) {
          break
        } else { // Eq (a, x.actual.any), so a is already there
          return
        }
      }
    }
  }
  x.insert (a)
  x.num++
  x.pos++
```

Danach haben wir die Situation aus Abb. 3.2.

Das *Entfernen* eines Objekts aus einer Folge setzt voraus, dass die Folge nicht leer und das zu entfernende Objekt das aktuelle ist. Wir bezeichnen die aktuelle Zelle wieder mit A und die auf sie folgende mit B und gehen von der Situation in Abb. 3.3 aus.

Die aktuelle Zelle wird mit der folgenden Methode entfernt, die bewirkt, dass die Zelle, die auf die x.actual vorher gezeigt hat, nicht mehr in der Folge enthalten ist und x.actual jetzt auf die Zelle B zeigt, auf die x.actual.next vorher gezeigt hat:

```
func (x *sequence) Del() any {
  if x.actual == x.anchor {
    return nil
  }
  c := x.actual.next
  x.actual.prev.next = c
  c.prev = x.actual.prev
  x.actual = c
  x.num--
  return Clone (x.actual.any)
}
```

Damit haben wir die Situation aus Abb. 3.4, wobei B jetzt die aktuelle Zelle ist und die Zelle A irgendwann der Speicherbereinigung von Go zum Opfer fällt.

Die Implementierung diverser Methoden haben eine *lineare Komplexität* in Abhängigkeit von der *Anzahl der Objekte* in der bearbeiteten Folge, weil dabei die Liste der Zellen

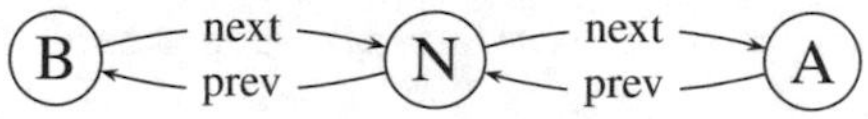

Abb. 3.2 N ist vor A eingefügt

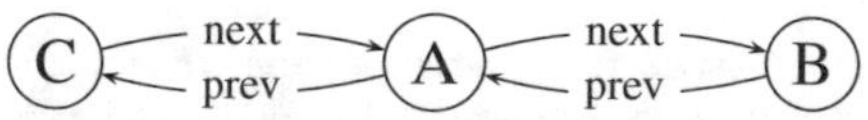

Abb. 3.3 A soll entfernt werden

Abb. 3.4 A ist entfernt

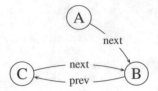

durchlaufen werden muss. Auch bei der Methode zum Sortieren, die auf der Grundidee des *Quicksort* beruht, muss zur Herstellung der jeweils beiden Teile mit kleineren bzw. größeren Objekten als das Vergleichsobjekt (das erste aus der Folge) die Folge in jedem rekursiven Schritt jeweils durchlaufen werden.

Bei diesen einführenden Bemerkungen über die Implementierung von Folgen soll es an dieser Stelle bleiben; auf die Implementierung der anderen Methoden wird hier nicht eingegangen, weil sie im Grunde trivial sind.

3.5.5 Kellerspeicher

Eine der wichtigsten Strukturen in der Informatik ist die eines *Kellerspeichers* (oder *Stapels*): einer Folge, in der Objekte abgelegt und der sie nach dem „*LIFO*-Prinzip" *(last in, first out)* wieder entnommen werden.

Das Mikrouniversum enthält im Paket stk den abstrakten Datentyp Stack, unbeschränkte *Stapel* von Objekten atomarer Datentypen oder vom Typ Object. Hier ist sein Interface:

```
package stk

import . "µU/obj"

type Stack interface {

// Returns true, iff there is no element on x.
  Empty() bool

// Pre: a is atomic type or of a type implementing object.
// a is the element on top of x, the stack below a is x before.
  Push (a any)

// Returns nil, if x is empty, otherwise a copy of
// the element on top of x. That element is removed,
// i.e. x now equals the stack below x before.
  Pop() any
}


// Returns a new empty stack for objects of type a.
func New (a any) Stack { return new_(a) }
```

Sie werden durch Folgen repräsentiert

```
type stack struct { seq.Sequence }
```

und die Implementierung des Konstruktors

```
func new_(a any) *stack { return &stack { seq.New(a) } }
```

und der Methoden sind trivial: Objekte werden nur *vorne* (= „oben") eingefügt und entnommen.

3.5.6 Puffer (Warteschlangen)

Eine gleichermaßen bedeutende Rolle spielen auch *Puffer* (auch *Warteschlangen* genannt): Folgen, in die Objekte nach dem „*FIFO*-Prinzip" *(first in, first out)* nur *hinten* eingefügt und aus denen sie nur *vorne* entnommen werden.

Das Mikrouniversum enthält in den Paketen buf und bbuf dazu die beiden entsprechenden abstrakten Datentypen:

- Buffer, *unbeschränkte Warteschlangen,* und
- BoundedBuffer, *beschränkte Puffer* vorgegebener (Maximal-)Kapazität

von Objekten atomarer Datentypen oder vom Typ Object.

Die Spezifikation der *Puffer* ist das Interface

```
package buf
import . "µU/obj"

type Buffer interface { // FIFO-Queues

// Returns true, if there are no objects in x.
  Empty() bool

// Returns the number of objects in x.
  Num() uint

// a is inserted as last object into x.
  Ins (a any)

// Returns the pattern object of x, if x.Empty().
// Returns otherwise the first object of x
// and that object is removed from x.
  Get() any
}

// Pre: a is atomic or of a type implementing Object.
// Returns a new empty queue for objects of the type of a.
// a is the pattern object of this buffer.
```

```
func New (a any) Buffer { return new_(a) }
func NewS (a any) Buffer { return newS(a) }
```

Es gibt zwei Implementierungen von Puffern, eine mit *Folgen* und eine mit *Slices*. Beide sind trivial: Bei einem Aufruf von `Ins(a)` wird a hinter dem letzten Objekt der Kollektion eingefügt, bei einem Aufruf von `Get()` wird das erste Objekt geliefert und entfernt. Die Methode `Num` taucht in der Implementierung mit Folgen nicht auf, sie wird vom benutzten Paket `seq` übernommen, weil der Datentyp `Seqence` den Typ `collector` implementiert – ein wunderschönes Beispiel für meine These der „Vererbung auf der Ebene der Spezifikationen" (s. Abschn. 2.2.2.1).

Genau das zeigt sich auch bei der Spezifikation der *beschränkten Puffer,* die alle Methoden von `Buffer` „erbt":

```
package bbuf
import (. "µU/obj"; "µU/buf")

type BoundedBuffer interface {
  buf.Buffer

// Returns true, iff x is filled up to its capacity.
// ! x.Full() is a precondition for a call of x.Ins(a).
  Full() bool
}

// Pre: a is atomic or of a type implementing Object.
// Returns an empty buffer of capacity n
// for objects of the type of a.
func New (a any, n uint) BoundedBuffer { return new_(a,n) }
```

Auch für sie gibt es zwei *Implementierungen:* eine in der „klassischen" Form eines *Ringpuffers* in Form eines ringförmigen Feldes, und eine weitere, die sich auf die Puffer stützt. Hier die Repräsentation der ersten:

```
type boundedBuffer struct {
  any "pattern object"
  cap, num, in, out uint
  content anyStream
}
```

Von der zweiten zeigen wir unter Hinweis auf die obige Bemerkung die vollständige Implementierung:

```
type boundedBuffer1 struct {
  any "pattern object"
  cap uint
  buf.Buffer
}

func new1 (a any, n uint) BoundedBuffer {
  x := new(boundedBuffer1)
```

```
  x.any = Clone(a)
  x.cap = n
  x.Buffer = buf.New (a)
  return x
}

func (x *boundedBuffer1) Full() bool {
  return x.Num() == x.cap - 1
}
```

3.5.7   Prioritätsschlangen

Unter *Prioritätsschlangen* werden Warteschlangen verstanden, in die Objekte unterschiedlicher Priorität eingereiht und denen sie nach fallender Priorität entnommen werden.

Die *Priorität* der Objekte ist durch eine *Ordnung* auf ihnen definiert: Kleinere Objekte haben höhere Priorität. Das setzt natürlich voraus, dass diese Objekte Comparer implementieren.

Das Mikrouniversum enthält dazu in den Paketen pqu und bpqu auch wieder zwei abstrakte Datentypen:

- PrioQueue, *unbeschränkte Prioritätsschlangen,* und
- BoundedPrioQueue, *beschränkte Prioritätsschlangen vorgegebener (Maximal-) Kapazität*

von Objekten atomarer Datentypen oder des Typs Object.

Die *unbeschränkten Prioritätsschlangen* sind durch das Interface

```
package pqu
import (. "µU/obj"; "µU/buf")

type PrioQueue interface {
  buf.Buffer
// Objects are inserted due to their priority, given
// by their order: larger objects have higher priority.
}

// Pre: a is atomic or of a type implementing Object.
func New (a any) PrioQueue { return new_(a) }
```

und die *beschränkten Prioritätsschlangen* durch

```
package bpqu
import (. "µU/obj"; "µU/pqu")

type BoundedPrioQueue interface {
  pqu.PrioQueue // priority queue with bounded capacity
```

```
// Returns true, iff x is filled up to its capacity.
  Full() bool
}
```

```
// Pre: a is atomic or of a type implementing Object; m > 0.
// Returns a new empty priority queue for objects of type a
// with maximal capacity m.
func New (a any, m uint) BoundedPrioQueue { return new_(a,m) }
```

gegeben, wobei Objekte gemäß ihrer Priorität eingefügt werden (mit zufälliger Reihenfolge bei gleichpriorisierten Objekten) und jeweils das Höchstpriorisierte zurückgegeben wird.

Die *Prioritätsschlangen* sind als *Halden (heaps), fast perfekt ausgeglichene binäre Bäume* repräsentiert, deren *unterste Blattschicht immer von links gefüllt* ist und die die *Haldeninvariante* erfüllen:

Jeder Knoten hat die Eigenschaft, dass das Objekt in ihm größer oder gleich den Objekten in den Wurzelknoten seiner beiden Teilbäume ist. Die Wurzel eines solchen Baumes enthält ein größtes, d. h. höchstpriorisiertes, Objekt.

Die Binärbäume werden in einem *Slice* realisiert, wobei die Positionen der Kind- bzw. Elternknoten durch eine einfache Indexberechnung gefunden werden:

Die Wurzel hat den Index 1, der linke bzw. rechte Kindknoten eines Elternknotens mit dem Index i hat den Index $2i$ bzw. $2i + 1$; der Elternknoten eines Knotens mit dem Index i hat den Index $i/2$.

Die Repräsentation der *Prioritätswarteschlangen* und die Implementierung des Konstruktors sehen so aus:

```
package pqu
import . "µU/obj"

type prioQueue struct {
  heap []any // heap[0] = pattern object
}

func new_(a any) PrioQueue {
  if a == nil { return nil }
  CheckAtomicOrObject (a)
  x := new(prioQueue)
  x.heap = make([]any, 1)
  x.heap[0] = Clone(a)
  return x
}
```

Eingefügt wird durch Anhängen an das letzte Blatt der untersten Schicht oder – falls die voll ist – Einbau als erstes Objekt der Schicht darunter mit anschließendem „Aufsteigen" durch fortlaufenden Austausch mit dem darüberliegenden Knoten, *solange,* bis die Haldeninvariante wiederhergestellt ist.

Wir zeigen als Beispiel das Einfügen von 10 in die Halde aus Abb. 3.5

Abb. 3.5 Halde mit 12 Zahlen

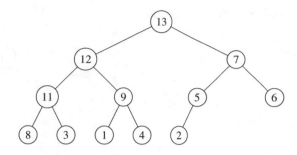

Die 10 wird rechts unter die 5 gesetzt und dann werden zuerst 5 und 10 vertauscht und danach 10 und 7. Damit ist die Haldeninvariante wieder hergestellt und es resultiert die Halde in Abb. 3.6.

Hier ist die Implementierung der Methode zum Einfügen:

```
func (x *prioQueue) Ins (a any) {
  CheckTypeEq (a, x.heap[0])
  x.heap = append (x.heap, Clone(a))
  n := uint(len(x.heap))
  i := n - 1
  for i > 1 && Less (x.heap[i/2], a) {
    x.heap[i] = x.heap[i/2]
    i /= 2
  }
  x.heap[i] = Clone(a)
}
```

Bei der Lieferung des größten Objekts aus der Wurzel des Baums wird es entfernt, indem der Wurzelknoten durch den letzten Knoten in der untersten Blattschicht ersetzt und dieser Knoten aus dem Slice gelöscht wird. Danach steigt der neue Wurzelknoten solange durch fortlaufenden Austausch mit dem größeren der beiden darunterliegenden Knoten ab, bis die Haldeninvariante wiederherstellt ist.

Bei unserem Beispiel in Abb. 3.6 liefert das die Halde in Abb. 3.7.

Hier ist die entsprechende Implementierung:

```
func (x *prioQueue) Get() any {
```

Abb. 3.6 Halde mit 13 Zahlen

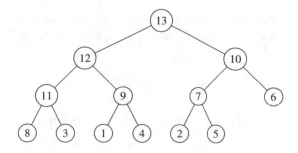

Abb. 3.7 Halde mit 12 Zahlen

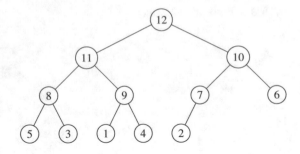

```
if x.Empty() { return x.heap[0] }
a := x.heap[1]
if x.Num() == 1 {
  x.heap = x.heap[:1]
  return a
}
x.heap[1] = x.heap[x.Num()]
n := uint(len(x.heap))
x.heap = x.heap[:n-1]
x.descend (1)
return a
}
```

Das „Absteigen" des Objekts an der Wurzel bis zur passenden Stelle wird dabei mit der folgenden rekursiven Methode bewerkstelligt:

```
func (x *prioQueue) descend (i uint) {
  m, n, k := i, 2 * i, 2 * i + 1
  if n <= x.Num() && Less (x.heap[i], x.heap[n]) {
    m = n
  }
  if k <= x.Num() && Less (x.heap[m], x.heap[k]) {
    m = k
  }
  if m != i {
    x.heap[i], x.heap[m] = x.heap[m], x.heap[i]
    x.descend (m)
  }
}
```

Beide Algorithmen haben wegen der garantierten fast perfekten Ausgeglichenheit der Binärbäume die Komplexität $O(\log_2 n)$ für $n =$ Anzahl der Objekte in der Schlange.

3.5.8 Mengen

Unter *Mengen* verstehen wir hier *grundsätzlich geordnete* Mengen.

Es gehört natürlich – anders als bei *Folgen* – zum Konzept, dass die Objekte in einer Menge paarweise voneinander verschieden sind (für Elemente x und Mengen M gilt entweder $x \in M$ oder aber $x \notin M$, d.h. insbesondere z.B. $\{x, x\} = \{x\}$).

Das Mikrouniversum enthält für *geordnete Mengen* das Paket set, das den abstrakten Datentyp Set von atomaren Variablen oder von Objekten des Typs Object liefert:

```
package set
import . "µU/obj"

type Set interface {
  Collector
}


// Pre: a is atomic or of a type implementing Object.
// Returns a new empty set for objects of the type of a.
func New (a any) Set { return new_(a) }

// My work is so secret, that even I don't know what I'm doing.
  Write (x0, x1, y, dy uint, f func (any) string)
```

Damit stehen als Methoden für Zugriffe auf Objekte des Typs Sequence *sämtliche Methoden* des Typs Collector (s. Abschn. 3.5.1) zur Verfügung.

Für ihre Implementierung ist es sinnvoll, Algorithmen mit einer möglichst optimalen Komplexität bei Zugriffen auf die Mengen zu konstruieren. Dafür bieten sich natürlich Suchbäume an, d.h. *binäre Bäume.*

Allerdings können solche Bäume beim Aufbau aber auch – im schlimmsten Fall, z.B. wenn in eine leere Menge viele Elemente in geordneter Reihenfolge eingefügt werden – vollständig zu linearen Folgen führen, was ihren Einsatzzweck konterkariert.

Also muss dafür gesorgt werden, dass alle ihre Knoten immer *möglichst gleichgroße* linke und rechte Teilbäume haben. Ein gutes Kriterium für „möglichst gleichgroß" ist dabei der Begriff der *Ausgeglichenheit:* Ein Knoten in einem Baum heißt

- *ausgeglichen,* wenn er entweder keine Unterbäume hat oder der Höhenunterschied zwischen seinem linken und seinem rechten Unterbaum höchstens 1 beträgt,
- *linkslastig,* wenn sein linker Teilbaum höher ist als sein rechter, und
- *rechtslastig,* wenn sein rechter Teilbaum höher ist als sein linker.

Dazu definieren wir den Typ *Balance:*

```
type balance byte; const (
  leftweighty = balance(iota)
  balanced
  rightweighty
)
```

Dieses Konzept – die *AVL-Bäume* – wurde von Adelson und Velskij in ihrer Arbeit [2] vorgestellt. Sie sind wie folgt definiert:

- Der leere Baum ist ein AVL-Baum.
- Wenn L und R AVL-Bäume sind, die sich um höchstens 1 in der Höhe unterscheiden, ist ein Baum mit einer Wurzel und mit L als linkem und R als rechtem Teilbaum ein AVL-Baum.

Adelson und Velskij haben Algorithmen entwickelt, die die AVL-Eigenschaft beim Einfügen von Objekten in die Bäume und beim Entfernen von Objekten erhalten. Weil diese Algorithmen heute der Standard bei derartigen Konstruktionen sind, werden sie auch in der Implementierung des Pakets `set` eingesetzt.

Der Typ der Knoten in AVL-Bäumen ist damit klar:

binäre Bäume:

```
type node struct (
  any "content of the node"
  left,
  right *node
  balance
}
```

Damit sieht die Repräsentation des Datentyps so aus:

```
type set struct {
  any "pattern object"
  anchor,
  actual *node
  uint "number of objects in the set"
}
```

Die Algorithmen, die bei Zugriffen auf einen AVL-Baum die AVL-Invariante erhalten, sind

- beim *Einfügen* eines Objekts in den Baum *Rotationen* und
- beim *Entfernen* eines Objekts aus dem Baum Funktionen zum *Ausgleichen*.

Wir behandeln zunächst das Einfügen und stellen die dafür benötigten *Rotationsalgorithmen* an einfachen Beispielen vor.

Wenn mit dem bei Binärbäumen üblichen Verfahren in den AVL-Baum aus Abb. 3.8 eine 0 eingefügt wird, entsteht der Baum aus Abb. 3.9, der die AVL-Invariante verletzt.

Aber mit einer einfachen *Rechts-Rotation* „um den Knoten 2" lässt sie sich wieder herstellen (s. Abb. 3.10):

Ein komplexeres Beispiel:

Abb. 3.8 AVL-Baum mit zwei Zahlen

Abb. 3.9 Baum mit drei
Zahlen

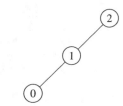

Abb. 3.10 AVL-Baum mit drei
Zahlen

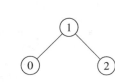

Abb. 3.11 AVL-Baum mit 11
Zahlen

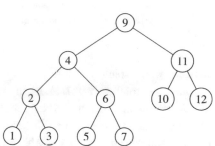

Einfügen von 0 in den AVL-Baum aus Abb. 3.11 liefert zunächst auch einen Baum, der kein AVL-Baum ist, weil der Höhenunterschied zwischen den Knoten 4 und 11 größer als 1 ist. Auch in diesem Fall hilft eine Rechtsrotation, und zwar um den Knoten 4, weil sein linker Unterknoten 2 jetzt linkslastig ist. Dabei muss allerdings der Knoten 6 „umgehängt" werden, weil der Knoten 9 jetzt der rechte Unterknoten von 4 wird – dafür wird der Zeiger auf den linken Unterknoten von 9 frei. Es entsteht also der AVL-Baum aus Abb. 3.12.

Die Implementierung der Rechtsrotation liefert einen Zeiger auf den linken Unterknoten y von n, der jetzt an die Stelle von n rückt und seinen rechten Unterknoten als linken Unterknoten an n abgibt:

Abb. 3.12 AVL-Baum mit 12
Zahlen

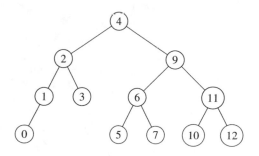

```
// Pre: *x and (*x).left are not empty, *x is leftweighty,
//       (*x).left is i) leftweighty or ii) balanced.
// i) *x and (*x).right are balanced,
// ii) *x is rightweighty, (*x).right is leftweighty.
func rotR (x *pointer) {
  y := (*x).left
  (*x).left = (*y).right
  (*y).right = *x
  *x = y
  if (*x).balance == leftweighty { // case i)
    (*x).balance = balanced
    (*x).right.balance = balanced
  } else { // case ii)
    (*x).balance = rightweighty
    (*x).right.balance = leftweighty
  }
}
```

In unserem Beispiel, dem Einfügen von 0, trifft Fall i) zu.

Die Linksrotation rotL() ist in dem Sinne *dual* dazu, dass sie aus rotR() durch Vertauschen von left und right hervorgeht.

Schwieriger wird es, wenn in den Baum aus Abb. 3.11 eine 8 eingefügt wird. Dabei entsteht zunächst der Baum aus Abb. 3.13 – auch kein AVL-Baum, weil wie im vorigen Fall der Höhenunterschied zwischen den Knoten 4 und 11 größer als 1 ist.

Eine einfache Rechtsrotation um 4 wie im vorigen Fall hilft hier nicht, weil dabei kein AVL-Baum entstünde, denn dann hätte der Knoten 4 einen linken Unterbaum der Höhe 2 und einen rechten der Höhe 4. In diesem Fall besteht die „Reparatur" stattdessen aus *zwei* Rotationen: einer Linksrotation um 4 einer anschließenden Rechtsrotation um 6. Das Resultat dieser *(doppelten) Linksrechtsrotation* um 4 und 6 ist der AVL-Baum aus Abb. 3.14.

Die Implementierung dieser Linksrechtsrotation liefert einen Zeiger auf den rechten Unterknoten z des linken Unterknotens y von n, der jetzt an die Stelle von n gerückt ist, wobei z seinen linken Unterknoten an y als rechten Unterknoten abgibt, dafür y übernimmt und seinen rechten Unterknoten an n als linken Unterknoten abgibt:

Abb. 3.13 Baum mit 12 Zahlen

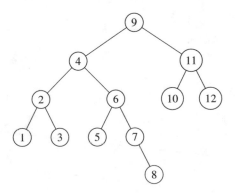

Abb. 3.14 AVL-Baum mit 12
Zahlen

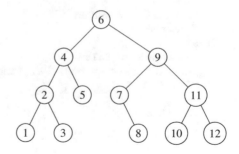

```
// Pre: *x, (*x).left and (*x).left.right are not empty,
//      (*x) is not balanced,
//      (*x) is leftweighty, (*x).left is rightweighty.
// *x is balanced.
func rotLR (x *pointer) {
  y := (*x).left
  z := y.right
  y.right = z.left
  z.left = y
  (*x).left = z.right
  z.right = *x
  *x = z
  switch (*x).balance {
  case leftweighty:
    (*x).left.balance = balanced
    (*x).right.balance = rightweighty
  case balanced:
    (*x).left.balance = balanced
    (*x).right.balance = balanced
  case rightweighty:
    (*x).left.balance = leftweighty
    (*x).right.balance = balanced
  }
  (*x).balance = balanced
}
```

Wir verwenden dabei den Typ `pointer` für Zeiger auf Knoten

```
type pointer = *node
```

nur, um so etwas wie `*(*node)` zu vermeiden.

Die Rechtslinksrotation `rotRL()` ist wiederum im obigen Sinn dual zu `rotLRL()`.

Wir kommen jetzt zur Implementierung der Methode `Ins`. Wenn die Menge leer ist, ist das Ergebnis eine Menge aus nur einem Element; andernfalls

```
func (x *set) Ins (a any) {
  CheckTypeEq (x.any, a)
  if x.anchor == nil {
    x.anchor = newNode (a)
```

```
      x.actual = x.anchor
      x.uint = 1
  } else {
    increased := false
    n := ins (&(x.anchor), a, &increased)
    if n != nil {
      x.actual = n
      x.uint++
    }
  }
}
```

Die dabei aufgerufene rekursive Funktion ins

```
func ins (x *pointer, a any, increased *bool) pointer {
  if *x == nil {
    *x = newNode (a)
    *increased = true
    return *x
  }
  var inserted pointer
  if Less (a, (*x).any) {
    inserted = ins (&((*x).left), a, increased)
    if *increased {
      switch (*x).balance {
      case leftweighty:
        switch (*x).left.balance {
        case leftweighty:
          rotR (x) // case i)
        case balanced:
          // impossible
        case rightweighty:
          rotLR (x)
        }
        *increased = false
      case balanced:
        (*x).balance = leftweighty
      case rightweighty:
        (*x).balance = balanced
        *increased = false
      }
    }
  } else if Less ((*x).any, a) {
    inserted = ins (&((*x).right), a, increased)
    if *increased {
      switch (*x).balance {
        case rightweighty:
        switch (*x).right.balance {
        case rightweighty:
          rotL (x) // case i)
        case balanced:
          // impossible
```

```
      case leftweighty:
        rotRL (x)
      }
      *increased = false
    case balanced:
      (*x).balance = rightweighty
    case leftweighty:
      (*x).balance = balanced
      *increased = false
    }
  }
} else { // Eq (a, (*x).any), i.e., a is already there
  *increased = false
}
return inserted
}
```

liefert den Zeiger auf den eingefügten Knoten.

Die Variable `increased` – anfangs `false` – hat den Zweck, die Information, ob die Höhe eines Knotens zugenommen hat, jeweils „eine Etage" weiter nach oben durchzureichen, damit dort – in Abhängigkeit von der Balance – entschieden werden kann, ob eine Rotation erforderlich ist ist, und falls ja, welche.

Es sei als Übungsaufgabe überlassen, sich davon zu überzeugen, dass

- die mit `impossible` markierten Fälle nicht eintreten können und
- im Ablauf des Aufrufs einer `Ins`-Methode höchstens *eine* Rotation notwendig ist.

Zum Entfernen eines Objekts aus einer Menge betrachten wir den Baum aus Abb. 3.15, aus dem die 10 entfernt werden soll.

Abb. 3.15 AVL-Baum mit 12 Zahlen

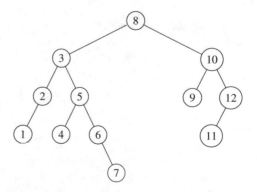

Die Entfernung von 10 mit der bei binären Bäumen üblichen Methode, es durch das größte Objekt aus dem linken Teilbaum oder das kleinste aus dem rechten zu ersetzen, wobei derjenigen der beiden Möglichkeiten der Vorzug gegeben wird, bei der der Teilbaum die größere Höhe hat, führt zu dem Baum in Abb. 3.16. Aber bei diesem ist die AVL-Invariante verletzt, weil der linke Teilbaum unter 8 eine um 2 größere Höhe als der rechte hat.

Wir brauchen in diesem einfachen Fall nur eine Linksrechtsrotation um 3 und 5, die zu dem AVL-Baum in Abb. 3.17 führt.

Dieses Beispiel war insofern einfach, als lediglich eine Rotation benötigt wurde. Bei größeren Bäumen kann die Wiederherstellung der AVL-Invariante erheblich aufwendiger werden, weil eventuell mehrere Rotationen erforderlich sind und zusätzliche Maßnahmen ergriffen werden müssen, um entstehende Schieflastigkeiten auszugleichen.

Wir erläutern jetzt die Implementierung der Methode `Del`. Zuerst muss geprüft werden, ob das zu entfernende Objekt das größte in der Menge war. Wenn das der Fall war, ist das aktuelle Objekt jetzt das nächstkleinere, andernfalls das nächstgrößere. Danach wird das zu entfernende Objekt mit dem in Binärbäumen üblichen verfahren entfernt.

Abb. 3.16 Baum mit 11 Zahlen

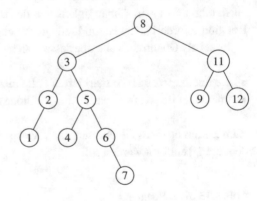

Abb. 3.17 AVL-Baum mit 11 Zahlen

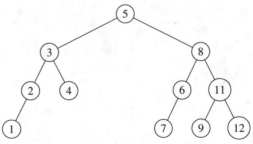

```
func (x *set) Del() any {
  if x.anchor == nil {
    return nil
  }
  act := x.actual
  toDelete := x.actual.any
  x.Step (true) // to set "actual" to the node containing
               // the next largest object, iff such exists
  var a any
  if act == x.actual { // the node to be deleted is the node with
    a = nil           // the largest object in x, so "actual"
                      // must be set to the node containing
                      // the next smallest object, see below
  } else {
    a = Clone (toDelete)
  }
  decreased := false
  if del (&(x.anchor), toDelete, &decreased) { // the object
                        // to be deleted was found and deleted
                        // and the AVL-invariant was secured
    if act == x.actual { // the node to be deleted
                        // was the last right node of x
      if x.uint == 1 { // see above
        x.actual = nil // x is now empty
      } else {
        x.Jump (true)  // "actual" is the last right node
      }
    } else { // the node with the next largest object exists
      if x.Ex (a) { // thus the above copy-action to "a":
                    // "actual" might have been rotated off
                    // while deleting, with this trick
                    // it is found again.
      }
    }
    x.uint--
  }
  return Clone (act.any)
}
```

Wenn dabei die AVL-Invariante zerstört wird, muss sie wiederhergestellt werden. Das wird mit der rekursiven Funktion del erledigt:

```
func del (x *pointer, a any, decreased *bool) bool {
  oneLess := false
  if *x == nil {
    return oneLess
  }
  if Less (a, (*x).any) {
    oneLess = del (&((*x).left), a, decreased)
    rebalL (x, decreased)
  } else if Less ((*x).any, a) {
    oneLess = del (&((*x).right), a, decreased)
```

```
      rebalR (x, decreased)
  } else { // found node to remove
    if (*x).right == nil {
      *decreased, oneLess = true, true
      *x = (*x).left
    } else if (*x).left == nil {
      *decreased, oneLess = true, true
      *x = (*x).right
    } else if (*x).balance == leftweighty {
      liftL (&((*x).left), *x, decreased, &oneLess)
      rebalL (x, decreased)
    } else {
      liftR (&((*x).right), *x, decreased, &oneLess)
      rebalR (x, decreased)
    }
  }
  return oneLess
}
```

Diese Funktion benutzt vier weitere Funktionen: `rebalR` zum Ausgleichen, falls der Höhenunterschied zwischen zwei Knoten größer als 1 geworden ist und `liftR` zum „Hochziehen" eines Knotens, falls einer seiner Elternknoten hochgezogen wurde und deshalb dieser Platz über ihm frei geworden ist, sowie die dazu dualen Funktionen `rebalL` und `liftL`.

Hier sind deren Implementierungen:

```
func rebalR (x *pointer, decreased *bool) {
  if *decreased {
    switch (*x).balance {
    case rightweighty:
      (*x).balance = balanced
    case balanced:
      (*x).balance = leftweighty
      *decreased = false
    case leftweighty:
      if (*x).left.balance == rightweighty {
        rotLR (x)
      } else {
        rotR (x)
        if (*x).balance == rightweighty {
          *decreased = false
        }
      }
    }
  }
}
```

und

```
func liftR (x *pointer, y pointer, decreased, oneLess *bool) {
  if (*x).left == nil {
```

```
      y.any = Clone ((*x).any)
      *decreased, *oneLess = true, true
      *x = (*x).right
   } else {
      liftR (&((*x).left), y, decreased, oneLess)
      rebalL (x, decreased)
   }
}
```

Das folgende Animationsprogramm zeigt (mit Hilfe der undokumentierten Funktion Write)
die interne Repräsentation der Mengen in Form von AVL-Bäumen: Es zeigt die Effekte der
Rotationsoperationen beim Einfügen und Entfernen von Elementen in binäre Suchbäume zur
Wiederherstellung der AVL-Invariante. Sie wird (aus Platzgründen) für zweistellige Zahlen
verwendet.

```
package main
import ("µU/kbd"; "µU/str"; "µU/col"; "µU/mode"
        "µU/scr"; "µU/errh"; "µU/N"; "µU/set")


func main() {
  scr.New (0, 0, mode.XGA); defer scr.Fin()
  cF, cB := col.Black(), col.White()
  scr.ScrColours (cF, cB)
  scr.Cls ()
  scr.Colours (cF, cB)
  N.Colours (cF, cB)
  errh.Hint ("Hilfe: F1")
  h :- []string {"        Nat\"{u}rliche Zahl eingeben            ",
                 "und zum Einf\"{u}gen: Eingabe mit Enter
                 abschlie{\ss}en",
                 "        Entfernen: Eingabe mit Tab abschlie{\ss}en ",
                 " Programm beenden: Esc                     "}
  help := make ([]string, len (h))
  for i, c := range (h) { help[i] = str.Lat1 (c) }
  N.SetWd (2)
  x := set.New (uint(0))
  loop: for {
    scr.Clr (0, 0, scr.NColumns(), scr.NLines() - 1)
    x.Write (0, scr.Wd(), scr.Ht1() / 2, scr.Ht() / 8,
            func (a any) string {
               return N.StringFmt (a.(uint), 2, true)
               })
    N.Colours (cF, cB)
    k := uint(0); N.Edit (&k, 0, 1)
    switch c, _ := kbd.LastCommand(); c {
    case kbd.Esc:
      break loop
    case kbd.Help:
      errh.Help (help)
    case kbd.Enter:
      x.Ins (k)
```

```
  case kbd.Tab:
    if x.Ex (k) { x.Del() }
  }
 }
}
```

Die Implementierungen der bisher noch nicht erwähnten Methoden Empty, Clr, Offc, Num, Jump, Eoc, Get, Put, Trav, Join, Ordered und Sort sind trivial. Sicherlich schaffen Sie es, diese Methoden zu implementieren, ohne in die Quelltexte des Mikrouniversums zu sehen.

Auch die rekursiven Methoden Ex und ExGeq sind – mit dem Blick auf die rekursive Struktur der Suchbäume – leicht zu implementieren. Es wird empfohlen, auch diese Methoden als Übungsaufgabe ohne Blick in das Mikrouniversum zu implementieren. Es bleibt die etwas kompliziertere Methode Step, die hier aber nicht erläutert wird, weil sie algorithmisch unintessant ist und eher zu der Sorte „Fummelkram" gehört.

Warum sich AVL-Bäume besonders gut als Suchbäume eignen, wird durch die Untersuchung einer speziellen Sorte von AVL-Bäumen – den *Fibonacci-Bäumen* – und durch einige theoretische Überlegungen in den folgenden Abschnitten geklärt.

3.5.8.1 Fibonacci-Bäume
Fibonacci-*Bäume* sind rekursiv wie folgt definiert:

$$F(n) = \begin{cases} \text{leerer Baum} & \text{für } n < 0 \\ \text{Baum mit Wurzel, } F(n-2) \text{ als linkem} \\ \text{und } F(n-1) \text{ als rechtem Teilbaum} & \text{für } n \geq 0 \end{cases}$$

Die Rekurrenzgleichung für die Anzahl der Knoten dieser Bäume in Abhängigkeit von der Höhe n lautet folglich

$$l(n) = \begin{cases} 1 & \text{für } n = 0 \\ 2 & \text{für } n = 1 \\ 1 + l(n-2) + l(n-1) & \text{für } n \geq 2. \end{cases} \tag{1}$$

Diese Zahlen heißen Leonardo-Zahlen; sie erinnern in ihrem Aufbau stark an die Fibonacci-Zahlen.

Wenn wir die dritte Gleichung von (1) durch $l(n-1)$ dividieren und

$$a_n = \frac{l(n)}{l(n-1)} \quad \text{für } n \geq 1 \tag{2}$$

setzen, erhalten wir

$$a_n = 1 + \frac{1}{a_{n-1}} + \varepsilon_n \quad \text{mit } \varepsilon_n = \frac{1}{l(n-1)}.$$

Mit $a_0 = 0$ liefert Grenzwertbildung daraus

$$\lim_{n \to \infty} a_n = a, \tag{3}$$

wobei $a = \dfrac{1}{2} + \dfrac{\sqrt{5}}{2} \approx 1{,}618034$ die positive Lösung der quadratischen Gleichung $x^2 = 1 + x$ des goldenen Schnitts ist.

(2) und (3) liefern asymptotisch, d. h. für größere n,

$$l(n+1) \approx a \cdot l(n),$$

deshalb wegen $l(0) = 1$ für die Knotenzahl $l(n)$ in Abhängigkeit von der Höhe n asymptotisch

$$l(n) \approx a^n. \tag{4}$$

Für die Umkehrung, d. h. die Berechnung der Höhe n zu gegebener Knotenzahl k, erhalten wir durch Logarithmieren daraus

$$\log_2 k \approx \log_2(a^n) = n \cdot \log_2 a,$$

folglich

$$n \approx \frac{\log_2 k}{\log_2 a} = 1{,}44 \cdot \log_2 k$$

mit $1{,}44 \approx \dfrac{1}{\log_2 1{,}618034}$.

Per Induktion ist leicht nachzuweisen, dass Fibonacci-Bäume

- AVL-Bäume sind (weil $F(n)$ die Höhe n hat) und dass sie
- bei gegebener Höhe eine minimale Knotenzahl haben (wenn ein Knoten im linken oder rechten Teilbaum entfernt wird, verringert sich die Höhe des Baums um 1 – im ersten Fall nach einer einfachen Linksrotation).

Sie sind damit in *dem Sinne* die „schlechtestmöglichen" AVL-Bäume, dass jeder AVL-Baum bei gegebener Höhe mindestens soviele Knoten wie der Fibonacci-Baum gleicher Höhe hat – mit anderen Worten, dass ein AVL-Baum nicht höher sein kann als ein Fibonacci-Baum mit gleich vielen Knoten.

Nach den Überlegungen aus dem vorigen Abschnitt ist *die Höhe eines AVL-Baums im schlimmsten Fall nur etwa 44 % größer als die eines bestmöglich ausgeglichenen Baums mit gleich vielen Knoten,* d. h. insbesondere ist logarithmische Suchzeit bei ihnen garantiert.

3.5.8.2 Explizite Darstellung der Leonardo-Zahlen

Die Leonardo-Zahlen *(Anzahlen der Knoten in Fibonacci-Bäumen)* sind rekursiv durch

$$l(n) = \begin{cases} 0 & \text{für } n \le 0 \\ 1 + l(n-2) + l(n-1) & \text{für } n > 0 \end{cases} \qquad (1)$$

definiert. Für $n \ge 0$ ergibt sich die Folge

$$0, 1, 2, 4, 7, 12, 20, 33, 54, 88, 143, 232, 376, \ldots$$

Durch Einsatz zweier Akkumulatoren lässt sich das auch endrekursiv formulieren:

$$l(0) = 0$$

$$l(n) = l'(n-1, 1, 0) \quad \text{für } n > 0$$

$$\text{mit } l'(n, a, b) = \begin{cases} a & \text{für } n = 0 \\ l'(n-1, 1+a+b, a) & \text{für } n > 0. \end{cases}$$

Mit den formalen Potenzreihen (s. nächster Abschn. 3.5.8.3)

$$f(X) = \sum_{n=0}^{\infty} l(n) X^n = X + 2X^2 + 4X^3 + 7X^4 + 12X^5 + \ldots \qquad (2)$$

und

$$q(X) = \frac{1}{1-X} = \sum_{n=0}^{\infty} X^n = 1 + X + X^2 + X^3 + X^4 + \ldots$$

erhalten wir durch Einsetzen von (1)

$$Xf(X) + X^2 f(X) + q(X) = \sum_{n=0}^{\infty} l(n) X^{n+1} + \sum_{n=0}^{\infty} l(n) X^{n+2} + \sum_{n=0}^{\infty} X^n$$

$$= \sum_{n=0}^{\infty} \big(l(n-1) + l(n-2) + 1\big) X^n$$

$$= 1 + \sum_{n=0}^{\infty} l(n) X^n = 1 + f(X)$$

nach $f(X)$ aufgelöst:

$$f(X) = \frac{X}{(1 - X - X^2)(1 - X)}. \qquad (3)$$

Die Faktorisierung von $1 - X - X^2 = (1 - aX)(1 - bX)$ liefert das Gleichungssystem

$$a + b = 1 \qquad (4)$$

$$ab = -1$$

mit den Lösungen

$$a = \frac{1}{2} + \frac{\sqrt{5}}{2}, \quad b = \frac{1}{2} - \frac{\sqrt{5}}{2}. \tag{5}$$

Der Ansatz zur Partialbruchzerlegung von (3)

$$\frac{1}{(1 - X - X^2)(1 - X)} = \frac{A}{1 - aX} + \frac{B}{1 - bX} + \frac{C}{1 - X} \tag{6}$$

liefert die Gleichung

$$A(1 - bX)(1 - X) + B(1 - aX)(1 - X) + C(1 - aX)(1 - bX) = 1,$$

und daraus mit (4) nach Koeffizientenvergleich das lineare Gleichungssystem (7)

$$A + B + C = 1 \tag{7}$$
$$(1 + b)\, A + (1 + a)\, B + C = 0$$
$$b\, A + a\, B - C = 0$$
$$A + B + C = 1$$

mit den Lösungen

$$A = 1 + \frac{2}{5}\sqrt{5}, \qquad B = 1 - \frac{2}{5}\sqrt{5}, \qquad C = -1. \tag{8}$$

Einsetzen von (6) in (3) in Verbindung mit der allgemeinen geometrischen Potenzreihe

$$\frac{1}{1 - cX} = \sum_{n=0}^{\infty} c^n X^n$$

ergibt

$$\begin{aligned}
f(X) &= \frac{A}{1 - aX} X + \frac{B}{1 - bX} X + \frac{C}{1 - X} X \\
&= A \sum_{n=0}^{\infty} a^n X^{n+1} + B \sum_{n=0}^{\infty} b^n X^{n+1} + C \sum_{n=0}^{\infty} X^{n+1} \\
&= \sum_{n=0}^{\infty} (Aa^n + Bb^n + C) X^{n+1} \\
&= \sum_{n=1}^{\infty} (Aa^{n-1} + Bb^{n-1} + C) X^n.
\end{aligned}$$

Nach (2) erhalten wir durch Koeffizientenvergleich für die Leonardo-Zahlen

$$l(n) = Aa^{n-1} + Bb^{n-1} - 1 \quad \text{für } n > 0.$$

Die dritte Gleichung des Systems (7) liefert $\dfrac{A}{a} + \dfrac{B}{b} - 1 = 0$, deshalb ist dieses Ergebnis auch für $n = 0$ korrekt.

Durch Einsetzen von (5) und (8) erhalten wir die explizite Darstellung der Leonardo-Zahlen

$$l(n) = \left(1 + \frac{2}{5}\sqrt{5}\right)\left(\frac{1}{2} + \frac{\sqrt{5}}{2}\right)^{n-1} + \left(1 - \frac{2}{5}\sqrt{5}\right)\left(\frac{1}{2} - \frac{\sqrt{5}}{2}\right)^{n-1} - 1$$

für alle natürlichen Zahlen n.

3.5.8.3 Formale Potenzreihen

Die Manipulationen der Potenzreihen im vorigen Abschnitt sind durch die folgenden Überlegungen gerechtfertigt.

Für Mengen A und B bezeichne A^B die Menge der Abbildungen von B nach A. Sei X eine *Unbestimmte* (ein Symbol).

Wir betrachten die Menge $H = \mathbb{N}^{\{X\}}$. Es gilt $H \cong \mathbb{N}$, denn die Abbildung

$$f : \mathbb{N} \to H, \quad \text{definiert durch} \quad f(n)(X) = n,$$

ist bijektiv; mit der Bezeichnung $X^n = f(n) \in H$ ist

$$H = \{X^n \mid n \in \mathbb{N}\}.$$

H bildet bezüglich der durch

$$X^n \cdot X^k = X^{n+k}$$

definierten Multiplikation mit $1 = X^0$ als neutralem Element eine kommutative Halbgruppe, wovon man sich durch Nachrechnen leicht überzeugen kann; f ist darüberhinaus wegen $f(0) = X^0 = 1$ und $f(n + k) = X^{n+k} = X^n \cdot X^k = f(n) \cdot f(k)$ ein Isomorphismus.

Für einen kommutativen Ring A sei

$$A[[X]] = A^H.$$

Jedes $p \in A[[X]]$ lässt sich dann eindeutig in der Form

$$p = \sum_{n \in \mathbb{N}} a_n X^n = a_0 + a_1 X + a_2 X^2 + \dots \quad \text{mit} \quad a_n = p(X^n)$$

schreiben, denn aus dem Term $\sum_{n \in \mathbb{N}} a_n X^n$ lässt sich p durch die Definition $p(X^n) = a_n$ zurückgewinnen. Durch

$$\sum_{n\in\mathbb{N}} a_n X^n + \sum_{n\in\mathbb{N}} b_n X^n = \sum_{n\in\mathbb{N}} c_n X^n \quad \text{mit} \quad c_n = a_n + b_n$$

$$\text{und} \quad \sum_{n\in\mathbb{N}} a_n X^n \cdot \sum_{n\in\mathbb{N}} b_n X^n = \sum_{n\in\mathbb{N}} c_n X^n \quad \text{mit} \quad c_n = \sum_{limits} i, k \in \mathbb{N}, i+k = n a_i b_k$$

sind eine Addition und eine Multiplikation auf $A[[X]]$ definiert, bezüglich derer $A[[X]]$ einen kommutativen Ring bildet (Beweis durch Nachrechnen).

$A[[X]]$ heißt der *Ring der formalen Potenzreihen über A*.

Per Induktion lässt sich zeigen, dass $A[[x]]$ nullteilerfrei ist, wenn A es ist; für einen Körper A ist folglich auch der *Quotientenring der formalen Potenzreihen* (der Ring der Brüche von formalen Potenzreihen) ein *Körper*, d. h. man kann mit diesen Brüchen z. B. über $\mathbb{Q}$ oder $\mathbb{R}$ ganz gewöhnlich – wie mit Zahlen – rechnen.

Abschließend sei bemerkt, dass diese Konstruktion die eines Polynomrings $A[X]$ in einer Unbestimmten X über einem Ring A umfasst:

Man ersetze $H = \mathbb{N}^{\{X\}}$ durch $\mathbb{N}^{(\{X\})}$ (wobei $A^{(B)}$ für einen Ring A die Menge der Abbildungen von B nach A bezeichnet, die fast überall 0 sind, d. h. für die $f(b) \neq 0$ nur für endlich viele $b \in B$ gilt.

Die gebrochen rationalen Funktionen über $\mathbb{R}$ bilden damit einen Unterkörper des Quotientenkörpers der formalen Potenzreihen $\mathbb{R}[[X]]$.

3.5.9 Persistente Folgen (sequentielle Dateien)

Unter *persistenten Objekten* werden solche Objekte verstanden, die *dauerhaft* auf einem Datenträger gespeichert werden, d. h. bei einem Aufruf eines Programms, das sie verwendet, *diejenigen* Werte haben, die sie am Ende des letzten Programmlaufs hatten.

Ihre Spezifikation unterscheidet sich von der der *Kollektionen* lediglich *darin,* dass sie einen „*Henkel*" haben, mit dem sie wieder *auffindbar* sind: einen im Dateisystem eindeutig identifizierbaren *Namen.*

Dazu brauchen wir das folgende Interface, das in der Datei `persistor.go` auch im Paket `obj` untergebracht ist:

```
package obj

type Persistor interface {

// An object "is defined with a name" means, that it is stored
// in a persistent file with that name as "handle" in the
   filesystem.

// Pre: n is a valid name in the filesystem and there exists no
   object
// of a type different from the type of x, but defined with name n.
// x is now defined with name n, i.e. it is the object, that is
```

```
      stored
// in a file with that name, if such exists; otherwise it is empty.
  Name (n string)

// x is defined with that name.
// Another file with that name is now destroyed.
  Rename (n string)

// Pre: x is defined with a name.
// x is saved in the file system.
  Fin()
}

func IsPersistor (a any) bool {
  if a == nil { return false }
  _, ok := a.(Persistor)
  return ok
}
```

Persistente Folgen sind also *sequentielle Dateien.*

Das Mikrouniversum enthält für persistente Folgen von atomaren Variablen oder von Objekten des Typs `Object` das Paket `pseq`, das den entsprechenden abstrakten Datentyp zur Verfügung stellt:

```
package pseq
import . "µU/obj"

type PersistentSequence interface {

  Seeker // hence Collector
  Persistor
}

// Pre: a is atomic or of a type implementing Equaler and Coder.
// Returns a new empty persistent sequence
// for objects of the type of a.
func New (a any) PersistentSequence { return new_(a) }
```

Ihre *Implementierung* besteht aus sequentiellen Dateien von Bytefolgen der Codelänge der Objekte. Die Länge einer solchen Datei ist das Produkt aus der Codelänge eines Objekts und der Anzahl der Objekte.

Die Repräsentation einer persistenten Folge

```
type persistentSequence struct {
  name, tmpName string
  ordered bool
  any "pattern object"
  object any
  file internal.File
  owner, group uint
  size, pos, num uint64
```

```
  buf, buf1 Stream
}
```

benötigt den internen abstrakten Datentyp

```
package internal
import . "μU/obj"

type File interface {

  Fin()
  Name (n string)
  Rename (n string)
  Empty() bool
  Clr()
  Length() uint64
  Seek (p uint64)
  Position() uint64

  Read (s Stream) (int, error)
  Write (s Stream) (int, error)
}

func DirectLength (n string) uint64 { return directLength(n) }
func Erase (n string) { erase(n) }

func New() File { return new_() }
```

der die Zugriffe in das Dateisystem kapselt.

Hinter der Implementierung dieses Datentyps schimmert das klassische Konzept der Zugriffe auf sequentielle Dateien durch, wie es von Niklaus Wirth in *Pascal* (mit dem Blick auf die historische Situation: Bänder als periphere Datenträger) mit den Operationen `Reset`, `Rewrite`, `Read`, `Write`, `Eof` und `Seek` realisiert wurde.

Die Implementierungen der Methoden werden hier nicht erläutert, weil sich dahinter keine interessanten Algorithmen verbergen. Aus den gleichen Gründen wie bei den Folgen (s. Ende des Abschn. 3.5.4) haben auch hier viele Algorithmen lineare Komplexität.

3.5.10 Persistente Indexmengen

Konsequenterweise müsste sich dieser Abschnitt mit *persistenten Mengen* befassen. Dafür gibt es einen guten Datentyp: den der *B-Bäume* von Bayer und McCreight (s. [4]).

Wir stellen hier stattdessen ein Konzept vor, das erheblich weiter trägt: die *persistenten Indexmengen*. Das sind persistente Mengen, auf deren Elemente über einen Schlüssel direkt zugegriffen werden kann.

Wir verlangen, dass die Objekte in den persistenten Mengen den Typ `Object` implementieren und die Schlüssel entweder einen atomaren Typ mit einer Ordnungsrelation haben oder die Typen `Equaler` und `Comparer` implementieren.

Die Funktion, die einem Objekt seinen Schlüssel zuordnet, muss injektiv sein, d. h., verschiedene Objekte müssen verschiedene Schlüssel haben, damit die Suche nach einem Objekt über einen Schlüssel ein eindeutiges Ergebnis liefert. Wir nennen diese „Schlüssel-funktion" `Index` (daher der Name für den Datentyp).

Objekte, die solche Schlüssel besitzen, nennen wir `Indexer`. Sie implementieren das Interface

```
package obj

type Indexer interface {
  Object
  Editor

  Index() Func
}

func IsIndexer (a any) bool {
  if a == nil { return false }
  _, ok := a.(Indexer)
  return ok
}
```

in der Datei `indexer.go` im Paket `obj`.

Einige Beispiele dazu: Der Index

- einer Person in einem Adressverzeichnis mit diversen Informationen ist das Paar aus dem Namen und dem Geburtsdatum der Person (wobei ggf. gleiche Namen durch Beinamen unterschiedlich gemacht werden müssen),
- einem Buch in einem Bücherverzeichnis ist das Tupel aus Titel und Autor[en],
- der Seite eines Tagebuchs ist das Kalenderdatum der Seite.

Das Mikrouniversum enthält für die persistenten geordneten Mengen von Objekten des Typs `Object` mit Index das Paket `piset`, definiert durch das Interface

```
package piset
import . "µU/obj"

type PersistentIndexedSet interface { // persistent ordered sets
                                      // of objects, that have
                                      // an index, by which
                                      // they are ordered.

  Collector
  Persistor
  Operate()
}

// Returns a new empty persistent indexed set
// for objects of the type of o.
```

```
func New (o Indexer) PersistentIndexedSet { return new_(o) }
```

Diese sequentiellen Dateien (von Bytefolgen konstanter Größe) werden mit Indexbäumen und einer Positionsverwaltung ausgestattet.

Die grundlegende Idee bei der Implementierung ist die Verwaltung der Schlüssel zu den Objekten zusammmen mit ihren Positionen in der Datei in einer (nicht persistenten) Menge set.Set. Das hat einen großen Vorteil:

- Die Position eines Objekts kann über seinen Schlüssel schnell aufgefunden werden (s. letzter Satz im Abschn. 3.5.8.1), wobei die Suche im Arbeitsspeicher stattfindet,
- und damit ist der Direktzugriff auf das Objekt in der Datei möglich.

Die Paare aus Schlüssel und zugehörigen Dateipositionen bilden einen Datentyp, der in einem Unterpaket von piset untergebracht ist:

```
package pair
import . "μU/obj"

type Pair interface {
  Equaler
  Comparer
  Pos() uint
  Index() any
}

func New (a any, n uint) Pair { return new_(a,n) }
```

Die Repräsentation eines solchen Paares und die Implementierung des Konstruktors ist simpel:

```
package pair
import . "μU/obj"

type pair struct {
  any "index"
  uint "position"
}

func new_(a any, n uint) Pair {
  x := new(pair)
  x.any = Clone(a)
  x.uint = n
  return x
}
```

Damit haben wir die Repräsentation des Datentyps:

```
type persistentIndexedSet struct {
  Object "pattern object"
  any "index of Object"
```

```
  pseq.PersistentSequence "file"
  Func "index function"
  set.Set "pairs of index and position in the file"
  buf.Buffer "free positions in the file"
}
```

Dabei steht der Typ Func

```
  type Func func (any) any
```

für wertliefernde Funktionen mit einem Argument.

Der Konstruktor ist wie folgt implementiert:

```
func new_(o Object, f Func) PersistentIndexedSet {
  x := new (persistentIndexedSet)
  x.Object = o.Clone().(Object)
  x.any = f (o)
  x.PersistentSequence = pseq.New (x.Object)
  x.Func = f
  x.Set = set.New (pair (x.any, 0))
  x.Buffer = buf.New (uint(0))
  return x
}
```

Im Lauf eines Programms, in dem piset importiert wirde, wird zu Beginn die zugrundlie-
gende Datei pseq.PersistentSequence, sofern sie nicht leer ist, traversiert, wobei
folgendes passiert:

- Wenn das Objekt an der betreffenden Stelle in der Datei leer ist, wird die aktuelle Position
  in den Puffer der freien Positionen eingefügt,
- andernfalls wird – durch Anwendung der im Konstruktor übergebenen Schlüsselfunk-
  tion Func – der Schlüssel berechnet und zusammen mit der aktuellen Position in die
  Schlüsselmenge set.Set eingefügt.

Das passiert beim Identifizieren der Datei durch ihren Namen:

```
func (x *persistentIndexedSet) Name (s string) {
  if str.Empty (s) { return }
  x.PersistentSequence.Name (s + ".seq")
  x.Set.Clr()
  x.Buffer = buf.New (uint(0))
  if x.PersistentSequence.Empty() { return }
  for i := uint(0); i < x.PersistentSequence.Num(); i++ {
    x.PersistentSequence.Seek (i)
    x.Object = x.PersistentSequence.Get().(Object)
    if x.Object.Empty() {
      x.Buffer.Ins (i)
    } else {
      x.Set.Ins (internal.New (x.Func (x.Object), i))
```

```
    }
  }
  x.Jump (false)
}
```

Der Nachteil, den diese Verzögerung mit sich bringt, wird durch den oben genannten Vorteil allerdings mehr als wettgemacht.

Ein Objekt wird in die Datei *eingefügt,* indem sein Schlüssel und seine Position in der Datei in set.Set eingefügt wird. Wenn der Puffer buf.Buffer der freien Positionen nicht leer ist, wird das als Bytefolge codierte Objekt ab derjenigen Position in die Datei geschrieben, die aus dem Puffer ausgelesen wird, andernfalls wird es ans Ende der Datei angehängt.

Hier ist die Implementierung der Methode Ins:

```
func (x *persistentIndexedSet) Ins (a any) {
  x.check (a)
  if x.Ex (a) || a.(Object).Empty() { return }
  var n uint
  if x.Buffer.Empty() {
    n = x.PersistentSequence.Num()
  } else {
    n = x.Buffer.Get().(uint)
  }
  x.PersistentSequence.Seek (n)
  x.PersistentSequence.Put (a)
  x.Set.Ins (pair (x.Func (a), n))
  x.PersistentSequence.Seek (n)
}
```

Ein Objekt wird *entfernt,* indem das Paar seines Schlüssel und seine Position in der Datei aus set.Set geholt (und dabei daraus entfernt) wird, dann ab seiner Dateiposition eine Bytefolge abgelegt wird, die ein leeres Objekt repräsentiert, und schließlich diese Position in den Puffer eingefügt wird.

Hier ist die Implementierung der Methode Del:

```
func (x *persistentIndexedSet) Del() any {
  if x.Set.Empty() {
    x.Object.Clr()
    return x.Object
  }
  n := x.Set.Get().(internal.Pair).Pos()
  x.PersistentSequence.Seek (n)
  x.Object = x.PersistentSequence.Get().(Object)
  object := x.Object.Clone().(Object)
  object.Clr()
  x.PersistentSequence.Put (object)
  x.Buffer.Ins (n)
  if ! x.Set.Empty() {
    n := x.Set.Get().(internal.Pair).Pos()
```

```
      x.PersistentSequence.Seek (n)
  }
  return x.Object.Clone()
}
```

und hier die Implementierung der Methode `Get` zum Auslesen des aktuellen Objekts:

```
func (x *persistentIndexedSet) Get() any {
  if x.Set.Empty() {
    x.Object.Clr()
    return x.Object
  }
  p := x.Set.Get().(internal.Pair)
  n := p.Pos()
  x.PersistentSequence.Seek (n)
  return x.PersistentSequence.Get().(Object)
}
```

Die Implementierung der anderen Methoden ist trivial; sie beruhen letztlich immer auf dem gleichen Prinzip, über die Schlüsselmenge `set.Set` direkt auf die Objekte in der Datei zuzugreifen.

3.5.11 Graphen

Graphen spielen für viele Anwendungen eine wichtige Rolle; typische Beispiele sind

- U-Bahn- oder Busnetze mit Bahnhöfen bzw. Haltestellen als Knoten und
- den Verbindungen dazwischen als Kanten

oder

- Landkarten mit Städten als Knoten und
- den Straßen dazwischen als Kanten.

Abb. 3.5.11 zeigt ein Beispiel.

Das Mikrouniversum enthält im Paket `gra` den abstrakten Datentyp `Graph`, *Grafen* von Objekten atomarer Datentypen oder vom Typ `Object` (Abb. 3.18).

Die Anzahl der Knoten in Graphen kann – im Rahmen der verfügbaren Speicherressourcen – beliebig groß sein; auch die Anzahl der Kanten ist nicht begrenzt.

Das Thema *„Graphen-Algorithmen"* ist so umfassend, dass es Bücher füllt. Im Graphen-Paket sind einige davon implementiert, z. B.

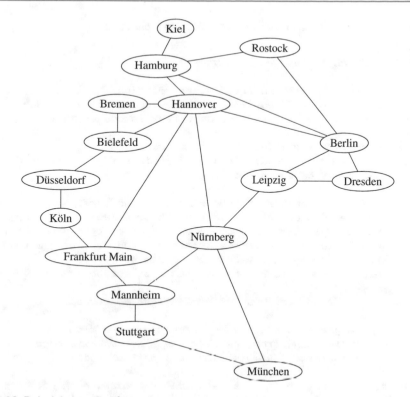

Abb. 3.18 Beispiel eines Graphen

- zur Suche nach der kürzesten Verbindung zwischen zwei Knoten (Hauptzweck von Navigationsgeräten),
- zur Suche nach Kreisen (Ketten von Verbindungen mit gleichem Anfangs- und Endknoten), also auch zur Untersuchung, ob es überhaupt Kreise in einem Graphen gibt,
- zur Suche nach *Euler-Wegen* (Ketten von Verbindungen, die jeden Knoten genau einmal erreichen),
- zur Suche nach minimalen *Spannbäumen* (Teilgraphen aus allen Ecken in Form eines Baumes),

Das Paket wird bei den Projekten

- Robi, der Roboter (Kap. 5),
- Bahn (Kap. 14) und
- Berliner U- und S-Bahn (Kap. 16)

verwendet.

Die Spezifikation ist auch naheliegenden Gründen recht lang:

```
package gra
import (. "µU/obj"; "µU/adj"; "µU/pseq")

// Sets of vertices with an irreflexive relation:
// Two vertices are related, iff they are connected by an edge,
// where there are no loops (i.e. no vertex is connected with
   itself
// by an edge). If the relation is symmetric,
// the graph is called "undirected", if it is strict, "directed"
// (i.e. all edges have a direction).
//
// The edges have a number of type uint as value ("weight");
// either all edges have the value 1 or their value is given by
// the function Val (they have to be atomic or of type Valuator).
// The outgoing edges of a vertex are enumerated (starting with 0);
// the vertex, with which a vertex is connected by its
// n-th outgoing edge, is denoted as its n-th neighbourvertex.
//
// In any graph some vertices and edges might be marked.
//
// A path in a graph is a sequence of vertices and from each
// of those - excluding from the last one - an outgoing edge
// to the next vertex. A simple path is a path of pairwise
   disjoint
// vertices. An Euler path is a path that traverses each edge
// exactly once (it may pass any vertex more than once).
// A cycle is a path with an additional edge
// from the last vertex of the path to its first.
//
// A graph G is (strongly) connected, if for any two vertices
// v, v1 of G there is a path from v to v1 or (and) vice versa;
// so for undirected graphs this is the same.
//
// In any nonempty graph exactly one vertex is distinguished
// as colocal and exactly one as local vertex.
// Each graph has an actual path.

type Graph interface {

  Object
  Persistor

// Returns true, iff x is directed.
  Directed() bool

// Returns the number of vertices of x.
  Num() uint

// Returns the number of edges of x.
```

```
  Num1() uint

// Returns the number of marked vertices of x.
  NumMarked() uint

// Returns the number of marked edges of x.
  NumMarked1() uint

// Pre: p is defined on vertices.
// Returns the number of vertices of x, for which p returns true.
  NumPred (p Pred) uint

// If v is not of the vertextype of x or if v is already contained
// as vertex in x, nothing has happend. Otherwise:
// v is inserted as vertex in x.
// If x was empty, then v is now the colocal and local vertex
   of x,
// otherwise, v is now the local vertex and the former local
   vertex
// is now the colocal vertex of x.
  Ins (v any)

// If x was empty or if the colocal vertex of x coincides
// with the local vertex of x or if e is not of the edgetype of x,
// nothing has happened. Otherwise:
// e is inserted into x as edge from the colocal to the
// local vertex of x (if these two vertices were already connected
// by an edge, that edge is replaced by e).
// For e == nil e is replaced by uint(1).
  Edge (e any)

// If x is empty or has an edgetype or
// if v or v1 is not of the vertextype of x or
// if v or v1 is not contained in x or
// if v and v1 coincide or
// if a is not of the type of the pattern edge of x or
// if there is already an edge from v to v1,
// nothing has happened. Otherwise:
// v is now the colocal and v1 the local vertex of x
// and e is inserted is an edge from v to v1.
  Edge2 (v, v1, e any)

// Returns the representation of x as adjacency matrix.
  Matrix() adj.AdjacencyMatrix

// Pre: m is symmetric iff x is directed.
// x is the graph with the vertices a.Vertex(i) and edges from
// a.Vertex(i) to a.Vertex(k), iff a.Val(i,k) > 0 (i, k < a.Num()).
  SetMatrix (a adj.AdjacencyMatrix)

// Returns true, iff the colocal vertex of x does not
```

```
// coincide with the local vertex of x and there is
// an edge in x from the colocal to the local vertex.
  Edged() bool

// Returns true, iff
// the colocal vertex does not coincide with the local vertex of x
// and there is an edge from the local to the colocal vertex in x.
  CoEdged() bool

// Returns true, iff v is contained as vertex in x.
// In this case v is now the local vertex of x.
// The colocal vertex of x is the same as before.
  Ex (v any) bool

// Returns true, if v and v1 are contained as vertices in x
// and do not coincide. In this case now
// v is the colocal and v1 the local vertex of x.
  Ex2 (v, v1 any) bool

// Pre: p is defined on vertices.
// Returns true, iff there is a vertex in x, for which p returns
// true. In this case some now such vertex is the local
   vertex of x.
// The colocal vertex of x is the same as before.
  ExPred (p Pred) bool

/// Returns true, iff e is contained as edge in x.
// In this case the neighbour vertices of some such edge are now
// the colocal and the local vertex of x (if x is directed,
// the vertex, from which the edge goes out, is the colocal vertex.
  Ex1 (e any) bool

// Pre: p is defined on edges.
// Returns true, iff there is an edge in x, for which p returns
// true. In this case the neighbour vertices of some such edge are
// now the colocal and the local vertex of x (if x is directed,
// the vertex, from which the edge goes out, is the colocal vertex.
  ExPred1 (p Pred) bool

// Pre: p and p1 are defined on vertices.
// Returns true, iff there are two different vertices v and v1
// with p(v) and p(v1). In this case now some vertex v with p(v)
// is the colocal vertex and some vertex v1 with p1(v1)
// is the local vertex of x.
  ExPred2 (p, p1 Pred) bool

// Returns the pattern vertex of x, if x is empty;
// returns otherwise a clone of the local vertex of x.
  Get() any

// Returns a clone of the pattern edge of x, if x is empty
```

```
// or if there is no edge from the colocal vertex to the
// local vertex of x or if these two vertices coincide.
// Returns otherwise a clone of the edge from the
// colocal vertex of x to the local vertex of x.
  Get1() any


// Returns (nil, nil), if x is empty.
// Returns otherwise a pair, consisting of clones
// of the colocal and of the local vertex of x.
  Get2() (any, any)


// If x is empty or if v is not of the vertex type of x,
// nothing has happened. Otherwise:
// The local vertex of x is replaced by v.
  Put (v any)


// If x is empty or if e has no edge type or
// if e is not of the edgetype of x or
// if there is no edge from the colocal to the local vertex of x,
// nothing has happened. Otherwise: The edge from the colocal
// to the local vertex of x is replaced by e.
  Put1 (e any)


// If x is empty or if v or v1 is not of the vertextype of x or
// if the colocal vertex of x coincides with the local vertex,
// nothing had happened. Otherwise:
// The colocal vertex of x is replaced by v
// and the local vertex of x is replaced by v1.
  Put2 (v, v1 any)


// No vertex and no edge in x is marked.
  ClrMarked()


// If x is empty or if v is not of the vertex type of x
// or if v is not contained in x, nothing has happened.
// Otherwise, v is now the local vertex of x and is marked.
// The colocal vertex of x is the same as before.
  Mark (v any)


// If x is empty or if v or v1 is not of the vertex type of x
// or if v or v1 is not contained in x
// or if v and v1 conincide, nothing had happened.
// Otherwise, v is now the colocal and v1 the local vertex of x
// and these two vertices and the edge between them are now marked.
  Mark2 (v, v1 any)


// Returns true, if all vertices and all edges of x are marked.
  AllMarked() bool


// If x is empty, nothing has happened. Otherwise:
// The former local vertex of x and
```

```
// all its outgoing and incoming edges are deleted.
// If x is now not empty, some other vertex is now the local
   vertex
// and coincides with the colocal vertex of x.
// The actual path is empty.
  Del()


// If there was an edge between the colocal and
// the local vertex of x, it is now deleted from x.
  Del1()


// Returns true, iff x is empty or
// if the colocal vertex coincides with the local vertex of x or
// if there is a path from the colocal to the local vertex in x.
  Conn() bool


// Pre: p is defined on vertices.
// Returns true, iff x is empty or
// the colocal vertex coincides with the local vertex of x or if p
// returns true for the local vertex and there is a path from the
// colocal vertex of x to the local vertex, that contains - apart
// from the colocal vertex - only vertices, for which p returns
   true. ConnCond (p Pred) bool


// If x is empty, nothing had happened. Otherwise:
// If there is a path from the colocal to the local vertex of x,
// the actual path of x is a shortest such path
// (shortest w.r.t. the sum of the values of its edges,
// hence, if x has no edgetype, w.r.t. their number).
// If there is no path from the colocal to the local vertex of x,
// the actual path consists only of the colocal vertex.
// The marked vertices and edges of x are
// the vertices and edges in the actual path of x.
  FindShortestPath()


// Pre: p is defined on vertices.
// If x is empty, nothing had happened. Otherwise:
// If p returns true for the local vertex and there is a path from
// the colocal to the local vertex of x, that contains - apart
   from
// the colocal vertex - only vertices, for which p returns true,
// the actual path of x is a shortest such path
// w.r.t. the sum of the values of its edges
// (hence, if x has no edgetype, w.r.t. their number).
// Otherwise the actual path consists only of the colocal vertex.
// The marked vertices and edges of x are
// the vertices and edges in the actual path of x.
  FindShortestPathPred (p Pred)


// Pre: Act or ActPred was called before.
// Returns the slice of the vertices of the actual path.
```

```
  ShortestPath() []any
```

```
// Returns the sum of the values of all edges of x
// (hence, if x has no edgetype, the number of the edges of x).
  Len() uint
```

```
// Returns the sum of the values of all marked edges in x
// (hence, if x has no edgetype, the number of the marked edges).
  LenMarked() uint
```

```
// Returns 0, if x is empty.
// Returns otherwise the number of the outgoing edges
// of the local vertex of x.
  NumNeighboursOut() uint
```

```
// Returns 0, if x is empty.
// Returns otherwise the number of the incoming edges
// to the local vertex of x.
  NumNeighboursIn() uint
```

```
// Returns 0, if x is empty.
// Returns otherwise the number of all edges
// of the local vertex of x.
  NumNeighbours() uint
```

```
// If x is not directed, nothing had happened. Otherwise:
// The directions of all edges of x are reversed.
  Inv()
```

```
// If x is not directed, nothing had happened. Otherwise:
// The directions of all outgoing and incoming edges
// of the local vertex of x are reversed.
  InvLoc()
```

```
// If x is empty, nothing had happened. Otherwise:
// The local and the colocal vertex of x are exchanged.
// The actual path of x consists only of the colocal vertex of x.
// The only marked is the colocal vertex; no edges are marked.
  Relocate()
```

```
// If x is empty, nothing had happened. Otherwise:
// The colocal vertex of x coincides with the local vertex of x,
// where for f == true that is the vertex, that was the former
   local
// vertex of x, and for !f the vertex, that was the former colocal
// vertex of x. The actual path of x consists only of this vertex.
// The only marked vertex is this vertex; no edges are marked.
  Locate (f bool)
```

```
// Returns true, iff x is empty or the local vertex of x
// coincides with the colocal vertex of x.
```

```
  Located() bool
```

```
// If x is empty, nothing had happened. Otherwise:
// The local and the colocal vertex of x are exchanged;
// the actual path is not changed and
// the marked vertices and edges are unaffected.
  Colocate()
```

```
// If x is empty or directed, nothing has happened.
// Otherwise the actual path of x is inverted, particularly
// the local and the colocal vertex of x are exchanged.
// The marked vertices and edges are unaffected.
  InvertPath()
```

```
// If x is empty or if i >= number of vertices outgoing
// from the local vertex nothing had happened. Otherwise:
// For f: The i-th neighbour vertex of the last vertex of the
//        actual path of x is appended to it as new last vertex.
// For !f: The last vertex of the actual path of x is deleted
//         from it, if it had not only one vertex
//         (i does not play any role in this case).
// The last vertex of the actual path of x is the local
   vertex of x
// and vertices and edges in x are marked,
// if the belong to its actual path.
  Step (i uint, f bool)
```

```
// Returns false, if x is empty or if i >= NumNeighbours();
// returns otherwise true, iff the edge to the i-th neighbour
// of the local vertex is an outgoing edge.
  Outgoing (i uint) bool
```

```
// Returns nil, if x is empty or if i >= NumNeighboursOut();
// returns otherwise a clone of the i-th outgoing neighbour
// of the local vertex.
  NeighbourOut (i uint) any
```

```
// Returns false, if x is empty or if i >= NumNeighbours();
// returns otherwise true, iff the edge to the i-th neighbour
// of the local vertex is an incoming one.
  Incoming (i uint) bool
```

```
// Returns nil, if x is empty or if i >= NumNeighboursIn();
// returns otherwise a copy of the its i-th incoming neighbour
// of the local vertex.
  NeighbourIn (i uint) any
```

```
// Returns nil, if x is empty or if i >= NumNeighbours();
// returns otherwise a clone of its i-th neighbour vertex
// of the local vertex of x.
  Neighbour (i uint) any
```

```
// Pre: p is defined on vertices.
// Returns true, if x is empty or
// if p returns true for all vertices of x.
  True (p Pred) bool

// Pre: p is defined on vertices.
// Returns true, iff x is empty or
// if p returns true for all marked vertices in x.
  TrueMarked (p Pred) bool

// Pre: o is defined on vertices.
// o is applied to all vertices of x.
// The colocal and the local vertex of x are the same as before;
// the marked vertices and edges are unaffected.
  Trav (o Op)

// Pre: o is defined on vertices.
// o is applied to all vertices of x, where
// o is called with 2nd parameter "true", iff
// the corresponding vertex is marked.
// Colocal and local vertex of x are the same as before;
// The marked edges are unaffected.
  TravCond (o CondOp)

// Pre: o is defined on edges.
// If x has no edgetype, nothing had happened. Otherwise:
// o is applied to all edges of x.
// Colocal and local vertex of x are the same as before;
// the marked vertices and edges are unaffected.
  Trav1 (o Op)

// Pre: o is defined on edges.
// If x has no edgetype, nothing had happened. Otherwise:
// o is applied to all edges of x with 2nd parameter "true",
// iff the correspoding edge is marked.
// Colocal and local vertex of x are the same as before;
// the marked vertices and edges are unaffected.
  Trav1Cond (o CondOp)

// Pre: o is defined on edges.
// If x has no edgetype, nothing had happened. Otherwise:
// o is applied to all edges of the local vertex of x.
  Trav1Loc (o Op)

// Pre: o is defined on edges.
// If x has no edgetype, nothing had happened. Otherwise:
// o is applied to all edges of the colocal vertex of x.
  Trav1Coloc (o Op)

// Returns nil, if x is empty.
```

```
// Returns otherwise the graph consisting of the local
// vertex of x, all its neighbour vertices and of all edges
// outgoing from it and incoming to it.
// The local vertex of x is the local vertex of the star.
// It is the only marked vertex in the star;
// all edges in the star are marked.
  Star() Graph


// Returns true, iff there are no cycles in x.
  Acyclic() bool


// If x is empty, nothing has happened. Otherwise:
// The following equivalence relation is defined on x:
// Two vertices v and v1 of x are equivalent, iff there is
// a path in x from v to v1 and vice versa (hence the set of
// equivalence classes is a directed graph without cycles).
  Isolate()


// Exactly those vertices in x are marked, that are equivalent
// to the local vertex and of exactly all edges between them.
// No edges in x are marked.
  IsolateMarked()


// Returns true, iff x is not empty and
// if the local and the colocal vertex of x are equivalent,
// i.e. for both of them there is a path in x to the other one.
  Equiv() bool


// Returns false, if x is not totally connected.
// Returns otherwise true, iff there is an Euler path or
  cycle in x.
  Euler() bool


// If x is directed, nothing has happened. Otherwise:
// Exactly those vertices and edges in x are marked,
// that build a minimal spanning tree in the connected component
// containing the colocal vertex
// (minimal w.r.t. the values of the sum of its edges;
// hence, if x has no edgetype, w.r.t. the number of its vertices)
// The actual path is not changed.
  MST()


// If x is empty or undirected or
// if x is directed and has cycles, nothing has happened.
// Otherwise: The vertices of x are ordered s.t. at each
  subsequent
// traversal of x each vertex with outgoing edges is always
// handled before the vertices, at which those edges come in.
  Sort()


// Pre: x is directed, iff all graphs y are directed.
```

```
// x consists of all vertices and edges of x before
// and of all graphs y. Thereby all marks of y are overtaken.
  Add (y ...Graph)

// Pre: wv is defined on vertices and we on edges.
// wv and we are the actual write functions
// for the vertices and edges of x.
  SetWrite (wv, we CondOp)

// Returns the write functions for the vertices and edges of x.
  Writes() (CondOp, CondOp)

// x is written on the screen by means of the actual write
   functions.
  Write()

// Pre: x.Name was called.
// Returns the corresponding file.
  File() pseq.PersistentSequence

// Pre: x.Name was called.
// x is loaded from the corresponding file.
  Load()

// Pre: x.Name was called.
// x is stored in the corresponding file.
  Store()
}

// Pre: v is atomic or imlements Object.
//      e == nil or e is of type uint or implements Valuator;
// Returns an empty graph. This graph is directed, iff d
// (i.e. otherwise undirected). v is the pattern vertex of x
// defining the vertex type of x. For e == nil, e is replaced
// by uint(1) and all edges of x have the value 1. Otherwise
// e is the pattern edge of x defining the edgetype of x.
func New (d bool, v, e any) Graph { return new_(d,v,e) }
```

Die Repräsentation des abstrakten Datentyps Graph und der Konstruktor sind recht kompliziert:

```
package gra
import ("μU/ker"; . "μU/obj"; "μU/kbd"; "μU/pseq")
```

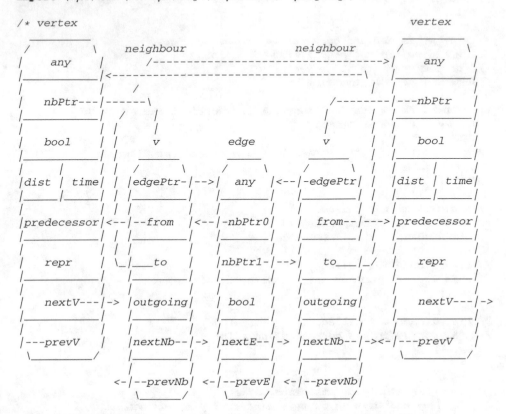

The vertices of a graph are represented by structs, whose field
"any" represents the "real" vertex. All vertices are connected
in a doubly linked list with anchor cell, that can be traversed
to execute some operation on all vertices of the graph.

The edges are also represented by structs, whose field "any"
is a variable of a type that implements Valuator. Also all edges
are connected in a doubly linked list with anchor cell.

For a vertex v one finds all outgoing and incoming edges with
the help of a further doubly linked ringlist of neighbours
   nb1 = v.nbPtr, nb2 = v.nbPtr.nextNb,
   nb3 = v.nbPtr.nextNb.nextNb etc.
by the links outgoing from the nbi (i = 1, 2, 3, ...)
   nb1.edgePtr, nb2.edgePtr, nb3.edgePtr etc.
In directed graphs the edges outgoing from a vertex are exactly
those ones in the neighbourlist, for which outgoing == true.

For an edge e one finds its two vertices by the links
   e.nbPtr0.from = e.nbPtr1.to und e.nbPtr0.to = e.nbPtr1.from.

```
    Semantics of some variables, that are hidden in fields of vAnchor:
       vAnchor.time0: in that the "time"
                      is incremented for each search step
       vAnchor.acyclic: (after call of search1) == true
                      iff graph has no cycles. */
const (
  suffix = "gra"
  inf = uint32(1<<32 - 1)
)
type (
  vertex struct {
    any "content of the vertex"
    nbPtr *neighbour
    bool "marked"
    acyclic bool // for the development of design patterns by clients
    dist, // for breadth first search/Dijkstra and use in En/Decode
    time0, time1 uint32 // for applications of depth first search
    predecessor,//for back pointers in depth first search and in ways
    repr, // for the computation of connected components
    nextV, prevV *vertex
  }

  vCell struct {
    vPtr *vertex
    next *vCell
  }

  edge struct {
    any "attribute of the edge"
    nbPtr0, nbPtr1 *neighbour
    bool "marked"
    nextE, prevE *edge
  }

  neighbour struct {
    edgePtr *edge
    from, to *vertex
    outgoing bool
    nextNb, prevNb *neighbour
  }

  graph struct {
    name,
    filename string
    file pseq.PersistentSequence
    bool "directed"
    nVertices, nEdges uint32
    vAnchor, colocal, local *vertex
    eAnchor *edge
    path []*vertex
    eulerPath []*neighbour
```

```
          demo Demoset
          writeV, writeE CondOp
      }
  )
  type
      nSeq []*neighbour

  func newVertex (a any) *vertex {
      v := new(vertex)
      v.any = Clone(a)
      v.time1 = inf // for applications of depth first search
      v.dist = inf
      v.repr = v
      v.nextV, v.prevV = v, v
      return v
  }

  func newEdge (a any) *edge {
      e := new(edge)
      e.any = Clone(a)
      e.nextE, e.prevE = e, e
      return e
  }

  func new_(d bool, v, e any) Graph {
      CheckAtomicOrObject(v)
      x := new(graph)
      x.bool = d
      x.vAnchor = newVertex(v)
      if e == nil {
          e = uint(1)
      }
      CheckUintOrValuator (e)
      x.eAnchor = newEdge (e)
      x.colocal, x.local = x.vAnchor, x.vAnchor
      x.writeV, x.writeE = CondIgnore, CondIgnore
      return x
  }
```

Auch die angedeuteten Algorithmen sind sehr aufwendig; ihre Darstellung ginge weit über den Zweck dieses Buches hinaus.

3.6   Weitere Datentypen aus dem Mikrouniversum

Viele Pakete aus dem Mikrouniversum sind in diesem Buch nicht vorgestellt; dazu gehören diejenigen,

- die *Zahltypen* (natürliche, ganze, rationale und reelle Zahlen), Zahlen beliebiger Genauigkeit, *mathematische Terme* sowie *Vektoren* und *Matrizen* realisieren,

- die „Allerweltstypen" wie *kurze Zeichenketten, Kalenderdaten, Uhrzeiten, Geldbeträge* und *Nationen* bereitstellen,
- die zwei- und dreidimensionale *Figuren* behandeln, die für Graphikprogramme – auch mit dem Einsatz von OpenGL – gebraucht werden,
- die sich mit *Graphen* und ihren *Ecken* und *Kanten* befassen,
- die für die *Synchronisation nebenläufiger Prozesse,* die auf gemeinsame Ressourcen zugreifen, notwendig sind.

Die beiden letzten Punkte sind in meinem Lehrbuch [1] über *Nichtsequentielle und Verteilte Programmierung* ausführlich behandelt.

Literatur

1. Maurer, Ch.: Nichtsequentielle und Verteilte Programmierung mit Go. Springer Vieweg 2019. https://www.doi.org/10.1007/978-3-658-26290-7
2. Adelson-Velski, G. M., Landis, J. M.: An algorithm for the organization of information. Soviet Mathematics 3 (1962) 1259–1263. Englische Übersetzung der russischen Originalarbeit von Ricci, M. J.: http://monet.skku.ac.kr/course_materials/undergraduate/al/lecture/2006/avl.pdf
3. Bresenham, J.E.: Algorithm for computer control of a digital plotter. IBM Systems Journal 4, 25–30 (1965)
4. Bayer, R., McCreight, E. M.: Organization and Maintenance of Large Ordered Indices. Proceedings of the 1970 ACM SIGFIDET (now SIGMOD) Workshop on Data Description, Access and Control (1970) 107–141. https://www.doi.org/10.1145/1734663.1734671

Teil II
Die Projekte

Allgemeines

4

Zusammenfassung

In diesem Kapitel wird erläutert, was wir unter einem *Lehrprojekt* verstehen und worauf in ihnen bei der Arbeit in den Phasen des Softwarelebenszyklus zu achten ist.

Programming is always extending a given system.

Niklaus Wirth
From Modula to Oberon,
Software–Practice and Experience 18 (1988), 661–670

Alle Projekte werden im Prinzip nach dem Schema gegliedert, das im ersten Kapitel vorgegeben ist:

- Systemanalyse
- Systemarchitektur
- Benutzerhandbuch
- Konstruktion

Voraussetzung für die Installation der Lehrprojekte ist die Installation von Go und vom Mikrouniversum.

Hinweise zur Installation von Go finden Sie im Netz unter https://maurer-berlin.eu/go.

Das Mikrouniversum erhalten Sie, indem Sie von Ihrem Heimatverzeichnis aus die Datei μU.tgz von der Seite https://maurer-berlin.eu/mU herunterladen, sie mit

```
mv µU.tgz go/src
```

in das Unterverzeichnis `go/src` Ihres Heimatverzeichnisses verschieben, mit

$$\text{cd go/src}$$

dorthin gehen, das Mikrouniversum mit

$$\text{tar xfzv } \mu\text{U.tgz}$$

auspacken und es mit

$$\text{go install } \mu$$

installieren. Mit dem Aufruf „μU" können Sie überprüfen, ob alles funktioniert hat.

Wenn `abc` eine Programmbibliothek im Verzeichnis `$HOME/go/src/abc`, legt jedes Programm aus dieser Bibliothek seine Daten in diesem Verzeichnis ab. Damit ist sichergestellt, dass Benutzer/innen mit jedem Aufruf eines dieser Programme ihre eigenen Daten verwalten.

Die *Quelltexte* der Projekte sind im Netz bei https://maurer-berlin.eu/obpbuch/2 in der Datei `o2.tgz` abgelegt. Wenn Sie von Ihrem Heimatverzeichnis aus diese Datei heruntergeladen haben, verschieben Sie sie mit

$$\text{mv o2.tgz go/src}$$

in das Unterverzeichnis `go/src`, gehen mit dem Befehl `cd go/src` dorthin und installieren sie mit

$$\text{tar xfzv o2.tgz.}$$

Damit werden die Unterverzeichnisse `rob`, `robi`, `robtest`, `todo`, `life`, `regtest`, `epen`, `mini`, `bücher`, `inferno`, `lsys`, `bahn`, `rfig` und `bus` erzeugt, in denen die Quelltexte der jeweiligen Projekte untergebracht sind.

4.1   Lehrprojekte

Unter einem *Lehrprojekt* verstehen wir ein kleines Projekt, das zu Ausbildungszwecken in einer Schule oder Universität entwickelt wird,

Zwischen der *kommerziellen Entwicklung* eines IT-Systems und einem Lehrprojekt gibt es *grundsätzliche Unterschiede*. Sie bestehen im Wesentlichen darin, dass

- keine reale „Marktsituation", sondern der Charakter einer Lehr- und Lernsituation herrscht,
- die Teilnehmer folglich mehr Gestaltungsspielraum haben,
- nur Vorerfahrungen beim Programmieren im Kleinen verfügbar sind,

- die Teilnehmer in problematischen – im Grunde unverträglichen – Mehrfachrollen arbeiten, deren Aufgaben in der kommerziellen Situation durch unterschiedliche Personen wahrgenommen werden, und zwar als
  - Lernende (mit begrenzten und in der Regel noch nicht stabilisierten Kenntnissen),
  - Systemanalytiker,
  - Systemarchitekten,
  - Konstrukteure und
  - Endabnehmer oder Benutzer,
- ein widersprüchliches Spannungsfeld besteht zwischen
  - notwendiger Komplexität zum Studium typischer Probleme der Programmierung im Größeren und
  - hinreichender didaktischer Reduktion,
- die Größe eines Lehrprojekts wegen begrenzter zeitlicher Ressourcen um Größenordnungen unter eines kommerziellen Projekts liegt und
- eine Erweiterung der Entwicklungskapazitäten (z. B. durch Überstunden oder den Einsatz weiterer Mitarbeiter) ausgeschlossen ist.

Für die Leitung eines Lehrprojekts ergeben sich daraus folgende Thesen:

- Die Themenstellung darf nicht umfassender sein als die detaillierte Untersuchung einer Teilaufgabe in der Systemanalyse.
- Die Benutzerhandbuch darf nicht zur Festlegung der vielen interessanten Ideen ausarten, die nicht zu schaffen sind.
- Die Spezifikationen dürfen nicht weniger rigide sein, als es die Teilnehmer beim Programmieren im Kleinen gelernt haben.
- Die Implementierungen müssen auf der Basis der Vorkenntnisse der Teilnehmer möglich sein.
- Die Projektleitung muss die Aufgabenstellung *soweit* eingrenzen, dass sie die Machbarkeit des Vorhabens garantieren kann, d. h., dass
  - sie das „Projekt" vorher schon mindestens als Prototyp, der die wesentlichen Aspekte umfasst, „am Laufen" haben und
  - sich die Arbeit *in wesentlichen Teilen* auf Vorhandenes stützen kann und
  - dabei sichergestellt ist, dass die Teilnehmer diese Teile in *dem* Maße beherrschen, wie es für die Arbeit notwendig ist.

Es ist unabdingbar, dass die Teilnehmer stets über eine gründliche Kenntnis aller vorliegenden Teilergebnisse verfügen: Es zeigt sich bei Lehrprojekten immer wieder, dass plötzlich eigene Wege verfolgt werden, die nicht den Festlegungen frühere Phasen entsprechen.

4.1.1 Systemanalyse

Der Aufwand für die Systemanalyse sollte in der Regel in engen Grenzen gehalten werden: Die Zeit für die tiefere Erarbeitung von Spezialwissen ist nicht vorhanden und der Schwerpunkt der Arbeit in einem Lehrprojekt sollte bei *informatischen* Fragestellungen liegen; auch wenn fachübergreifende oder fächerverbindende Aspekte eine Rolle spielen. Die Systemanalyse kann in einem Lehrprojekt daher nur als Sachanalyse einer didaktisch reduzierten Themenstellung begriffen werden.

Zur Vermeidung langwieriger und wenig fruchtbarer Diskussionen über in Frage kommende Projektthemen sollte das Thema – ggf. aus einer gut vorbereiteten Auswahl – vorgegeben werden, so dass sich der Gestaltungsspielraum der Teilnehmer auf die Analyse einiger Objektklassen und die Ausarbeitung geeigneter Teilaspekte der Aufgabenstellung konzentriert.

Auf jeden Fall sollte nicht nur die Behandlung eines neuen Themas, sondern immer auch die Weiterentwicklung eines vorhandenen, gut dokumentierten Systems ins Auge gefasst werden, weil sich viele der angesprochenen Probleme dadurch auf eine recht natürliche Weise erledigen.

Bei der Arbeit in dieser ersten Phase ist bei Anfängern aufgrund ihrer fehlenden Erfahrung immer wieder eine deutliche Tendenz zur Unterschätzung der Komplexität der zu bewältigenden Probleme zu beobachten, was dazu führt, dass ihre Erwartungen an die Größenordnung des Erreichbaren selten realistisch sind.

Die Projektleitung ist daher für die Abschätzung des Volumens der anfallenden Arbeit und damit für die Kalkulation der zeitlichen und personellen Ressourcen und deren Einhaltung verantwortlich. Die Einplanung unumgänglicher Einschränkungen gehört auch zu ihren Aufgaben, da der Durchblick auf mögliche Folgeprobleme von Anfängern nicht erwartet werden kann. Sie muss entsprechende Überlegungen im Vorfeld der Untersuchung geeigneter Themenstellungen anstellen und dafür sorgen, dass sie bei der Aufgabenstellung berücksichtigt werden.

Daher muss sie zwingend

- prinzipiell geeignete Themen bereits im Vorfeld der Arbeit auf ihre Brauchbarkeit für ein Lehrprojekt hin gründlich untersuchen,
- die Komplexität des Themas auf die vorauszusetzenden Kenntnisse der Teilnehmer abstimmen,
- letztlich die Auswahl des Themas festsetzen,
- die Details der Aufgabenstellung stark lenkend moderieren,
- in angemessenem Umfang ausgewählte Teile – vollständig implementiert und dokumentiert – zur Verfügung stellen, um die Teilnehmer nicht jedes Mal „das Rad neu erfinden" zu lassen,
- die Benutzung dieser Teile systematisch trainieren,

- sich während der Systemanalyse laufend über die Auswirkungen von Vorschlägen der Teilnehmer Klarheit verschaffen – ggf. durch prototypisches Arbeiten an Entwurf und Realisierung.

Neben der Forderung nach einer angemessenen Überschaubarkeit des Themas (kleines Thema, noch kleineres Thema, noch kleiner, noch viel kleiner, noch kleiner) ist eine gewisse Mindestkomplexität unverzichtbar, um für die Softwaretechnik typische Prinzipien und Methoden aufzuzeigen und Einsicht in ihre Notwendigkeit zu vermitteln:

- Einbeziehung einer über mindestens drei Ebenen verschachtelten Struktur der beteiligten Objekte, die an mindestens einer Stelle verzweigt ist, um eine nichttriviale Tiefe und Verzweigung in der Systemarchitektur zu erreichen,
- beispielhafte Erstellung von wiederverwendbaren Komponenten, die auch für andere Zwecke einsetzbar sind, sowie
- Berücksichtigung der Möglichkeit alternativer Implementierungen bestimmter Komponenten.

4.1.2 Systemarchitektur

Zu dieser Phase gibt es keine spezifischen Besonderheiten von Lehrprojekten, die über das hinausgehen, was dazu im entsprechenden Kap. 1.1 2 postuliert ist.

Der für Anfänger erfahrungsgemäß sehr schwierigen Frage nach dem Einstieg in die *eigentliche Programmiertätigkeit* erledigt sich in dieser Phase, weil es sich bei der Arbeit zeigt, wie *verblüffend einfach* sich die Systemarchitektur des Systems aus einer Systemanalyse ergibt, die sich streng *an den Objekten eines Systems* orientiert.

4.1.3 Benutzerhandbuch

Die Überlegungen dazu, wie sich das geplante System den Benutzern darstellen soll, insbesondere auch Fragen einer ergonomischen Bedienung, sind mühselig und zeitaufwendig; sie werden häufig kontrovers diskutiert und ihre Notwendigkeit wird zu Beginn der Arbeit nicht immer eingesehen.

4.1.4 Konstruktion

Zwingend ist die für jede verwendete Komponente die Angabe der Semantik der Datenobjekte und die vollständige und widerspruchsfreie Spezifikation aller Zugriffsoperationen

sie werden häufig kontrovers diskutiert unter Angabe aller Voraussetzungen und Effekte. In der Regel reichen dazu saubere umgangssprachliche Formulierungen.

Die Implementierungen der Repräsentation der Datentypen und der Zugriffsoperationen in den Komponenten beruht auf den bei der Programmierung im Kleinen erworbenen Kenntnissen, die ggf. durch Studium der einschlägigen Literatur zu ergänzen oder erweitern sind. Das dient nebenbei der Sicherung und der exemplarischen Vertiefung der entsprechenden Fertigkeiten und Fähigkeiten.

Wenn sich bei der Implementierung einer Komponente Entwurfsfehler zeigen (meist in Form von Unvollständigkeiten oder mangelnder Eindeutigkeit in ihrer Spezifikation) wird die Spezifikation im Einvernehmen mit allen beteiligten Klienten – auf jeden Fall nur nach Rücksprache mit der Projektleitung – korrigiert und ihre Implementierung den Änderungen angepasst.

Voraussetzung für die Systemintegration ist natürlich der systematische Test der entwickelten Komponenten Bestandteil der Konstruktion.

Robi, der Roboter

5

Zusammenfassung

Das hier vorgestellte Programm wurde in der Lehrerweiterbildung Informatik an der Freien Universität Berlin zu Beginn der Vorlesung über imperative und objektorientierte Programmierung eingesetzt, um den Übergang vom funktionalen zum imperativen Paradigma möglichst gleitend durchzuführen – über die Grundidee der *variablenfreien Programmierung*.

weiterlaufen:
Wenn noch nicht am Rand der Welt, dann
einen Platz weiter laufen und
weiterlaufen

Bei der Robisprache handelt es sich um eine sehr einfache Sprache, die geeignet ist, die Grundkonzepte der imperativen Programmierung zu entwickeln.

Die Bedeutung dieses Konzepts liegt in der

- *variablenfreien Einführung in die strukturierte Programmierung*:
  - unter Verzicht auf jedwede barocke Eigenschaft irgendeiner imperativen Sprache (d. h. im Prinzip ohne definitive Festlegung auf ein bestimmtes Sprachparadigma);
  - daher leicht erlernbar, aber trotzdem sofort im Zentrum von Informatik, d. h. der Behandlung typischer informatischer Problemstellungen,
  - mit einer Fülle möglicher Aufgaben, die auch mit „Bleistift und Papier" lösbar sind;

- der Rechnereinsatz beschränkt sich auf das „Experiment" zur Bestätigung oder Widerlegung von Thesen,
- die Arbeit am Rechner besteht daher nur aus zeitlich kurzen Abschnitten.
- *Spezifikation von Methoden/Funktionen:*
  - präzise Angabe (in Form statischer Zustandsbeschreibungen) der *Voraussetzungen* an ihren Aufruf und der *Effekte* nach ihrer Ausführung;
- *Rekursion:*
  - als einem zentralen Sprachmittel jeder Programmiersprache (neben Sequenz und Fallunterscheidung),
  - vor der Einführung der Iteration, d. h. der Behandlung der verschiedenen Schleifentypen (vorprüfend, nachprüfend, zählend);
- Einführung von *Parametern* in Methoden/Funktionen:
- Vorstellung des *Komponentenbegriffs:*
  - zur Nutzung von Leistungen nur über ihre Spezifikation nach dem *Geheimnisprinzip,* d. h. ohne Offenlegung ihrer Implementierung,
  - hier am Beispiel der Programmiersprache Go, die aufgrund der Möglichkeit der *strikten textuellen Trennung* von Spezifikation und Implementierung dafür hervorragend geeignet ist;
- *Tiefensuche:*
  - im Zusammenhang mit Algorithmen zur Rückverfolgung (Backtracking).

5.1   Systemanalyse

Robi ist ein „Roboter", der in einer rechteckigen Welt aus schachbrettförmig angeordneten Plätzen „lebt". Er steht immer auf einem der Plätze und schaut in eine der vier *Himmelsrichtungen.* Robi kann sich *um 90 Grad* nach *links* oder *rechts drehen, einen Schritt* (d. h. einen Platz weiter) in die Richtung *laufen,* in die er schaut (sofern er nicht schon vor dem Rand seiner Welt steht). Daher ist im Prinzip jeder Platz der Welt für ihn erreichbar (Ausnahme s. u.).

Auf jedem Platz können ein oder mehrere *Klötze* liegen. Robi hat eine Tasche mit Klötzen bei sich. Er kann auf jeden Platz, auf dem er steht, aus seiner Tasche einen Klotz auf den Platz *legen* (solange er noch Klötze hat) oder von jedem Platz, auf dem er steht, einen Klotz *wegnehmen* und in seine Tasche stecken (solange dort noch einer liegt). Er ist folglich in der Lage, beliebige Plätze der Welt (im Rahmen seiner verfügbaren Klötze) mit Klötzen zu belegen.

Robi kann Plätze *markieren* und die Markierungen auch wieder *entfernen,* sodass er in der Lage ist, sich zu merken, wo er schon gewesen ist. Damit kann er gezielt suchen (*Tiefensuche!*). Robi kann auch Plätze *zumauern,* so dass sie nicht mehr betretbar sind. und die Mauern auch wieder *entfernen,*

Außerdem kann Robi auch Klötze *weiterschieben* (wenn der Platz dahinter leer ist). Man kann daher Robi auch *Sokoban* spielen lassen; vorausgesetzt, man hat sich entsprechende Welten ausgedacht und mit dem *Robieditor* (siehe unten) erschaffen.

Das Problem besteht darin, Robi nach bestimmten Regeln programmgesteuert in dieser Klotzwelt herumlaufen und nach gewissen Grundsätzen Klötze ablegen, aufnehmen, verschieben oder zählen zu lassen oder Plätze zu sperren, indem er sie zumauert.

Da dem Einfallsreichtum für die Erfindung von Aufgaben, die Robi lösen soll, und für Regeln, die er dabei anwenden muss, keine Grenzen gesetzt sind, ergibt sich ein unerschöpfliches Aufgabenfeld, das sowohl als Motivation für den Einstieg in unterschiedlichste Aspekte der Informatik als auch für die Einführung anspruchsvoller Konzepte hervorragend geeignet ist.

5.2 Die Robisprache

Die Robisprache besteht aus

- *Anweisungen*
  - `LinksDrehen`
  - `RechtsDrehen`
  - `Laufen`
  - `Zurücklaufen`
  - `Aufnehmen`
  - `Ablegen`
  - `Schieben`
  - `Markieren`
  - `Entmarkieren`
  - `Zumauern`
  - `Entmauern`
- *Prädikaten*
  - `InLinkerObererEcke`
  - `VorRand`
  - `Leer`
  - `NachbarLeer`
  - `HatKlötze`
  - `Markiert`
  - `NachbarMarkiert`
  - `VorMauer`
- und einer *Zählfunktion*
  - `AnzahlKlötze`

sowie aus *zusammengesetzen Anweisungen*

- *Sequenzen* ... ; ...
- *Fallunterscheidungen* if ... { ... } else { ... }

5.3   Systemarchitektur

Sie ist sehr flach, es gibt nur *einen* abstrakten Datentyp, den `Roboter`, und das abstrakte Datenobjekt im Paket `robi`.

5.4   Benutzerhandbuch

Es gibt die drei oben erwähnten Programme, die im folgenden vorgestellt werden.

5.4.1   Der Robieditor

Mit dem Programm `robiedit` kann eine neue Roboterwelt erzeugt und eine vorhandene verändert werden. Der Name der Welt kann dem Programmaufruf als Parameter mitgegeben werden; ohne Parameter erhält sie den Namen „Welt" (die Weltdateien haben das Suffix `.rob`). Robis *Platz* und seine *Richtung* sind an der Richtung der Figur ersichtlich. Robi führt beim Druck auf eine *Kommandotaste* folgende Aktionen aus:

- Pfeiltaste ↑, ↓, ← oder →: Ist das die Taste in seiner Blickrichtung, *läuft* er einen Platz weiter, sonst verändert er seine *Blickrichtung* in Pfeilrichtung. Vorher muss geprüft werden, ob er vor dem Rand der Welt steht und ob der Platz vor ihm zugemauert ist.
- Einfügetaste Einfg: Wenn Robi noch einen Klotz seiner Tasche hat, legt er einen Klotz auf seinen Platz.
- Entfernungstaste Entf: Wenn auf Robis Platz ein Klotz liegt, nimmt er ihn auf und steckt ihn in seine Tasche.
- Eingabetaste ◄┘ : Wenn auf dem Platz vor Robi ein Klotz liegt und der Platz dahinter frei ist, schiebt er den Klotz auf diesen Platz und stellt sich dort hin.
- Rücktaste ◄— : Die jeweils letzte Aktion wird wieder rückgängig gemacht.
- Anfangstaste Pos1: Wenn der Platz vor Robi frei ist, mauert er seinen Platz zu und stellt sich auf diesen Platz.
- Endetaste Ende: Wenn auf dem Platz vor Robi eine Mauer steht, reißt er sie ein und stellt sich auf diesen Platz.
- Taste F5: Robi markiert seinen Platz.

- Tabulatortaste ⇆: Wenn der Platz, auf den der Mauszeiger zeigt, frei ist, wird dort ein Roboter hingestellt; wenn dort ein Roboter steht, wird er von der Welt entfernt.
- Taste F6: Wenn Robis Platz markiert ist, wird die Markierung entfernt.
- Hilfetaste F1: Die Tastenbelegung zur Steuerung wird angezeigt.
- Abbruchtaste Esc: Das Programm wird beendet. (Robis Welt ist in ihrem aktuellen Zustand beim nächsten Programmlauf unter dem gleichen Namen wieder verfügbar).

5.4.2   Das Robi-Protokoll

Das Programm `robiprog`:

- Bedienung wie `robiedit`, darüberhinaus
- wird ein *Protokoll* in Form einer Programmdatei erzeugt, d. h. alle Editierschritte sind in Form eines Quelltextes für ein Go-Programm protokolliert, Dabei ist darauf zu achten, dass das erzeugte Programm mit dem gleichen Zustand der Welt gestartet wird, mit dem `Robiprog` gestartet wurde (denn mit `Robiprog` wurde diese Welt ja verändert).

5.4.3   Robi-Sokoban

Das Programm `robisoko`:

- Bedienung: stark vereinfachte Version von `Robiedit`, geeignet zum Sokoban-Spielen (= in einer Welt wie z. B. *Sokoban1* alle Klötze auf die (gleich vielen) markierten Plätze schieben).

5.4.4   Roboterrennen

Im Programm `robrennen` rennen soviele Roboter zwei „Runden" um die Wette, wie dem Progrmmaufruf als Parameter mitgegeben wurde (mindestens 2, höchstens 24). Dabei muss solange die ↵-Taste gedrückt gehalten werden, bis das Rennen beendet ist.

5.4.5   Allgemeine Vorgehensweise

- Ein *Robi-Programm,* d. h. ein Programm unter Benutzung des Pakets `robi`, wird *geschrieben,*
- es wird mit dem Aufruf „`go install`" *übersetzt* und *gebunden,*
- mit der Eingabetaste ↵ schrittweise *ausgeführt,*

- mit der Abbruchtaste Esc *beendet,*
- und in Problemfällen mit der Kombination Strg C *abgebrochen.*

5.5   Konstruktion

Hier die Spezifikation des Roboter-Pakets `rob`:

package rob

```
/* Verwaltet Roboter, die in einer rechteckigen Welt
   aus schachbrettförmig angeordneten Plätzen leben.
   Die Welt ist 24 Plätze breit und hoch. Auf den Plätzen
   können Klötze liegen oder sie können zugemauert sein.

   Jeder Roboter steht immer auf einem der Plätze, der als
   "R's Platz" bezeichnet wird. Er steht immer in einer der vier
   Himmelsrichtungen, die als "R's Richtung" bezeichnet wird.

   Jeder Roboter hat eine Tasche mit anfangs Max Klötzen
   und jederzeit Zugriff auf Mauersteine.

   Die Plätze der Roboter, ihre Richtungen und die Anzahl der
   Klötze in ihren Taschen sind die gleichen wie beim letzten
   Programmlauf mit dieser Welt. Wenn die Welt neu ist,
   ist sie leer und ein Roboter steht in Richtung Süd in der
   nordwestlichen Ecke und hat Max Klötze, abzgl. derjenigen,
   die er schon in die Welt gelegt hat - in seiner Tasche.

   Anfangs ist das Protokoll nicht eingeschaltet.

   Der aufrufende Roboter wird immer mit R bezeichnet. */
```

import . "μU/obj"

```
const (
  M = 24 // Anzahl der Plätze pro Reihe und Spalte der Welt
  Max = 999 // maximale Anzahl der Klötze in R's Tasche
)
```

type Roboter **interface** {

  Coder

```
// Liefert die Nummer von R.
  Nummer() uint
```

```
// R hat sich um 90 Grad nach links gedreht.
```

```
   LinksDrehen()
```

```
// R hat sich ist um 90 Grad nach rechts gedreht.
   RechtsDrehen()
```

```
// Liefert genau dann true,
// wenn R in der nordwestlichen Ecke steht.
   InLinkerObererEcke() bool
```

```
// Liefert genau dann true, wenn R's Platz
// in R's Richtung keinen Nachbarplatz hat.
   VorRand() bool
```

```
// Vor.: R steht nicht am Rand und der Nachbarplatz
//       in R's Richtung ist nicht zugemauert.
// R steht in der gleichen Richtung wie vorher
// auf diesem Nachbarplatz.
   Laufen()
```

```
// Vor.: R's Platz hat entgegen R's Richtung einen Nachbarplatz,
//       der nicht zugemauert ist.
// R steht in der gleichen Richtung wie vorher
// auf diesem Nachbarplatz.
   Zurücklaufen()
```

```
// Liefert genau dann true, wenn auf R's Platz kein Klotz liegt.
   Leer() bool
```

```
// Liefert genau dann true, wenn R's Platz
// in R's Richtung einen Nachbarplatz hat
// und auf diesem Platz kein Klotz liegt.
   NachbarLeer() bool
```

```
// Liefert genau dann true, wenn R's Tasche nicht leer ist.
   HatKlötze() bool
```

```
// Liefert die Anzahl der Klötze in R's Tasche.
   AnzahlKlötze() uint
```

```
// Vor.: R's Tasche ist nicht leer.
// Auf R's Platz liegt ein Klotz mehr als vorher,
// in seiner Tasche ist einer weniger.
   Ablegen()
```

```
// Vor.: Auf R's Platz liegt mindestens ein Klotz.
// Auf R's Platz liegt ein Klotz weniger als vorher,
// in seiner Tasche ist einer mehr.
   Aufnehmen()
```

```
// Liefert genau dann true, wenn R's Platz in R's Richtung einen
// Nachbarplatz hat, auf dem genau ein Klotz liegt und dieser
// Nachbarplatz wiederum einen Nachbarplatz in R's Richtung hat,
// der leer und nicht zugemauert ist. In diesem Fall steht R in
// der gleichen Richtung wie vorher auf dem vorherigen Nachbarplatz
// in seiner Richtung und der Klotz, der vorher auf ihm lag,
// liegen jetzt auf dem Nachbarplatz in R's Richtung.
   Geschoben() bool

// Vor.: R's Platz hat in R's Richtung einen Nachbarplatz,
//       auf dem genau ein Klotz liegt. Dieser Klotz ist so
//       weit wie möglich (d.h. ohne Kollision mit Robotern,
//       Klötzen oder Mauern) in R's Richtung weitergeschoben.
   Schießen()

// R's Platz ist markiert.
   Markieren()

// R's Platz ist nicht markiert.
   Entmarkieren()

// Liefert genau dann true, wenn R's Platz markiert ist.
   Markiert() bool

// Liefert genau dann true, wenn R's Platz in R's Richtung
// einen Nachbarplatz hat, der markiert ist.
   NachbarMarkiert() bool

// Liefert genau dann true, wenn R's Platz in R's Richtung
// einen Nachbarplatz hat, der zugemauert ist.
   VorMauer() bool

// Vor.: R's Platz hat in R's Richtung einen Nachbarplatz,
//       der nicht zugemauert ist.
// R steht in der gleichen Richtung wie vorher auf diesem
// Nachbarplatz. Wenn auf dem Platz, auf dem R vorher
// gestanden hat, Klötze gelegen haben, liegen sie dort
// jetzt nicht mehr, sondern sind in seiner Tasche;
// dafür ist dieser Platz jetzt zugemauert. Eine vorher
// dort etwa vorhandene Markierung ist jetzt entfernt.
   Zumauern()

// Vor.: R's Platz hat in R's Richtung einen Nachbarplatz,
//       der zugemauert ist.
// R steht in der gleichen Richtung wie vorher auf diesem
// Nachbarplatz und der ist jetzt nicht mehr zugemauert.
   Entmauern()

// Die Roboterwelt ist auf dem Bildschirm ausgegeben.
```

```
  Ausgeben()

// Liefert R's Position.
  Pos() (uint, uint)

// R's Position ist (x, y).
  Set (x, y uint)
}


// Die Roboterwelt ist die, deren Name beim
// Programmaufruf als Parameter übergeben wurde.
func Laden (s ...string) { laden(s...) }

func AnzahlRoboter() uint { return uint(nRoboter) }

// Die Klötze und Mauersteine in der Roboterwelt liegen
// auf den von der benutzenden Person festgelegten Plätzen.
// Wenn R auf einem Platz steht, auf dem Klötze liegen,
// ist deren Anzahl angezeigt. R's Platz und Richtung,
// die Anzahl der Klötze in seiner Tasche und der Klötze
// auf allen Plätzen sind beim nächsten Programmlauf mit
// dieser Welt die gleichen wie beim Aufruf dieser Methode.
// Wenn das Protokoll eingeschaltet ist,
// ist der Editiervorgang in einem Go-Quelltext (unter dem
// Namen der Roboterwelt mit dem Suffix ".go") protokolliert.
// Das aus diesem Quelltext durch Übersetzung erzeugte Programm
// simuliert schrittweise den Editiervorgang.
func Editieren() { editieren() }

// Vor.: x < M, y < M.
// Liefert auf der Position (x, y) einen neuen Roboter
// mit Max Klötzen in der Tasche.
func NeuerRoboter (x, y uint) Roboter { return neuerRoboter(x,y) }

// Vor.: n > 0. Es gibt mindestensn Roboter in der Welt.
// Liefert den Roboter mit der Nummer n.
func Nr (n uint) Roboter { return alle[n] }

// Die Roboterwelt ist auf dem Bildschirm ausgegeben.
func WeltAusgeben() { weltAusgeben() }

// Nach dem Editieren ist das Programm erzeugt,
// das den Editierverlauf wiedergibt.
func ProgrammErzeugen() { programmErzeugen() }

// Das Protokoll ist genau dann eingeschaltet,
// wenn ein == true (siehe editieren).
func ProtokollSchalten (ein bool) { protokollSchalten(ein) }
```

```
// Für ein == true ist das Verhalten des Editors
// gemäß den Anforderungen an das Spiel Sokoban vereinfacht.
func SokobanSchalten (ein bool) { sokobanSchalten(ein) }

// n ist in der untersten Bildschirmzeile ausgegeben.
// Der aufrufende Prozess war danach solange angehalten,
// bis Benutzerix die Ausgabe mit <Esc> quittiert hatte.
func Ausgabe (n uint) { ausgabe(n) }

// Liefert die Zahl, die von der benutzenden Person
// in der untersten Bildschirmzeile eingegeben wurde.
func Eingabe() uint { return eingabe() }

// s und n sind in einer Zeile am unteren Bildschirmrand
// ausgegeben. Der aufrufende Prozess war danach solange
// angehalten, bis die Ausgabe mit <Esc> quittiert wurde.
// Jetzt ist die Meldung wieder vom Bildschirm entfernt.
func FehlerMelden (s string, n uint) { fehlerMelden(s,n) }

// s und n sind in einer Zeile
// am unteren Bildschirmrand ausgegeben.
func HinweisAusgeben (s string, n uint) { hinweisAusgeben(s,n) }

// Das Programm ist mit der Fehlermeldung ("Programm beendet")
// angehalten.
func Fertig() { fertig() }
```

Der „Robi" ist das abstrakte Datenobjekt robi; er besteht aus der Instanz eines Objektes vom Typ Roboter; seine Spezifikation ist also quasi identisch mit einem Teil der Spezifikation des Pakets rob:

```
package robi

// Spezikationen siehe μU/rob/def.go

func M() uint { return m() }

func LinksDrehen() { linksDrehen() }
func RechtsDrehen() { rechtsDrehen() }
func InLinkerObererEcke() bool { return inLinkerObererEcke() }
func VorRand() bool { return vorRand() }
func Laufen() { laufen() }
func Zurücklaufen() { zurücklaufen() }
func Leer() bool { return leer() }
func NachbarLeer() bool { return nachbarLeer() }
func AnzahlKlötze() uint { return anzahlKlötze() }
func HatKlötze() bool { return hatKlötze() }
func Ablegen() { ablegen() }
func Aufnehmen() { aufnehmen() }
func Geschoben() bool { return geschoben() }
```

```
func Schießen() { schießen() }
func Markieren() { markieren() }
func Entmarkieren() { entmarkieren() }
func Markiert() bool { return markiert() }
func NachbarMarkiert() bool { return nachbarMarkiert() }
func VorMauer() bool { return vorMauer() }
func Zumauern() { zumauern() }
func Entmauern() { entmauern() }

func Laden (s ...string) { laden(s...) }
func Editieren() { editieren() }
func ProtokollSchalten (ein bool) { protokollSchalten (ein) }
func SokobanSchalten (ein bool) { sokobanSchalten(ein) }
func Ausgeben (n uint) { ausgeben(n) }
func Eingabe() uint { return eingabe() }
func FehlerMelden (s string, n uint) { fehlerMelden(s,n) }
func HinweisAusgeben (s string, n uint) { hinweisAusgeben(s,n) }
func Fertig() { fertig() }

func Pos() (uint, uint) { return pos() }
func Set (x, y uint) { set(x,y) }
```

5.6   Aufgaben

Gesucht sind *variablenfreie* und *rekursive* Implementierungen

- des folgenden Problems des „anschmiegsamen Wächters" von Nievergelt (s. [1]):
  Die Welt beherbergt eine mittelalterliche Stadt. Diese ist durch eine beliebig komplizierte
  Stadtmauer geschützt. Robi startet innerhalb der Stadtmauer und soll als zuverlässiger
  Wächter ewig an der Wand entlang patrouillieren und zwar so, dass er die Wand stets mit
  seiner rechten Hand berühren könnte, wenn er eine hätte.
  Die Stadt ist als Robiwelt unter dem Namen Stadt verfügbar.
- des folgenden anspruchsvolleren Problemkreises: Robi soll in einer gegebenen Welt (auch
  mit Mauern)
  - einen Klotz in einem *Labyrinth*) finden (das Labyrinth ist unter dem Namen
    Labyrinth verfügbar),
  - *alle* Klötze in einem Labyrinth finden und sie zählen.
    Hinweis: Es handelt sich um den Algorithmus der *Tiefensuche* per Rückverfolgung;
    dazu ist es notwendig, alle bereits besuchten Plätze zu markieren.

Nach Einführung des Variablenkonzepts und der Iteration durch Schleifen sind für alle
Aufgaben

- die *iterativen* Versionen aller *rekursiven* Funktionsaufrufe

gesucht. Sie können Ihre Lösungen mit den im nächsten Abschnitt angegegenen Musterlösungen vergleichen.

Die Abb. 5.1 und 5.2 zeigen die Stadt aus der ersten Aufgabe und das Labyrinth aus der zweiten Aufgabe.

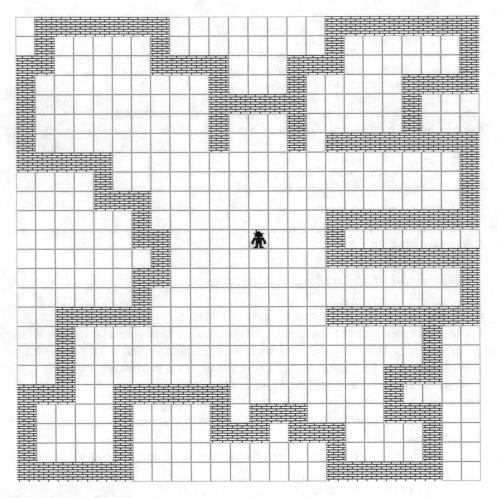

Abb. 5.1 die Stadt aus der ersten Aufgabe

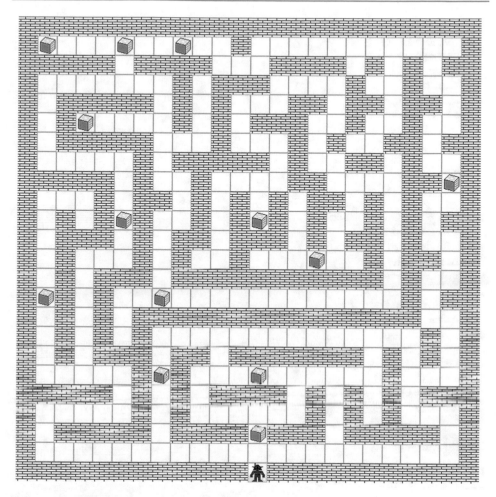

Abb. 5.2 das Labyrinth aus der zweiten Aufgabe mit 13 Klötzen

5.6.1 Musterlösungen

Erste Aufgabe

```
package main
import . "robi"

func zurMauer() {
  if ! VorMauer() {
    Laufen()
    zurMauer()
  }
}
```

```
func wachen() {
  if VorMauer() {
    LinksDrehen()
  } else {
    Laufen()
    RechtsDrehen()
    if ! VorMauer() {
      Laufen()
    }
  }
  wachen()
}

func rechtsMauer() bool {
  RechtsDrehen()
  if VorMauer() {
    LinksDrehen()
    return true
  }
  LinksDrehen()
  return false
}

func main () {
  Laden ("Stadt")
  zurMauer()
  wachen()
}
```

Zweite Aufgabe

```
package main // Tiefensuche
import . "robi"

var anzahlKlötze uint

func weiter() bool {
  return ! VorRand() && ! VorMauer()
}

func suchen() {
  var linksWeiter, geradeWeiter, rechtsWeiter bool
  if Markiert() {
    return
  }
  Markieren()
  if ! Leer() {
    anzahlKlötze++
    HinweisAusgeben ("Anzahl der Klötze =", anzahlKlötze)
  }
```

```
// feststellen, in welche Richtungen Robi weiterkommt:
  LinksDrehen()
  linksWeiter = weiter()
  RechtsDrehen()
  geradeWeiter = weiter()
  RechtsDrehen()
  rechtsWeiter = weiter()
  LinksDrehen()
// Start der Tiefensuche:
  x, y := Pos()
  if linksWeiter {
    LinksDrehen()
    Laufen()
    suchen()
    RechtsDrehen()
  }
  Set (x, y)
  if geradeWeiter {
    Laufen()
    suchen()
  }
  Set (x, y)
  if rechtsWeiter {
    RechtsDrehen()
    Laufen()
    suchen()
    LinksDrehen()
  }
}

func main() {
  Laden ("Labyrinth")
  suchen()
  FehlerMelden ("Anzahl der Klötze =", anzahlKlötze)
  Fertig()
}
```

Literatur

1. Nievergelt, J.: „Roboter programmieren" - ein Kinderspiel. Informatik-Spektrum, Heft **22**, 364–375 (1999)

Der Terminkalender

6

Zusammenfassung

Dieses Lehrprojekt befasste sich mit der Erstellung eines Terminkalenders für eine Person mit dem Ziel, Termine darin eintragen, ändern, löschen, verlegen und kopieren zu können. Mit Hilfe eines geeigneten Stichwortsystems soll es auch möglich sein, alle Termine, in denen diese Stichworte vorkommen, gezielt zu suchen.

Ja, mach nur einen Plan,
sei nur ein großes Licht!
Und mach dann noch 'nen zweiten Plan,
geh'n tun sie beide nicht.

Berthold Brecht
Aus der Dreigroschenoper

Zwei aufeinanderfolgende Kurse der Lehrerfortbildung Informatik an der Freien Universität Berlin beschäftigten sich mit diesem Thema. Die Aufgabe war, einen „elektronischen" Terminkalender zur Verwaltung der Termine einer einzelnen Person zu konstruieren und in ihm Termine mit bestimmten Stichworten auffinden zu können. Besonderer Wert wurde auf eine ergonomische Gestaltung – eine übersichtliche Darstellung und leichte Bedienbarkeit – gelegt.

© Der/die Herausgeber bzw. der/die Autor(en), exklusiv lizenziert an Springer Fachmedien Wiesbaden GmbH, ein Teil von Springer Nature 2023
C. Maurer, *Objektbasierte Programmierung mit Go*,
https://doi.org/10.1007/978-3-658-42014-7_6

6.1   Systemanalyse

In diesem Abschnitt stellen wir die Ergebnisse der Untersuchungen darüber vor, welche *Objekte* im Terminkalender vorkommen.

6.1.1   Kalenderblätter

Aus Gründen der Übersichtlichkeit sollen alle *Termine eines Tages* zeitlich geordnet und mit einem Blick zu erfassen sein, d. h., sie müssen auf einer Bildschirmseite untergebracht werden. Diese – an Tagen orientierte – Zusammenfassung von Terminen wird als *Kalenderblatt* bezeichnet; der *Terminkalender* ist dann eine *Folge dieser Kalenderblätter*. Als *aktuelles* Kalenderblatt wird jeweils *dasjenige* bezeichnet, das gerade auf dem Bildschirm sichtbar ist.

Ein *Kalenderblatt* besteht aus

- einem *Kalenderdatum,*
- einem *Tagesattribut* und
- der *Folge der Termine* des betreffenden Tages.

Ein Kalenderblatt wird über sein Datum angesprochen. Neben dem Datum wird der jeweilige Wochentag und ggf. das Tagesattribut ausgegeben.

Der Eintrag, die Änderung und die Löschung von Terminen erfolgt innerhalb der Kalenderblätter. Neue Termine werden jeweils in die erste freie Zeile eines Kalenderblattes eingetragen. Zur Vermeidung einer eher verwirrenden Unruhe auf dem Bildschirm werden neu eingetragene Termine erst beim erneuten Aufruf desselben Kalenderblattes zeitlich einsortiert.

6.1.2   Tagesattribute

Die *Tagesattribute* haben den Zweck, bestimmte Tage oder Zeiträume, im Terminkalender schnell übersehen zu können. Sie sollen durch einen kurzen Text oder die optische Hervorhebung der entsprechenden Kalenderdaten angezeigt werden.

Sie können beliebige Tagesattribute konfigurieren, indem Sie im Unterverzeichnis `.todo` Ihres Heimatverzeichnisses die Textdatei `Tagesattribute.kfg` erzeugen, in der Sie zeilenweise die Worte für die Tagesattribute ablegen, die Sie brauchen. Die erste Zeile *muss* „`Suchwort`"sein. Beispiel:

```
Suchwort
Urlaub
```

Der Name `Tagesattribute.kfg` ist *zwingend*, es sei denn, Sie ändern den Quelltext des Programms.

6.1.3 Terminfolgen und Termine

Die Termine eines Kalenderblattes sollen *in zeitlicher Reihenfolge* untereinander stehen, wobei auch zeitgleiche Termine vorkommen können Termine *ohne* Zeitangabe sollen in dieser Ordnung *am Anfang* stehen, weil es sich bei ihnen um nicht zeitgebundene Hinweise auf besondere Ereignisse wie z. B. Geburtstage handelt. Die anderen Termine sind nach Uhrzeiten sortiert; wenn es mehrere Termine mit der gleichen Uhrzeit gibt, nach Terminattributen, ggf. nach Suchworten oder Texten.

Ein *Termin* besteht aus

- einem *Datum,*
- einer *Uhrzeit,*
- einem *Terminattribut,*
- einem *Suchwort* und
- einem *Text.*

Das *Datum* eines Termins ist durch den Tag des Kalenderblattes gegeben, in dem er vorkommt.

Die Termine können durch *Terminattribute* klassifiziert werden, um den Benutzer/innen bei der Planung und Wahrnehmung ihrer Termine die Setzung von Prioritäten zu ermöglichen und die Verwaltung von Terminen einer bestimmten Kategorie und die Suche nach ihnen zu erleichtern.

Die Terminattribute in den Terminen eines Kalenderblatts werden durch *Kürzel* aus *drei* Zeichen dargestellt, zweckmäßigerweise mit unterschiedlichen Anfangsbuchstaben. Sie können beliebige Terminattribute konfigurieren, indem Sie im Unterverzeichnis `.todo` Ihres Heimatverzeichnisses die Textdatei `Terminattribute.kfg` erzeugen, in der Sie zeilenweise die Kürzel für die Terminattribute ablegen, die Sie brauchen. Beispiel:

```
arb
geb
prv
```

für *Arbeit,* für *Geburtstag* und für *privat.* Der Name `Terminattribute.kfg` ist dabei *zwingend.*

Als Länge für den *Text* eines Termins werden höchstens soviele Zeichen vorgesehen, dass der Termin mit allen Bestandteilen in eine Bildschirmzeile passt.

Da in einem *unstrukturierten* Text Stichworte nicht ohne weiteres als solche eindeutig zu kennzeichnen sind, wird zur Erleichterung der Suche nach bestimmten Terminen der *Text* in ein kurzes *Stichwort* als *Suchbegriff* und die sonstigen – nicht weiter strukturierten – Informationen unterteilt. Es wird auch nach Teilen des Stichwortes und unabhängig von Groß- oder Kleinschrift gesucht, um z. B. mit „Konf" auch „Ges.-Konf." oder „Fachkonferenz" zu finden.

Zum „Transport" von Terminen zwischen verschiedenen Kalenderblättern ist eine *Ablage* – ein unsichtbarer Pufferbereich – vorgesehen.

Termine eines Kalenderblattes können *in die Ablage kopiert* (und dabei auch aus dem Kalenderblatt *gelöscht*) oder *aus der Ablage* in das aktuelle Kalenderblatt *eingefügt* werden, soweit dort noch Platz ist (wobei der Inhalt der Ablage erhalten bleibt).

Damit lassen sich Termine auf beliebige Tage verlegen oder auf mehrere Kalenderblätter kopieren, z. B. zum einfachen Eintragen von wiederkehrenden Terminen zu gleichen Zeiten.

6.1.4 Jahreskalender

Zur schnellen Übersicht kann zu jedem Datum ein *Jahreskalender* ausgegeben werden, nach Monaten gruppiert, in jedem Monat die Tageszahlen wochenweise in Spalten nebeneinander. Ein solcher Jahreskalender ist in einem Rechteck von 25 Zeilen und 80 Spalten darstellbar, wodurch die Größe des Bildschirms bestimmt ist.

In ihm sind die *Sonn- und Feiertage leicht erkennbar* (unter „Feiertagen" werden die gesetzlichen Feiertage in Berlin verstanden). Abb. 6.1 zeigt ihn.

Abb. 6.1 der Jahreskalender mit eingetragenen Urlaubszeiten

Der Jahreskalender wird auch zum *Aufruf der Kalenderblätter* eingesetzt: Jeweils *genau ein Tag* in ihm muss als *aktueller Tag* auf eine deutlich Weise markiert sein. Diese Markierung, d. h. der aktuelle Tag, kann beliebig verschoben werden.

Zur Auswahl eines Datums ist eine durch die zeitliche Struktur des Jahres gegebene Steuerung vorgesehen: Zwischen Kalenderdaten kann tage-, wochen-, monats-, quartals- und jahresweise gesprungen werden.

6.1.5 Monats- und Wochenkalender

Zur Grobübersicht über die *Termine eines Monats* soll ein *Monatskalender* ausgegeben werden können, in denen die Tage, an denen Termine eingetragen sind, mit Hinweisen auf alle an ihnen vorkommenden Terminattribute angezeigt werden.

Zur etwas genaueren Übersicht über die *Termine einer Woche* ist auch ein *Wochenkalender* vorgesehen. Bei einer – im Blick auf das Erscheinungsbild der Kalenderblätter naheliegenden – Einteilung des Bildschirms in sieben Spalten bleibt in ihm für jeden Termin Platz für seine Uhrzeit und eine (genügend kurze) Darstellung seines *Terminattributs*.

Der aktuelle Tag kann in diesen Kalendern wie im Jahreskalender gesetzt werden.

In der Geschäftswelt werden an Wochen gebundene Termine durch die *Wochennummer* definiert, die in diesen Übersichten mit ausgegeben wird (nach DIN 8601 ist die 1. Woche diejenige, in der der erste Donnerstag des Jahres liegt).

In ihnen sollen

- die *Sonn- und Feiertage,*
- die *Tage mit gesetzten Attributen* und
- die Tage, an denen *gesuchte Termine* gefunden wurden,

durch optische Hervorhebungen *leicht erkennbar* sein, die sich für jede dieser Gruppen voneinander deutlich unterscheiden. Damit sind die für die Benutzerinnen und Benutzer besonders wichtigen Tage oder Zeiträume auf einen Blick ablesbar.

Allerdings wird – abgesehen vom Feiertagsattribut – nur jeweils *ein* Tagesattribut angezeigt, um nicht durch die Überlagerung zu vieler Informationen zu verwirren. Zwischen den konfigurierten Tagesattributen soll zyklisch umgeschaltet werden können, um direkt hintereinander die verschiedenen attributierten Zeiträume zu übersehen.

Das *aktuelle Tagesattribut* kann für jeden Tag *gesetzt* und *gelöscht* werden, weil das für Zeiträume erheblich praktischer ist, als es tageweise in den einzelnen Kalenderblättern zu tun.

6.1.6   Terminkalender

Aus naheliegenden ergonomischen Gründen sind die Darstellungen der unterschiedlichen Kalender auf dem Bildschirm (z. B. Tage wochenweise in Spalten, Termine untereinander) weitgehend aneinander angepasst, d. h., die optische Hervorhebung der Sonn- und Feiertage und der Tagesattribute soll in allen Fällen gleich und die grundsätzliche Bedienungsweise des Systems beim Wechsel zwischen Jahres-, Monats- und Wochenkalender und bei der Manipulation der Tagesattribute einheitlich.

Nach dem Aufruf des Programms soll der Jahreskalender gezeigt werden; aktueller Tag ist das Systemdatum des benutzten Rechners. Von dort wird auf den Monatskalender, dann auf den Wochenkalender und schließlich auf ein Kalenderblatt umgeschaltet und umgekehrt.

Der aktuelle Tag bleibt solange aktuell, bis er nicht verändert wird; d. h., z. B. kann auf der Ebene der Kalenderblätter vorwärts und rückwärts durch den Terminkalender *geblättert* werden. Damit ist auch das Übertragen von Termineinträgen erleichtert, wofür gerade die direkte Umschaltmöglichkeit zwischen verschiedenen Tagen benötigt wird.

6.1.7   Suche nach Terminen

Aus dem Monats- oder Wochenkalender heraus kann ein Suchbegriff eingegeben werden. Wenn dieser Suchbegriff Teil eines Suchwortes in einem Termin ist, ist das Suchwort bei allen Kalenderblättern mit diesen Terminen auffällig markiert und in den Wochen- und Monatskalendern sind bei den Tagen, an denen ein solcher Termin existiert, auffällige Marken gesetzt.

6.2   Systemarchitektur

6.2.1   Die Objekte des Systems

Aus der Systemananalyse ergeben sich die folgenden **Objekte:**

- *Kalenderdaten,*
- *Uhrzeiten, Terminattribute, Suchworte* und *Texte* als Bestandteile der *Termine,*
- *Termine,*
- *Terminfolgen,* alle Termine eines Tages,
- *Tagesattribute* zur Kennzeichnung ausgewählter Tage in den verwendeten Kalendern,
- für jedes Tagesattribut die *persistente Menge* aller *Kalenderdaten,* auf die es zutrifft,
- *Kalenderblätter,* d. h. Tage mit der Folge ihrer Termine,
- *Terminkalender,* die – nach Kalenderdaten geordnete – *persistente Menge* aller Kalenderblätter.

Jedes dieser Objekte bildet einen Datentyp, der in einem Paket „verpackt" ist. Damit haben wir die Pakete

- day für Kalenderdaten,
- clk für Uhrzeiten,
- todo/attr für die Terminattribute,
- todo/word für die Suchworte,
- text für die Texte,
- todo/appt für die Termine,
- todo/appts für die Terminfolgen,
- todo/dayattr für die Tagesattribute,
- todo/pdays für persistente Mengen von Kalenderdaten,
- todo/page für die Kalenderblätter und
- todo/cal für die Folge der Kalenderblätter.

6.2.2 Komponentenhierarchie

Diese Pakete hängen untereinander so ab, wie es in der Abb. 6.2 dargestellt ist, wobei das jeweils tiefer liegende Paket vom darüber liegenden benutzt (importiert) wird.

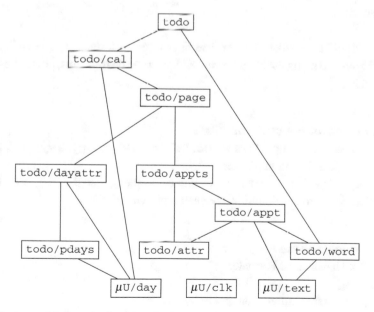

Abb. 6.2 Systemarchitektur des Terminkalenders

Die Pakete `day`, `clk` und `text` sind Bestandteile des Mikrouniversums. An tieferen Stellen werden viele weitere Pakete gebraucht, die aufgrund ihrer universellen Verwendbarkeit ebenfalls Bestandteile des Mikrouniversums sind und die wir im Kap. 3 darüber vorgestellt haben:

- `box` für Ein-/Ausgabefelder,
- `seq` für Folgen,
- `pseq` für persistente Folgen,
- `set` für Mengen,
- `piset` für persistente Mengen.

6.3   Benutzerhandbuch

Nach der Kategorisierung im 3. Absatz des Abschnitts 1.1.3 über das Benutzerhandbuch besteht es aus zwei Teilen,

- der Angabe der *Formate* der Objekte, die auf dem Bildschirm erscheinen, und
- der *Systembedienung.*

6.3.1   Formate

In diesem ersten Teil werden die Formate aller Objekte festgelegt. Die entsprechenden Spezifikationen sind völlig unabhängig von der Steuerung des Systems, die im Abschn. 6.3.2 beschrieben ist.

6.3.1.1 Kalenderdaten und Uhrzeiten

Für *Kalenderdaten* werden die Formate `Dd`, `Dd_mm_`, `Dd_mm_yy`, `Yyyy`, `Wd`, `WD`, `M` und `WN` benutzt (s. Spezifikation in μU/`day`/`def.go`).

Uhrzeiten bestehen aus Stunden- und Minutenangabe, getrennt durch einen Punkt; die „zeitlose" Uhrzeit wird nur durch Leerzeichen repräsentiert.

6.3.1.2 Terminattribute

Terminattribute haben zwei Formate:

- das *Langformat* im Umfang von drei Zeichen oder
- das *Kurzformat,* nur der Anfangsbuchstabe des Langformats.

Der Grund für diese Entscheidung liegt in der Formatierung des *Wochenkalenders* (s. Abschn. 6.3.1.8). Die Verwendung des Kurzformats bedingt, dass die Terminattribute alle unterschiedliche Anfangsbuchstaben haben müssen.

Wenn Sie die Terminattribute wie im Abschn. 6.1.3 konfiguriert haben, reicht bei der Eingabe auch ihr Anfangsbuchstabe (s. o.). Leerzeichen bedeuten Verzicht auf die Angabe eines Terminattributes.

6.3.1.3 Stichworte
Für ein *Stichwort* sind 12 Zeichen vorgesehen.

6.3.1.4 Texte
Der *Text* eines Termins 56 Zeichen lang sein, weil von den 80 Zeichen einer Bildschirmzeile 5 für die Uhrzeit, 3 für das Terminattribut, 12 für das Suchwort und 4 Leerzeichen zur Trennung und zum Ende gebraucht werden.

6.3.1.5 Termine
Aus den vorigen Überlegungen ergibt sich, dass alle Attribute eines Termins, voneinander durch ein Leerspalte getrennt, in eine Bildschirmzeile mit 80 Zeichen passen. Damit können gut 20 Termine untereinander auf einem Bildschirm mit 25 Zeilen untergebracht werden, was die Forderung nach Übersichtlichkeit optimal gewährt.

Für die Darstellung eines Termins im Wochenkalender bleiben (bei einem Bildschirm mit 80 Spalten) 9 Zeichen übrig: (sieben Tage pro Woche nebeneinander, 2 Leerzeichen zur horizontalen Trennung).

Für *Termine* sind daher zwei Formate vorgesehen:

- das *Langformat* mit *allen* Attributen, voneinander jeweils durch ein Zeichen getrennt, mit einer Breite von 79 Zeichen, und
- das *Kurzformat* nur mit *Uhrzeit* und *Terminattribut* direkt nebeneinander (farblich unterschieden) in einer Breite von 9 Zeichen.

6.3.1.6 Tagesattribute
Tagesattribute werden in zwei Formaten angezeigt:

- Als *Wort* mit bis zu acht Buchstaben oder
- oder durch *farbliche Hervorhebung* der betreffenden Kalenderdaten mit einer anderen Hintergrundfarbe.

Im Jahres-, Monatskalender und Wochenkalender ist das Wort des *aktuellen* Tagesattributs in der letzten Bildschirmzeile ausgegeben und die Kalenderdaten der betreffenden Tage sind farblich markiert. Bei der Suche nach Terminen (s. Abschn. 6.3.1.11) ist das Tagesattribut „Suchwort" aktuell.

6.3.1.7 Kalenderblätter

Die Strukturierung des Kalenderblattes auf dem Bildschirm ergibt sich aus den bisherigen Betrachtungen:

In der ersten Zeile links am Rand steht der Wochentag des *aktuellen Datums,* dahinter das aktuelle Datum im Format Dd_mm_yyyy, in der Mitte das *Tagesattribut* des betreffenden Tages und darunter, getrennt durch eine Leerzeile, in der 3. bis 23. Zeile, die *Terminfolge,* bestehend aus 21 *Terminen* im Langformat.

Die letzte Bildschirmzeile bleibt für Hinweise zur Bedienung oder Fehlermeldungen frei.

6.3.1.8 Wochenkalender

Die *Wochenübersicht* besteht aus den Terminen einer Woche im *Kurzformat* (s. 6.3.1.5), spaltenweise für alle Tage der Woche nebeneinander.

Die Termine jeweils eines Tages stehen untereinander; jede Spalte ist mit dem Datum des betreffenden Tages im Format Wd Dd_mm_ überschrieben.

In der ersten Zeile steht links und rechts außen die Jahreszahl, in der Mitte die Wochennummer (Datum im Format WN).

In der Mitte der letzten Bildschirmzeile ist das Wort des *aktuellen Tagesattributs* ausgegeben; die Kalenderdaten der betreffenden Tage sind farblich markiert.

6.3.1.9 Monatskalender

Die *Monatsübersicht* besteht aus den Kalenderdaten des Monats im Format Dd_mm_, jeweils spaltenweise von Montag bis Sonntag; rechts und links an beiden Bildschirmrändern stehen – passend dazu in der jeweiligen Zeile – die Wochentage im Format Wd.

Jeweils in der Zeile darunter steht eine Zeichenkette, die aus der Folge der an diesem Tag vorkommenden *Terminattribute* im *Kurzformat* (s. Abschn. 6.3.1.2) besteht.

In der ersten Zeile steht links und rechts außen die Jahreszahl, Ain der Mitte der Monatsname (Datum im Format M); das *aktuelle Tagesattribut* ist wie im Wochenkalender ausgegeben.

6.3.1.10 Jahreskalender

Der *Jahreskalender* passt auf einen Bildschirm mit 25 Zeilen und 80 Spalten:

Bei spaltenweiser Ausgabe der Wochen im Format Dd werden für einen Monatsblock 8 Zeilen (Monatsname und 7 Tage pro Woche) bei maximal sechs Wochen (z. B. erster des Monats am Sonnabend, letzter am Montag) 6 mal 3 Spalten benötigt (2 Ziffern für den Tag und ein Leerzeichen). Daraus ergibt sich eine Darstellung in Form von 3 mal 4 Monatsblöcken nebeneinander, wofür 24 Zeilen und 72 Spalten gebraucht werden.

In der linken oberen Ecke des Bildschirms steht die Jahreszahl; am linken und rechten Bildschirmrand stehen zeilengerecht die Kürzel der Wochentage im Format Wd.

Das *aktuelle Tagesattribut* ist wie beim Wochenkalender ausgegeben.

6.3.1.11 Suche und Suchergebnisse

Der *Suchbegriff,* nach dem der Terminkalender durchsucht wird, hat das gleiche Format wie die Stichworte. Das entsprechende Feld befindet sich im Wochen-, Monats- und Jahreskalender neben dem Wort des aktuellen Tagesattributs in der letzten Bildschirmzeile.

Nach der Eingabe eines Suchbegriffes im Wochen-, Monats- oder Jahreskalenders erscheinen die Suchergebnisse, d. h. diejenigen Tage, an denen Termine eingetragen sind, in deren Stichwort der Suchbegriff enthalten ist, im den Kalendern farblich genau so hervorgehoben, wie die Tage bestimmter Tagesattribute; darüberhinaus sind die Suchworte in den entsprechenden Terminen farblich hervorgehoben (diese Hervorhebung bleibt beim Wechsel in den Tageskalender erhalten).

Demzufolge ist bei der Suche das aktuelle Tagesattribut auf „Suchwort" zurückgesetzt, damit die Hervorhebungen eindeutig sind.

6.3.2 Systembedienung

In diesem zweiten Teil wird beschrieben, wie der Terminkalender durch Benutzer gesteuert wird.

Zu Beginn des Programms wird der Jahreskalender gezeigt. Zwischen den Bildschirmen kann zyklisch gewechselt werden: In der Reihenfolge

1) Jahreszahl,
2) Jahreskalender,
3) Monatskalender,
4) Wochenkalender,
5) Kalenderblatt

kommt man mit ◄┘ einen Schritt weiter und mit Esc einen zurück – mit den Ausnahmen, dass bei 1) mit Esc das Programm beendet wird und dass es bei 5) mit ◄┘ nicht weitergeht.

In den Fällen 1) bis 4) blinkt der Kursor im Feld für das aktuelle Datum; es kann geändert werden, woraufhin der Bildschirm auf das Jahr, den Monat, die Woche bzw. den Tag aktualisiert wird, der eingegeben wurde.

Zu Beginn ist kein Tagesattribut aktuell.

6.3.2.1 Jahreszahl

Der Bildschirm ist leer bis auf die Jahreszahl des aktuellen Jahres.

6.3.2.2 Jahreskalender

Der Bildschirm zeigt den Übersichtskalender des aktuellen Jahres.

Mit folgenden Kommandos verbleibt das System beim Jahreskalender:

- ↓: Der aktuelle Tag ist um einen Tag erhöht, in Kombination mit ⇑ oder Strg um eine Woche und mit Alt um ein Jahr.
- Bild↓: Der aktuelle Tag ist um einen Monat erhöht, in Kombination mit ⇑, Strg oder Alt um ein Jahr.
- →: Der aktuelle Tag ist in Kombination mit ⇑ um eine Woche erhöht und mit Alt um einen Monat.
- ↑, ←, Bild↑: Analog wie bei ↓, Bild↓ bzw. →, aber zeitlich rückwärts.
- Pos1: In Kombination mit ⇑ oder Strg ist der aktuelle Tag der Montag der aktuellen Woche, in Kombination mit Alt der erste des aktuellen Monats.
- Ende: Analog wie bei Pos1, mit Sonntag bzw. Ultimo.
- ⇆: Das aktuelle Tagesattribut wechselt zyklisch vorwärts, in Kombination mit ⇑ rückwärts.
- F2: Weiter bei *Suche*.
- F5: Ist ein Tagesattribut aktuell, hat der aktuelle Tag dieses Attribut.
- F6: Ist ein Tagesattribut aktuell, hat der aktuelle Tag dieses Attribut verloren, falls es auf ihn zutrifft. Danach ist der aktuelle Tag um einen Tag erhöht.
- Drucken: Der Jahreskalender wird ausgedruckt.

Dabei sind die aktuelle Woche, der aktuelle Monat bzw. das aktuelle Jahr stets angepasst, ggf. unter Neuausgabe. Entstünde ein undefiniertes Datum (wie z. B. 29. Februar in einem Nichtschaltjahr oder der 31. September), ist der letzte Tag des aktuellen Monats neuer aktueller Tag; würde der Bereich der definierten Kalenderdaten verlassen, ist nichts verändert.

6.3.2.3 Monats- und Wochenkalender

Der Bildschirm zeigt den Übersichtskalender des aktuellen Monats bzw. der aktuellen Woche. Die Bedienung ist vollständig analog zum Jahreskalender.

6.3.2.4 Kalenderblatt

Der Bildschirm zeigt das Kalenderblatt des aktuellen Tages.

Wenn das Kalenderblatt keine Termine enthält, weiter bei *Uhrzeit*, andernfalls ist zwar kein Kursor sichtbar, aber das System wartet auf eine Eingabe.

Nach Eingabe von ◄┘ blinkt der Kursor im Feld für die Uhrzeit des erste leeren Termins an diesem Tag (falls es keinen leeren Termin mehr gibt, des letzten Termins). Die Eingabe von Esc führt zum Wechsel des Bildschirms zum Wochenkalender der aktuellen Woche; der Kursor blinkt im Feld für den aktuellen Tag.

Mit ↑ bzw. ↓ ist der aktuelle Tag der nächste bzw. vorige aus dem Terminkalender (d. h. an dem das Kalenderblatt Termine enthält). Wenn schon der letzte bzw. erste Tag mit Terminen erreicht war, ist der aktuelle Tag unverändert.

Mit Drucken wird das Kalenderblatt ausgedruckt.

6.3.2.5 Uhrzeit, Terminattribut, Stichwort, Text

Der Kursor blinkt im Feld der Uhrzeit, des Terminattributs, des Stichworts bzw. Textes des aktuellen Termins; das entsprechende Objekt kann editiert werden.

Von der ersten dieser Komponenten eines Termins bis zur dritten kommt man mit ◄┘ zur nächsten und vom Text zur Uhrzeit des nächsten Termins in der Folge (mit ⇑ + ◄┘ landet man sofort dort).

Mit ⇑ + ↓ bzw. ⇑ + ↑ wird der nächste bzw. vorige Termin zum aktuellen Termin (wenn das schon der letzte bzw. erste war, ist nichts verändert); mit ⇑ + Pos1 bzw. ⇑ + Ende landet man beim ersten bzw. letzten Termin der Folge.

Zum Verschieben und Kopieren wird die Ablage benutzt: Mit F7 wird der aktuelle Termin in sie kopiert und aus der Terminfolge entfernt, mit F8 passiert das gleiche, aber ohne Löschung des Termins; und mit F9 werden die Termine aus der Ablage hinter den aktuellen Termin kopiert, wenn auf dem Kalenderblatt noch genügend Platz ist.

Die Löschung des aktuellen Termins wird mit ⇑ + Entf erreicht.

Esc führt zurück zum gleichen Tag im Wochenkalender.

6.3.2.6 Suche

Der Kursor blinkt im Feld des Suchwortes, es kann editiert werden. Der Abschluss der Eingabe mit ◄┘ führt dazu, dass die Kalenderdaten der Tage, an denen das eingegebene Suchwort in den Stichworten irgendwelcher Termine vorkommt, im Kalender farblich markiert werden. Beim Kalenderwechsel bleiben die Markierungen erhalten.

Ein Eingabschluss mit Esc bricht die Suche ab.

In beiden Fällen ist man danach wieder an *der* Stelle, von der aus die Suche aufgerufen wurde.

6.4 Konstruktion

Wir zeigen nur die Spezifikationen der Pakete.

6.4.1   Terminattribute

```
package attr
import . "μU/obj"

const Wd = 3
type Attr = uint

type Attribute interface {
  Object
  Editor
  Printer
  Stringer
  Marker
}
type
  AttrSet interface { // Eine Menge von Terminattributen
  Object

// a ist in die Menge eingefügt.
  Ins (a Attribute)

// Die Terminattribute aus der Menge sind im Kurzformat
// in einer Zeichenkette aufgereiht ab Position (l, c)
// auf dem Bildschirm ausgegeben. Wenn b == true ist, ist
// an Position (l, c-1) ein rotes Leerzeichen ausgegeben.
  Write (l, c uint, b bool)
}
func NewSet() AttrSet { return newSet() }
```

6.4.2   Stichworte

```
package word
import . "μU/obj"

const Wd = 12

type Word interface {
  Object
  Editor
  Stringer
  Printer

// Liefert genau dann true,
// wenn der aktuelle Suchbegriff in x enthalten ist.
  Ok() bool
}

func New() Word { return new_() }
```

6.4.3 Termine

```
package appt

import (. "µU/obj"; "todo/attr")

const ( // Format
  Long = Format(iota) // one complete screen line
  Short               // one line with 9 columns
)
type Appointment interface {
  Object
  Formatter
  Stringer
  Editor
  Printer

// Liefert genau dann true, wenn dar aktuelle Suchbegriff
// im Suchwort von x enthalten ist.
  HasWord() bool

// Liefert das Terminattribut von x.
  Attrib() attr.Attribute
}
```

6.4.4 Terminfolgen

```
package appts
import (. "µU/obj"; "µU/day")

type Appointments interface {
  Object
  Editor
  Printer

  SetFormat (p day.Period)

// Liefert genau dann true, wenn dar aktuelle Suchbegriff
// im Suchwort von einem der Termine in x enthalten ist.
  HasWord() bool
}
```

6.4.5 Persistente Mengen von Kalenderdaten

```
package pdays
import (. "µU/obj"; "µU/day")

type
  PersistentDays interface { // persistent sets of calendardays
```

```
  Clearer
  Persistor

// Returns true, iff d is contained in x.
  Ex (d day.Calendarday) bool

// d is contained in x.
  Ins (d day.Calendarday)

// d is not contained in x.
  Del (d day.Calendarday)

// Returns the number of days in x.
  Num() uint
}
```

6.4.6   Tagesattribute

```
package dayattr
import "µU/day"
```

```
// Verwaltet eine Menge von Tagesattributen, von denen eins aktuell ist,
// und zu jedem der Attribute die persistente Menge derjenigen Tage,
// die dieses Attribut haben. Anfangs ist das erste Attribut
// in der Datei "Tagesattribute.kfg" das aktuelle Attribut und
// für jedes Attribut ist die persistente Menge der Tage, die es
// haben, diejenige, die es beim vorigen Aufruf des Programms war.
```

```
// Das aktuelle Attribut ist das erste in der Datei "Tagesattribute.kfg".
func Normalize() { normalize() }
```

```
// Für w == true ist das aktuelle Attribut in der zyklischen Reihenfolge
// der Attribute um eins weiter und für w == false um eins zurückgesetzt.
func Change (w bool) { change(w) }
```

```
// Das aktuelle Attribut ist auf dem Bildschirm
// in der Position (Zeile, Spalte) = (l, c) ausgegeben.
func WriteActual (l, c uint) { writeActual(l,c) }
```

```
// Für b == true trifft das aktuelle Attribut auf d zu, für b == false
// nicht; die Menge der Tage, die es haben, ist entsprechend geändert.
func Actualize (d day.Calendarday, b bool) { actualize (d,b) }
```

```
// Die Menge der Tage, die das erste Attribut
// aus der Datei "Tagesattribute.kfg" haben, ist leer.
func Clr() { clr() }
```

```
// Farbe und Font von d sind - je nachdem, ob d in der Menge
// der Tage, die das aktuellen Attributs haben, enthalten ist
// oder nicht und ob d ein Feiertag ist oder nicht - gesetzt.
func Attrib (d day.Calendarday) { attrib(d) }
```

```
// Für jedes Attribut ist die Menge der Tage, die es haben,
// in der Datei "Tagesattribute.kfg" gesichert.
func Fin() { fin() }
```

6.4.7   Kalenderblätter

```
package page
import (. "μU/obj"; "μU/day")

type Page interface {
  Object
  Editor
  Printer
  Indexer

  SetFormat (p day.Period)

// d ist das Datum von x.
  Set (d day.Calendarday)

// Liefert das Datum von x.
  Day() day.CalendardayG

// Liefert genau dann true, wenn der aktuelle Suchbegriff
// in dem Stichwort eines Termins von x enthalten ist.GG
  HasWord() bool

// n. dayattr.
  Fin()
}
```

6.4.8   Terminkalender

```
package cal

import "μU/day"

func SetFormat (p day.Period) { setFormat(p) }

// Das aktuelle Kalenderblatt ist das vom Tag d.
func Seek (d day.Calendarday) { seek(d) }

// Die Termine im Wochenkalender und alle Terminattribute
// sind auf dem Bildschirm ausgegeben.
func WriteDay (l, c uint) { writeDay(l,c) }

// Die Folge der Kalenderblätter ist durch Editieren
// verändert, wobei bei d begonnen wird. d ist danach
// das Datum des zuletzt editierten Kalenderblattes.
```

```
func Edit (d day.Calendarday, l, c uint) { edit (d,l,c) }

// Der aktuelle Suchbegriff ist der an Position (l, c) editierte.
func EditWord (l, c uint) { editWord(l,c) }

// Das aktuelle Kalenderblatt ist
// ab (Zeile, Spalte) == (l, c) ausgedruckt.
func Print (l, c uint) { print(l,c) }

// Das aktuelle Kalenderblatt ist persistent gesichert.
func Fin() { fin() }
```

Das Spiel des Lebens

7

Zusammenfassung

Dieses Kapitel präsentiert zwei „Spiele": das *Game of Life* von John Conway und ein *Räuber-Beute-System* mit Füchsen, Hasen und Pflanzen.

Leben ist lebensgefährlich.

Ulrich Scholtze
shape Bournemouth, im August 1967

Dieses Lehrprojekt war ursprünglich nur auf die Simulation eines einfachen *Räuber-Beute-Systems* ausgelegt.

Bei der Systemanalyse hatte sich dann etwas Verblüffendes herausgestellt, was dazu geführt hat, dass das Projekt „zwei Gesichter" hat.

7.1 Systemanalyse

Die Grundideen der Simulation eines Räuber-Beute-Systems ist mit denen aus dem *Spiel des Lebens (game of life)* von John Conway hochgradig verwandt (im Grunde handelt es sich in beiden Fällen um einen einfachen *zellulären Automaten*).

Folglich besteht die Aufgabe aus zwei Teilen:

- dem *Game of Life* von John Conway und
- der Simulation eines einfachen *Räuber-Beute-Systems*.

C. Maurer, *Objektbasierte Programmierung mit Go*,
https://doi.org/10.1007/978-3-658-42014-7_7

Konsequenz daraus ist die weitestgehende Bündelung der unterschiedlichen Ausprägungen bei der Repräsentation der Daten und der Konstruktion der Algorithmen – nicht zuletzt mit dem Blick auf die leichte Erweiterbarkeit; ferner die Möglichkeit der Auswahl zwischen den beiden Simulationen bei Programmbeginn.

7.1.1　Game of Life

Im *Game of Life* gibt es nur eine Art von Lebewesen: *Zellen*.
　　Sie überleben nach den folgenden Regeln:

- Wenn sie mehr als drei Zellen in der Nachbarschaft haben, sterben sie an Stress.
- Wenn sie nicht wenigstens zwei Zellen in der Nachbarschaft haben, sterben sie an Vereinsamung.
- Auf einem freien Platz, in dessen Nachbarschaft sich drei Zellen befinden, entsteht eine neue Zelle.

Als *Nachbarschaft* gelten dabei die bis zu acht benachbarten Plätze, nicht nur horizontal und vertikal, sondern auch diagonal.
　　Es gibt sehr viel Literatur zu diesem Thema (s. [1, 2, 4, 6]) und zwei Seiten im weltweiten Netz, die sich intensiv mit diesem Thema befassen und viele Verweise auf Literatur liefern (s. [3, 5]).

7.1.2　Das Öko-System aus Füchsen, Hasen und Pflanzen

Füchse fressen *Hasen, Hasen* fressen *Pflanzen*. Beide Gruppen von Lebewesen können nur überleben, wenn ihre Umgebung nicht mit der eigenen Art übervölkert ist und sie deshalb nichts mehr zu fressen finden können.
　　Das *Ökosystem* ist als rechteckige Welt aus schachbrettförmig angeordneten Plätzen modelliert. Jeder Platz ist entweder von einer Pflanze, einem Hasen oder einem Fuchs besetzt.
　　Die *Überlebensregeln* sind sehr einfach:

- Der Platz einer Pflanze wird von einem Hasen eingenommen, wenn auf einem, zwei oder drei Nachbarplätzen ein Hase sitzt („Hasen fressen Pflanzen").
- Ein Hase verliert seinen Platz an eine Pflanze, wenn es in der Nachbarschaft bereits vier Hasen gibt („Hase findet nichts zu fressen").
- Der Platz eines Hasen fällt an einen Fuchs, wenn es auf mindestens einem Nachbarplatz einen Fuchs gibt („Füchse fressen Hasen").

- Ein Fuchs muss seinen Platz an eine Pflanze abgeben, wenn es auf keinem Nachbarplatz einen Hasen gibt („Fuchs findet nichts zu fressen").

Im Laufe der Simulation der „generationsweisen" Entwicklung des Ökosystems ist Folgendes möglich:

- Eine anfangs nur mit Pflanzen besetzte Welt wird vom Benutzer „geschaffen" (d. h. einige ihrer Plätze mit Hasen und Füchsen besetzt),
- die Entwicklung einer Welt nach den obigen Regeln wird schrittweise verfolgt (wobei in jedem Schritt einmal die Regeln angewandt werden),
- die Simulation kann jederzeit abgebrochen, der Zwischenstand archiviert und jederzeit wieder restauriert und weiterverfolgt und dazu
- jede Welt mit einem Namen versehen werden.

Der aktuelle Stand der Welt ist übersichtlich auf dem Bildschirm dargestellt.

7.2 Systemarchitektur

7.2.1 Die Objekte des Systems

Aus der Systemanalyse lassen sich folgende Objekte ableiten:

- die unterschiedlichen *Lebensarten* auf ihren Plätzen im betrachteten System und
- die *Welten,* in denen sie leben.

Beide werden als abstrakte Datentypen realisiert; die entsprechenden Pakete sind `life` mit den Unterpaketen `life/species` und `life/world`.

7.2.2 Komponentenhierarchie

Die Abhängigkeiten der Pakete sind in Abb. 7.1 dargestellt, wobei das jeweils tiefer liegende Paket vom darüber liegenden benutzt (importiert) wird: (s. Abb. 7.1).

Abb. 7.1 Komponentenhierarchie
des Spiels des Lebens

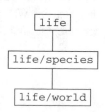

Darüberhinaus werden einige projektunabhängige Pakete aus dem Mikrouniversum gebraucht, wie z. B. kbd, col, scr und pseq.

7.3   Benutzerhandbuch

Die Lebensarten werden pixelweise durch kleine „Ikonen" im 16×16-Raster dargestellt.

Für die Bildschirmgröße wird PAL (768×578) gewählt; damit ist die Welt bei einer Ikonengröße von 16×16 Pixeln 48 Plätze breit und 34 Plätze hoch. in dem jeder Platz ein Lebewesen einer Art aufnehmen kann. Die erste Zeile bleibt für die Überschrift des Systems frei und die letzte Zeile ist Bedienhinweisen und Fehlermeldungen des Systems vorbehalten.

7.3.1   Bedienung des Programms

Da es zwei verschiedene Systeme gibt, wird anfangs festgelegt, welches der beiden aufgerufen werden soll:

7.3.1.1 Auswahl des Systems
Nach dem Aufruf des Programms erscheint ein Menü, in dem zwischen

- dem *Spiel des Lebens* oder
- dem *Ökosystem aus Füchsen, Hasen und Pflanzen*

ausgewählt werden kann. Wenn die Eingabe mit der Eingabetaste ◄┘ abgeschlossen wird, ist das entsprechende System ausgewählt, mit der Fluchttaste Esc ist das Programm beendet.

7.3.1.2 Festlegung der Welt
Der Kursor steht im Feld für den Namen der Welt; das Feld ist leer, der Name muss eingegeben werden. Wenn der Name leer ist oder die Eingabe mit Esc abgeschlossen wird, ist das Programm beendet.

7.3.1.3 Welteditor
Falls es eine Welt mit dem eingegebenen Namen schon gibt, ist sie geladen; eine neue Welt ist beim Ökosystem nur voller Pflanzen, beim Spiel des Lebens leer.

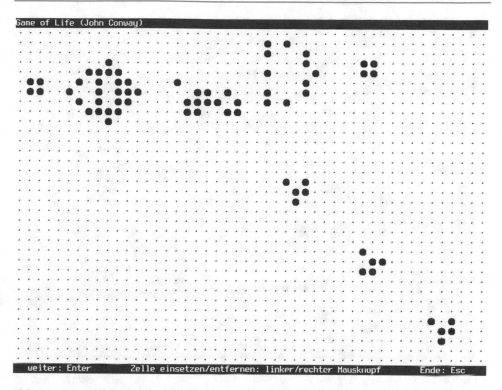

Abb. 7.2 Das Spiel des Lebens: das Gewehr

Als Tastatureingaben sind nur ◄┘ und Esc möglich; mit ◄┘ wird ein Schritt der Simulation nach den Regeln durchgeführt und mit Esc kommt man zur Festlegung der Welt zurück.

Die Belegung eines jeden Platzes durch eine Lebensart kann geändert werden. Im *Spiel des Lebens* wird durch einen Klick mit dem linken Mausknopf eine Zelle eingesetzt, mit dem rechten Mausknopf entfernt; im *Ökosystem* wird durch einen Klick mit dem linken Mausknopf ein Hase und in Verbindung mit der Umschalttaste ein Fuchs eingesetzt, mit dem rechten Mausknopf eine Pflanze.

Abb. 7.2 zeigt den Bildschirm, wenn das Spiel des Lebens ausgewählt wurde, mit dem „Gewehr" – einer Figur, die ständig die gleichen Zellkombinationen „verschießt". Diese Welt hat den Namen gun.

Abb. 7.3 zeigt ein Ökosystem.

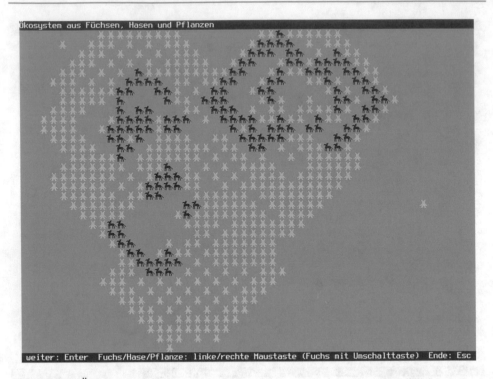

Abb. 7.3 Ein Ökosystem

7.4 Konstruktion

7.4.1 Spezifikationen

Hier ist die Spezifikation des Lebensarten-Pakets:

```
package species
import . "µU/obj"

type System byte
const (
  Eco = System(iota) // Ecosystem with foxes, hares and plants
  Life               // Game of Life (John Conway)
)
var (
  Suffix string
  NNeighbours uint
)
type
```

```
  Species interface {

  Equaler
  Stringer

  Write (l, c uint)

// if k == 0 in Eco: x is a plant
//            in Life: x is nothing
// if k == 2 in Eco: x is a hare
//            in Life: x is a cell
// if k == 3 in Eco: x is a fox
//            in Life: x is a cell
  Set (k uint)

// The actual species has changed according to func.
  Modify (func (Species) uint)
}

// Returns a new species.
func New() Species { return new_() }

// The actual system is s.
func Sys (s System) { sys(s) }
```

und hier die des Welt-Pakets:

```
package world
import (. "µU/obj"; "µU/mode"; "life/species")

const Len = 8 // maximal length of the name of the world
type World interface {
  Equaler
  Write()
  Edit()
  Stringer
  Persistor
}

// Returns a new empty world.
func New() World { return new_() }

// Returns the mode for life.
func Mode() mode.Mode { return m() }

// s is the actual system.
func Sys (s species.System) { sys(s) }
```

7.4.2   Implementierungen

Hier sind die Repräsentationen der abstrakten Datentypen world und species

```
type species struct { byte }

type world struct {
  string "name of the world"
  spec, old []species.Species
  line, column uint16
}
```

Wir zeigen noch das Hauptprogramm:

```
package main
import ("μU/str"; "μU/col"; "μU/scr"; "μU/box"; "μU/errh";
        "μU/files"; . "μU/menue" "life/species"; "life/world")


var m = world.Mode()

func defined() (string, bool) {
  bx := box.New()
  w := scr.NColumns()
  bx.Wd (w)
  bx.Colours (col.Black(), col.FlashWhite())
  bx.Write ("Welt:" + str.New(w - 5), scr.NLines() - 1, 0)
  const n = world.Len
  bx.Wd (n)
  name := str.New (n)
  bx.Colours (col.FlashWhite(), col.Black())
  for {
    bx.Edit (&name, scr.NLines() - 1, 6)
    if str.Alphanumeric (name) {
      break
    } else {
      errh.Error0 ("Es dürfen nur Buchstaben und Ziffern im Namen
      vorkommen")
    }
  }
  str.OffSpc (&name)
  errh.DelHint()
  return name, ! str.Empty (name)
}

func sim() {
  w := world.New()
  for {
    if name, ok := defined(); ok {
      w.Name (name)
      w.Write()
```

```
      w.Edit()
    } else {
      break
    }
  }
}

func main() {
  scr.New (0, 0, m)
  scr.ScrColourB (col.FlashWhite())
  scr.Cls()
  files.Cds()
  x := New ("Spiel des Lebens")
  game := New ("Game of Life (John Conway)")
  game.Leaf (func() { world.Sys (species.Life); sim() }, true)
  x.Ins (game)
  ecosys := New ("Ökosystem aus Füchsen, Hasen und Pflanzen")
  ecosys.Leaf (func() { world.Sys (species.Eco); sim() }, true)
  x.Ins (ecosys)
  x.Exec()
  scr.Fin()
}
```

Literatur

1. Bell, D.I.: Spaceships in Conway's life. Series of articles posted on comp.theory.cell-automata, Aug-Oct 1992. Erhältlich über seine Seite im weltweiten Netz http://members.tip.net.au/~dbell
2. Buckingham, D.J., Callahan, P.B.: Tight bounds on periodic cell configurations in life. Exp. Math. 7(3), 221–241 (1998). Erhältich unter https://www.emis.de/journals/EM/expmath/volumes/7/7.html
3. https://conway.life.com
4. Gosper, R.W.: Exploiting regularities in large cellular spaces. Physica D 75–80 (1984). https://doi.org/10.1016/0167-2789(84)90251-3
5. https://playgameoflife.com
6. Poundstone, W.: The Recursive Universe. MacGraw-Hill Contemporary (1985). ISBN 978-0809252022

Die Go-Registermaschine

8

Zusammenfassung

Bei der Registermaschine handelt es sich um ein Maschinenmodell, das geeignet ist, den Gedanken der Berechenbarkeit propädeutisch zu behandeln. Ihr Konzept ist äquivalent zur *Turing-Maschine*.

Mach die Dinge so einfach wie möglich,
aber nicht einfacher.

Albert Einstein

Auf einer Tagung zur Lehrerweiterbildung am Institut für Informatik der Freien Universität Berlin vor vielen Jahren hatte Frau Prof. Dr. S. Koppelberg einen Vortrag über die Frage *Was können Algorithmen?* gehalten (s. [2]). Die zentrale Botschaft war die mathematische Äquivalenz der Konzepte der *Turing-Maschine* und der *Registermaschine* hinsichtlich der Berechenbarkeit von Funktionen, womit genau die *rekursiven* Funktionen charakterisiert sind. In diesem Zusammenhang sei auch auf den Artikel [1] hingewiesen.

Der besondere Reiz des Themas besteht im Kontrast zwischen der Einfachheit der „Programmiersprache" der Registermaschine und der gedanklichen Herausforderung vieler damit lösbarer – beliebig anspruchsvoller – Aufgaben. Die praktische Arbeit mit Registermaschinen ist unter Einsatz der Programmiersprache Go sehr einfach. Alles Wissenswerte dazu ist in diesem Kapitel gezeigt.

Bei der Go-Registermaschine handelt es sich nicht um ein Projekt aus der Lehrerweiterbildung, sondern um das von mir für die Verwendung in der Lehrerweiterbildung konstruierte Programm. Deswegen entfallen in diesem Kapitel die Referenzen auf die Phasen des

C. Maurer, *Objektbasierte Programmierung mit Go*,
https://doi.org/10.1007/978-3-658-42014-7_8

Programmlebenszyklus; trotzdem ist die Aufnahme in dieses Buch aufgrund der Bedeutung des Konzepts für die Grundlagen der Informatik gerechtfertigt.

8.1   Systemanalyse

Mit Registermaschinen-Programmen lassen sie grundlegende Konzepte sowohl der *imperativen* (insbesondere der *maschinennahen*) als auch der *funktionalen* Programmierung auf sehr natürliche Weise entwickeln, weil sie sowohl recht gut die Struktur von von Neumann-Rechnern modellieren und auch einen „Programmierstil" nach dem funktionalen Paradigma ermöglichen.

Die Bedeutung dieses Konzepts liegt

- *theoretisch* in seiner Äquivalenz zum Begriff der Berechenbarkeit (durch rekursive Funktionen bzw. Turingmaschinen): *Alles, was sich überhaupt programmieren lässt, lässt sich im Prinzip schon mit Registermaschinen erledigen.*
- *praktisch* in seiner Klarheit und Verständlichkeit: Der notwendige syntaktische Aufwand zur Konstruktion von RM-Programmen ist sehr gering, deshalb sind sie leichter handhabbar als Turing-Maschinen-Programme, die das Gleiche leisten.

Registermaschinen stellen also eine vorteilhafte Alternative zur Einführung von Turing-Maschinen dar – gerade auch bei einführenden Betrachtungen zur Informatik, weil ihre Behandlung ohne Vorkenntnisse möglich ist.

8.1.1   Bestandteile einer Registermaschine

Eine Registermaschine verfügt konzeptionell über

- einen *Datenspeicher* in Form einer abzählbaren Menge von *Registern* und
- einen *Programmspeicher* zur Aufnahme eines Programms in Form einzelner *Programmschritte.*

Der Datenspeicher besteht aus *Registern.* Sie sind Speicherzellen, auf die direkt zugegriffen werden kann. Dabei wird zwischen den Speicherzellen im Arbeitsspeicher und denen im Prozessor kein Unterschied gemacht.

Register können als Inhalt eine natürliche Zahl aufnehmen. Der Inhalt eines Registers wird auch als sein *Wert* bezeichnet. Da diese Werte im Laufe der Ausführung eines Programms verändert werden (was ja gerade der Zweck von RM-Programmen ist), lassen sich die Register auch als *Variable* auffassen.

Der Direktzugriff auf die Register wird dadurch ermöglicht, dass sie Namen tragen, über die sie angesprochen werden, um an ihre Werte heranzukommen, z. B. a, bc, …, $x1$, ….

Anfangs haben alle Register den Wert 0.

Natürlich stellt das Konzept insofern eine Idealisierung dar, als auf einem realen Rechner wegen der *Endlichkeit* seines Speichers weder unendlich viele Register vorhanden noch deren Werte beliebig groß werden können.

8.1.2 Grundzüge der Programmiersprache der Registermaschine

Registermaschinen verfügen nur über eine sehr stark beschränkte Programmiersprache mit lediglich fünf Typen von *Anweisungen:*

- zur *Zuweisung* eines Wertes an ein Register, insbesondere zur Erzeugung eines neuen Registers mit dem Inhalt 0,
- zur *Veränderung* eines Registerinhalts um +1 oder −1,
- zum *Sprung* an eine andere Stelle in einem RM-Programm, auch unter der *Bedingung*, dass der Wert eines Registers größer als 0 ist,
- zur *Rückgabe eines Wertes* eines Registers oder einer Funktion sowie
- zur *Ausgabe* des Wertes eines Registers oder einer Funktion.

Eine Registermaschine bietet die Möglichkeiten

- zur Eingabe eines Programms, d. h. zur Belegung des Programmspeichers mit Programmschritten, und
- zur Ausgabe der Zwischen- und Endergebnisse von Berechnungen.

Ein RM-Programm wird von einer Registermaschine in der Weise ausgeführt, dass seine Programmzeilen *sequentiell* (Zeile für Zeile) abgearbeitet werden, wobei bei der ersten Zeile begonnen wird und danach entweder zur nächsten Programmzeile gegangen oder zu einer anderen als der nächsten Zeile gesprungen wird.

Etwas genauer betrachtet, wird das so realisiert:

Als jeweils nächste Programmzeile wird immer *diejenige* Zeile ausgeführt, deren Nummer in einem speziellen Register, dem *Programmzähler,* steht. (Auf dieses Register können allerdings nicht die oben genannten Anweisungen angewendet werden.)

Anfangs enthält der Programmzähler eine 0; also wird bei der ersten Programmzeile begonnen. Welche Zahl *nach* der Ausführung einer Programmzeile im Programmzähler steht, d. h. welche Zeile als nächste ausgeführt wird, hängt vom Inhalt dieser Programmzeile ab.

Wenn der Wert des Programmzählers größer oder gleich der Anzahl der Programmzeilen ist, ist die Ausführung des Programms beendet.

Leere Programmzeilen haben dabei lediglich den Effekt, dass der Programmzähler um 1 erhöht wird.

8.2   Systemarchitektur

Wir stellen hier die Realisierung des Konzepts „Registermaschine"vor, so wie sie unter Einsatz der Programmiersprache Go möglich ist.

8.2.1   Register

Die Go-Registermaschine verwendet den Datentyp `Register`, der – zusammen mit den Zugriffen auf sie – in dem Go-Paket μUreg aus dem Mikrouniversum gekapselt ist, das diese Dinge über ein `interface` bereitstellt. Damit werden Durchgriffe auf die Go-Registermaschine unterbunden, die in dem Sinne *„unerlaubt"* sind, als sie an der Syntax der hier vorgestellten Go-Version der RM-Sprache vorbeigehen.

Vor der ersten Verwendung eines Registers muss die Go-Registermaschine über seine Verwendung informiert werden, was in Go durch die Erzeugung eines „Objekts" vom Typ `Register` mit dem Wert 0 geschieht.

Die Größe der Zahlen, die ein Register als Wert enthalten kann, ist durch den Wertebereich des Datentyps `uint` in Go (bei einem 64-bit-Rechner bis $2^{64} - 1$) beschränkt.

8.2.2   Registermaschinenprogramme

Ein Go-Registermaschinenprogramm – im Folgenden kurz *RM-Programm* genannt – wird in Go als *Programmpaket* realisiert. Sein Paketkopf ist *Go-spezifisch:*

```
package main
import . reg
```

In der zweiten Zeile werden dem RM-Programm der Typ `Register` und seine Methoden aus dem Go-Paket `reg` zur Benutzung bekanntgegeben.

Wir betrachten zunächst die Hauptfunktion eines Paketrumpfes. Sie wird in ihre Signatur `func main() {` und eine schließende geschweifte Klammer `}` eingeschlossen.

Die einzelnen Schritte der Hauptfunktion stehen nach ihrer Übersetzung „Zeile für Zeile" hintereinander im Programmspeicher und können deshalb auch als *Programmzeilen* bezeichnet werden. Jede Programmzeile enthält genau eine *Anweisung;* die Hauptfunktion ist also eine *Folge von Anweisungen.*

Die Struktur eines RM-Programms sieht in EBNF-Notation also so aus:

RMProgram = PackHead ";" PackBody.
PackHead =   "package main"";""import .reg".

```
PackBody =     [ Funcs ] FuncMain.
Funcs =        Func ";" { Func ";" }.
FuncMain =     "func main" Stmts "}".
Stmts =        Stmt ";" { Stmt ";" }.
```

Das Literal „";"“ sollte zur besseren Übersichtlichkeit eines Programmtextes) durch einen Zeilenvorschub ersetzt werden. Daher ist es auch legitim, die einzelnen Programmschritte als „Programmzeilen“ zu bezeichnen.

Die mit „Func“ zusätzlichen Möglichkeiten zur Konstruktion und Verwendung von *Funktionen* werden im Abschnitt über Funktionen erläutert, die mit „Stmt“ im folgenden Abschnitt.

8.2.3 Anweisungen

Eine *Anweisung* ist

- eine *Wertzuweisung,*
- eine *Änderungsanweisung,*
- eine *Sprunganweisung.*
- eine *Rückgabeanweisung* oder
- eine *Ausgabeanweisung,*

Am Anfang einer Anweisung darf zusätzlich eine *Marke* als „Sprungziel“ stehen. Es darf auch „leere“ Anweisungen geben, die *nur* aus einer Marke bestehen, oder einfach – der Übersichtlichkeit halber – Leerzeilen.

Hier die formale Definition einer Anweisung in EBNF:

```
Stmt =        [ Label ":"] [ Assign | IncOrDec | Jump | Return | Write ] .
Label =       CapLetter .
CapLetter =   "A" | "B" | ...| "Z" | "_" | "Ä" | "Ö" | "Ü" .
```

Den einzelnen Anweisungen ist im Folgenden jeweils ein eigener Abschnitt gewidmet.

8.2.3.1 Wertzuweisung

Der Bezeichner für ein *atomares Register* – in den folgenden Beschreibungen immer a – kann durch eine beliebige Zeichenkette aus Buchstaben und Ziffern ersetzt werden, die mit einem kleinen Buchstaben beginnt (in diesem Sinne dient das a gewissermaßen als „Schablone“). Die formale Definition ist weiter unten in EBNF-Notation gegeben.

```
// a ist ein neues Register mit dem Wert 0.
  a := Null()
```

Auf die zweite Form der Wertzuweisung

```
// Vor.: f ist eine registerwertige Funktion.
// a ist ein neues Register mit diesem Wert.
  a := f()
```

für eine *beliebige* registerwertige Funktion f gehen wir im Abschnitt über Funktionen genauer ein, weil sich „RegValue" und „Register" in der folgenden EBNF-Definition der Wertzuweisung auch auf die Ergebniswerte von Funktionen beziehen.

Assign =	AtomicRegister ": =" RegValue .
AtomicRegister =	SmallIdentifier .
RegValue =	"Null()" | FuncName [*Registers*] .
Register =	AtomicRegister | RegValue .
Registers =	Register { " , " Register } .
FuncName =	Identifier .
Identifier =	Letter { Letter | Digit | "_" } .
SmallIdentifier =	SmallLetter { Letter | Digit | "_" } .
Letter =	CapLetter | SmallLetter .
Digit =	"0" | "1" | ...| "9" .
CapLetter =	"A" | "B" | ...| "Z" | "Ä" | "Ö" | "Ü" .
SmallLetter =	"a" | "b" | ...| "z" | "ä" | "ö" | "ü" | "ß" .

Weil wir auch Funktionen mit Ergebnissen vom Typ bool zulassen werden, ist die genannte kontextabhängige Bedingung, dass die Funktion mit dem Namen „FuncName" einen Wert vom Typ Register liefert, natürlich wesentlich.

Es gibt einen guten Grund, warum in der Go-RM-Sprache auf der rechten Seite einer Wertzuweisung *kein atomares Register,* sondern nur ein Funktionswert stehen darf (Null() ist einer!).

Nehmen wir an, die Wertzuweisung a := b wäre für ein atomares Register b erlaubt (der Go-Übersetzer würde eine solche Anweisung leider akzeptieren). Dann gibt das Programm

```
func main() {
  b := Null()
  b.Inc()
  a := b
  b.Dec()
  a.Write()
}
```

nicht 1, sondern 0 aus! Das liegt daran, dass die Anweisung b.Dec() auch den Wert des Registers a verändert; d.h., mit a := b ist nicht das erreicht, was „beabsichtigt" war, nämlich ein neues Register mit dem Wert von b zu erzeugen, weil dessen Wert durch Änderungsanweisungen an das Register b ebenfalls verändert wird, also kein eigenes Register darstellt.

Die „Absicht" wird mit der Anweisung a := Kopie(b) erreicht.

Der tiefere Grund ist, dass in der Realisierung der Go-Registermaschine die Variablen vom Typ Register „hinter den Kulissen" nur „Verweise" auf Objekte sind (d. h. Zeiger auf Adressen im Arbeitsspeicher, ab denen die Objekte abgelegt sind), nicht aber die Objekte „selber". Folglich würde mit der Anweisung a := b nur die *Startadresse* des Registers b in die Startadresse des Registers a kopiert, was bedeutet, dass der Verweis a auf das gleiche Objekt im Arbeitsspeicher zeigt wie der Verweis b. Das erklärt das „Durchschlagen" der Änderung von b auf a.

8.2.3.2 Änderungsanweisung

Es gibt zwei Anweisungen, mit denen der Wert eines Registers erhöht oder erniedrigt werden kann; in EBNF-Notation:

IncOrDec = AtomicRegister [". Inc ( ) " | ". Dec ( ) "].

Dazu die Details aus der Spezifikation des Pakets reg:

```
// Vor.: a ist mit einer Wertzuweisung erzeugt worden.
// Der Wert von a ist um 1 erhöht.
  a.Inc()


// Vor.: a ist mit einer Wertzuweisung erzeugt worden
//       und der Wert von a ist größer als 0.
// Der Wert von a ist um 1 erniedrigt.
  a.Dec()
```

In einem RM-Programm ist folglich die Voraussetzung zu sichern, d. h., dafür Sorge zu tragen, dass der Wert von a größer als 0 ist, wenn die Anweisung a.Dec() aufgerufen wird. Wenn diese Bedingung nicht erfüllt ist, wird ein Programmlauf mit einer entsprechenden Fehlermeldung abgebrochen!

Der Test darauf ist durch die Methode Gt0 *(„greater than 0")* aus dem Paket reg gegeben, die einen Wert vom Typ bool (d. h. true oder false) liefert:

```
// Liefert genau dann true,
// wenn der Wert von a größer als 0 ist.
  a.Gt0()
```

Im nächsten Abschnitt über Sprunganweisungen folgen die Details dazu.

Die Beziehung zwischen *Voraussetzung* und *Effekt* stellt gewissermaßen einen „Vertrag" über die gegenseitigen *Rechte* und *Pflichten* der programmierenden Person und der Registermaschine dar:

Die Registermaschine hat das *Recht,* sich auf die *Voraussetzung* zu verlassen, dass der Wert von x größer als 0 ist, wenn sie die Anweisung x.Dec() ausführen soll, und dafür die *Pflicht,* den *Effekt* zu bewirken, also den Wert von x um 1 zu erniedrigen; die programmierende Person hat die *Pflicht,* dafür zu sorgen, dass die *Voraussetzung* erfüllt ist, wenn die Anweisung aufgerufen wird, und damit das *Recht,* dass die Registermaschine den *Effekt* bewirkt.

Warum die Änderungsanweisungen nicht für Register allgemein, also auch für Registerfunktionswerte, sondern nur für atomare Register zugelassen sind, wird aus dem folgenden

„Programm" ersichtlich, das zwar (leider) vom Go-Übersetzer akzeptiert (d. h. übersetzt) wird, aber *nicht* das „Erwartete" liefert:

```
Zwei().Inc()
Zwei().Write() // Huch ...
```

Mit dem Einsatz von Plus1() lässt sich etwas Adäquates erreichen:

```
Plus1(Zwei()).Write()
```

8.2.3.3 Sprunganweisung

Hier behandeln wir zunächst nur die erste Alternative der Bedingung `Condition`; auf die zweite kommen wir im Abschnitt über Funktionen zurück.

```
// Wenn der Wert von a größer als 0 ist, wird im Programm
// zu der Programmzeile mit der Marke A gesprungen. Andernfalls
// wird das Programm mit der folgenden Zeile fortgesetzt,
// sofern es noch eine gibt, ansonsten ist es beendet.
   if a.Gt0() { goto A }
```

Wenn es keine Programmzeile mit der Marke A gibt, oder wenn diese Marke mehr als einmal vorkommt, kann das Programm nicht übersetzt werden und die Übersetzung wird mit einer entsprechenden Fehlermeldung abgebrochen.

Für den Namen der Marke A – gilt Entsprechendes wie für den eines Registers.

Da für die Bedingung auch die Boolesche Konstante `true` eingesetzt werden kann, haben wir auch den *unbedingten Sprung*

```
if true { goto A }
```

oder nur kurz

```
goto A
```

Die Bedingung findet Anwendung in der Syntax für die Anweisung zum *bedingten Sprung:*

Jump =	"if" Condition "{" "goto" Label "}" .
Condition =	Register "." "Gt0()" | BoolExpression .
BoolConst =	true | false .
BoolExpression =	BollConst | BoolValue .
BoolValue =	FuncName [*Registers*] .

Auch hier muss eine kontextabhängige Bedingung erfüllt sein: Die Funktion mit dem Namen „FuncName" liefert einen Wert vom Typ `bool`.

8.2.3.4 Rückgabeanweisung

Diese Anweisung besteht aus dem Schlüsselwort `return` und einem Register oder einem Booleschen Wert . . .:

```
return ...
```

Auch hierzu folgt Genaueres im nächsten Abschnitt.

8.2.3.5 Ausgabeanweisung
Über die bisher vorgestellten Anweisungen hinaus enthält unsere Go-Registermaschine die Methode `Write` aus dem Paket `reg`

- zur *Ausgabe* des Wertes eines Registers oder einer Funktion:

```
// Der Wert von a ist auf dem Bildschirm
// (in einer neuen Zeile) ausgegeben.
  a.Write()
```

a ist dabei entweder ein Register oder der Wert einer registerwertigen Funktion.

Formal in EBNF:

Write = Register."Write".

8.2.4   Testprogramme

Die Überprüfung der Ergebnisse erfolgt in einem Go-Programm. Der Name der Datei, die seinen Quelltext enthält, muss das Suffix `.go` haben; empfehlenswert ist `main.go`. Das Programm wird dann mit der Anweisung

```
go run main.go
```

übersetzt, zu einem ablauffähigen Programm gebunden und danach aufgerufen.

Es ist natürlich nicht auszuschließen, dass sich bei der Übersetzung Fehler zeigen. Mögliche Ursachen sind z. B. Tippfehler oder die Nichteinhaltung der hier beschriebenen Syntax.

Wenn so etwas passiert, kontrollieren Sie sorgfältig Ihren Quelltext – die Fehlermeldungen des Go-Übersetzers geben Ihnen sicherlich wichtige Hinweise darauf, was falsch sein könnte.

Hier nun ein konkretes Beispiel:

```
package main
import . "µU/reg"

... (Quelltexte der Funktionen Zwei und Vier)

func main() {
  x := Zwei()
  x.Print()
  Vier().Print()
}
```

Es ist sehr sinnvoll – wenn nicht notwendig – im Programmtext zusätzliche *Kommentare* einfügen, die nicht zum eigentlichen Programmtext gehören, sondern nur die Bedeutung haben, die Programmkonstruktion zu erläutern.

Wenn das konsequent in der Weise gemacht wird, dass Eigenschaften der Registerwerte nach jeder Anweisung als Kommentar beschrieben werden, kann damit die *Korrektheit* eines RM-Programms nachgewiesen werden. Dabei ist eine „Kurzschreibweise" akzeptabel, in der z. B. „das Register a hat den Wert 1" mit „a = 1" abzukürzen. Wir führen das in den Beispielen vor.

Aus „*softwaretechnischer*" Sicht ist es außerdem unabdingbar, zu jeder Funktion vor ihrer Signaturzeile in Form eines Kommentars ihre *Spezifikation* anzugeben, d. h., falls ihr Aufruf von Voraussetzungen abhängt, von welchen, und was die Funktion zurückliefert!

In Go – und damit in der Go-RM-Sprache – ist dazu vereinbart:

Alle Texte in Programmzeilen, die auf zwei aufeinanderfolgende Schrägstriche // folgen, werden nicht als Programmtext betrachtet, sondern beim Übersetzen ignoriert.

8.2.5   Funktionen

Funktionen stellen gewissermaßen RM-(„Unter-")Programme dar, die die Möglichkeit eröffnen, den Umfang der RM-(„Programmier"-)Sprache deutlich zu erweitern. Sie liefern ein Register (und damit seinen Wert) oder einen Booleschen Wahrheitswert als Ergebnis zurück.

Werte von Funktionen – so wie die „Zahl" Zwei() – lassen sich als neue „Objekte" der RM-Sprache auffassen, die in einem RM-Programm wie ein Register behandelt werden dürfen. Insbesondere können sie auch einem atomaren Register – so wie Null() als neues Register mit dem Wert 0 – zugeordnet werden (was zeigt, dass Null() im Grunde auch eine solche Funktion ist).

8.2.5.1 Spezikation von Funktionen

Funktionen stellen gewissermaßen RM-(„Unter-")Programme dar, die die Möglichkeit eröffnen, den Umfang der RM-(„Programmier"-)Sprache deutlich zu erweitern. Sie liefern als Ergebnis entweder ein Register (und damit seinen Wert) oder einen Booleschen Wahrheitswert.

Eine *Funktion* besteht aus der Angabe ihrer *Signatur,* ihrem *Rumpf* – einer Folge von Programmzeilen – und der *Schlusszeile.*

Die erste Zeile des Programmtextes einer Funktion besteht aus ihrer *Signatur.* Sie durch das Schlüsselwort func eingeleitet; gefolgt vom *Namen* der Funktion (einer Zeichenkette aus Buchstaben und Ziffern, die mit einem Großbuchstaben beginnt). Darauf folgen ein Paar runder Klammern () und das Schlüsselwort Register oder bool. Innerhalb der Klammern dürfen eine oder – voneinander durch Kommas getrennt – mehrere Registernamen als *Parameter* stehen, auf die das Schlüsselwort `Register` folgt. Eine öffnende geschweifte Klammer { bildet den Abschluss der Signatur.

Der *Rumpf* einer Funktion besteht aus einer Folge von Programmzeilen, mit denen der Wert der Funktion berechnet wird, wobei jede Zeile genau eine Anweisung enthält.

Jedes „Hilfsregister" a, d. h. eins, das nicht als Parameter in der Signatur vorkommt, muss natürlich vor seiner Verwendung (zweckmäßigerweise am Anfang des Rumpfes) mit einer Wertzuweisung a := ... erzeugt werden.

Die letzte Anweisung muss eine *Rückgabeanweisung* der Form `return` y sein, wobei y das Register oder der Boolesche Ausdruck ist, dessen Wert die Funktion als Ergebnis liefern soll.

Rückgabeanweisungen dürfen auch schon mitten im Funktionsrumpf benutzt werden, wenn das Register oder der Boolesche Ausdruck berechnet ist; dann wird die Berechnung abgebrochen und dessen Wert als Ergebnis geliefert.

Die *Schlusszeile* besteht nur aus einer schließenden geschweiften Klammer }.

Das Ganze etwas kürzer in EBN-Notation:

Func =	RegFunc | BoolFunc.
RegFunc =	RegFuncSig RegBody RegReturn.
BoolFunc =	BoolFuncSig BoolBody BoolReturn .
RegFuncSig =	"func" FuncName "(" [Param] ")" "Register" "{".
BoolFuncSig =	"func" FuncName [*Param*] "bool" "{".
Param =	Identifier { "," Identifier } "Register".
RegBody =	[Stmts] RegReturn.
BoolBody =	[Stmts] BoolReturn.
End =	"}".

8.2.5.2 Genaueres zur Rückgabeanweisung

Für die Rückgabe des Wertes einer Funktion wird in deren *Rumpf* die *Rückgabeanweisung* benötigt:

```
// Vor.: Der Typ von y - Register oder bool - passt zum Typ
//       der aufrufenden Funktion (FuncReg bzw. FuncBool).
// y wird von der aufrufenden Funktion als Wert zurückgegeben
// und ihre Ausführung damit beendet, d.h., etwaige danach
// folgende Programmzeilen werden nicht mehr ausgeführt.
  return y
```

In EBNF-Notation:

Return =	"return" | RegReturn | BoolReturn.
RegReturn =	"return" RegValue.
BoolReturn =	"return" BoolExpression.

8.2.5.3 Sind Funktionswerte „Register"?

Werte von Funktionen lassen sich als neue „Objekte" der RM-Sprache auffassen, die in einem RM-Programm *fast* wie Register behandelt werden dürfen; sie werden ja auch in Registern abgelegt.

Wenn y ein solcher Funktionswert ist, sind

- Wertzuweisungen an ein Register (`a := y`),
- Sprunganweisungen (`if y.Gt0() { goto A }`),
- Rückgabeanweisungen (`return y`) und
- Ausgabeanweisungen (`y.Write()`)

Muster für zulässige Anweisungen.

Die Erzeugung eines neuen Registers mit dem Wert 0 ist ein Spezialfall der Wertzuweisung: die Funktion `Null` aus dem Paket `reg` ist schlicht eine (intern definierte) Funktion, die ein Register mit dem Wert 0 liefert.

Die *Änderungsanweisungen* bilden dabei allerdings eine *Ausnahme:* Programmzeilen der Form

- `y.Inc()` oder `y.Dec()`

sind sinnlos, wenn y ein Funktionswert ist; der Go-Übersetzer würde z. B. die Programmzeile

```
Null().Inc().Write()
```

mit einer Fehlermeldung quittieren.

Dazu ein minimales Beispiel, in dem alles Genannte vorkommt:

```
func null() Register {
  return Null() // Rückgabe
}

func main() {
  null.Write() // Ausgabe
  if null().Gt0() { goto A } // Sprung
  n := null() // Wertzuweisung
  n.Write()
A:
  null.Write() // passiert nicht
}
```

8.3   Benutzerhandbuch

Go-RM-Programme sind letztlich Go-Programme und unterliegen damit deren syntaktischen Voraussetzungen. Ein Programm mit dem Namen `main.go` wird dann mit der
Anweisung „go run main.go" übersetzt, zu einem ablauffähigen Programm gebunden
und aufgerufen. Sollten sich bei der Übersetzung Fehler zeigen, kontrollieren Sie sorgfältig
Ihren Quelltext – die Fehlermeldungen des Go-Übersetzers geben Ihnen Hinweise darauf,
was falsch sein könnte.

Es ist sehr sinnvoll – wenn nicht notwendig – im Programmtext zusätzliche *Kommentare*
einfügen, die nicht zum eigentlichen Programmtext gehören, sondern nur die Bedeutung
haben, die Programmkonstruktion zu erläutern.

Wenn das konsequent in der Weise gemacht wird, dass Eigenschaften der Registerwerte
nach jeder Anweisung als Kommentar beschrieben werden, kann damit die *Korrektheit* eines
RM-Programms nachgewiesen werden. Dabei ist eine „Kurzschreibweise" akzeptabel, in
der z. B. „das Register a hat den Wert 1" mit „a == 1" abgekürzt werden darf/sollte. Wir
führen das in den Beispielen vor.

Aus softwaretechnischer Sicht ist es außerdem unabdingbar, zu jeder Funktion vor ihrer
Signatur in Form eines Kommentars ihre *Spezifikation* anzugeben, d. h. die Voraussetzungen
für ihre Verwendung, falls es solche gibt, sowie die Angabe, welchen Ergebniswert sie
liefert. In Go – und damit in der Go-RM-Sprache – ist dazu vereinbart, dass alle Texte
in Programmzeilen, die auf zwei aufeinanderfolgende Schrägstriche // folgen, nicht als
Programmtext betrachtet, sondern beim Übersetzen ignoriert werden.

8.3.1   Beispiele

Hier ein simples Beispiel einer Funktion, die ein Register mit dem Wert 2 liefert:

```
func Zwei() Register {
  z := Null()
  z.Inc()
  z.Inc()
  return z
}
```

Wir führen jetzt als anspruchsvolleres Beispiel die Berechnung der Summe zweier Register
vor, mit dem wir typische Muster bei der Konstruktion von RM-Programmen vorstellen und
dabei auf einen möglichen „Standard"-Fehler hinweisen.

Der folgende Versuch ist ein naiver Ansatz:

```
func Summe (a, b Register) Register {
  if b.Gt0() { goto A }
  return a
A:
  a.Inc()
```

```
  b.Dec()
  if b.Gt0() { goto A }
  return a
}
```

Dieser Ansatz ist aber *keine Lösung* des Problems!

Die Funktion liefert zwar das korrekte Ergebnis zurück, wovon man sich durch Nach-
denken über ihren Quelltext sofort überzeugen kann und was sich z. B. durch den Aufruf
von

```
Summe (Zwei(), Vier()).Write()
```

in einem kurzen RM-Programm demonstrieren lässt. Als Nebeneffekt hat sie aber den Wert
des Registers, das als erster Parameter übergeben wird, auch auf die Summe der ursprünglichen Werte beider Register gesetzt und den des Registers, das als zweiter Parameter übergeben wird, auf 0 heruntergezählt. Auch diese Tatsache ist unmittelbar einsichtig und kann
mit den Zeilen

```
a := Zwei()
b := Vier()
Summe (a, b).Write()
a.Write()
b.Write()
```

in einem RM-Programm gezeigt werden: Das gibt für a den Wert 6 und für b den Wert 0
aus und nicht die Werte 2 und 4. Dieses (völlig inakzeptable!) Phänomen taucht bei allen
derartigen Konstruktionen auf.

Um zu vermeiden, dass die Werte der als Parameter übergegebenen Register verändert
werden, muss dafür gesorgt werden, dass ihre Werte am Ende wieder mit den ursprünglichen
Werten beim Aufruf der Funktion übereinstimmen. Das lässt sich am einfachsten wie folgt
erreichen: Am Anfang eines Funktionsrumpfes werden in „Hilfsregistern„Kopien der übergebenen Register angelegt, die dann statt der übergebenen Register für die Berechnungen
herangezogen werden.

Dazu konstruieren wir eine Funktion, die eine Kopie eines Registers liefert. In ihr wird
das Herabzählen des Wertes des Registers a durch „Mitzählen" „protokolliert", was nach der
Berechnung von Zwischenergebnissen verwendet wird, um den ursprünglichen Wert durch
entsprechendes „Hochzählen" wiederherzustellen.

```
func Kopie (a Register) Register {
  b := Null() // Register zur Aufnahme der Kopie+
  if a.Gt0() { goto A }
  return b // a == b == 0
A: // sei x der Wert von a beim Aufruf
  h := Null() // Hilfsregister zum Protokollieren
            // der Anzahl der a.Dec()-Anweisungen
  // h == b == 0, a + h == a == x
B:
  a.Dec()
```

```
  b.Inc()
  h.Inc() // a + h == x, h == b > 0
  if a.Gt0() { goto B }
  // a == 0, folglich a + h == x == h, deshalb b == x,
  // aber wegen x == h > 0 gilt a < a + h == x
  // bei der Rückgabe von b muss aber a == x gelten,
  // deshalb a wieder sooft erhöhen, wie in h protolliert ist:
C:
  a.Inc()
  h.Dec() // a + h == x
  if h.Gt0() { goto C }
  // h == 0, folglich a == x
  return b // b == a
}
```

Mit dem Einsatz dieser Funktion erhalten wir eine *korrekte* Lösung zur Berechnung der Summe zweier Register:

```
func Summe (a, b Register) Register {
  a1 := Kopie (a)
  b1 := Kopie (b) // a1 + b1 == a + b
  if b1.Gt0() { goto A }
  return a1 // a1 == a und immer noch b1 == 0
A:
  a1.Inc()
  b1.Dec() // a1 + 1 + b1 - 1 == a1 + b1 == a + b
  if b1.Gt0() { goto A }
  return a1 // b1 == 0, folglich a1 + b1 == a1 == a + b
}
```

Hier noch als Beispiel einer Booleschen Funktion die Untersuchung darauf, ob zwei Register den gleichen Wert haben. Anfangs werden die Werte der übergebenen Register aus dem oben angeführten Grund wieder in Hilfsregister kopiert.

```
func Gleich (a, b Register) bool {
  a1 := Kopie (a) // a1 == a
  b1 := Kopie (b) // b1 == b, folglich a + b1 == b + a1
A:
  if a1.Gt0() { goto B }
  // a1 == 0
  if b1.Gt0() { goto F } // a1 = 0 < b1
  return true // b1 == 0 == a1, folglich a == a + b1 == b + a1 == b
B: // a1 > 0
  if b1.Gt0() { goto C } // a1 > 0, b1 > 0
  return false // a1 > 0 == b1, folglich a + b1 == a == b + a1 > b
C: // a1 > 0, b1 > 0
  a1.Dec()
  b1.Dec() // a + b1 == b + a1
  goto A
F:
```

```
  return false // a1 == 0 < b1, folglich a < a + b1 == b + a1 == b
}
```

Ein etwas komplizierteres Beispiel mit ineinandergeschachtelten Schleifen ist die Berechnung der Summe der ersten *n* natürlichen Zahlen:

```
// Liefert 0, falls a den Wert 0 hat, ansonsten die Summe
// der ersten n natürlichen Zahlen, wobei n der Wert von ist.
func Gauß (a Register) Register {
  g := Null()
  if a.Gt0() { goto A }
  return g // g == a == 0
A:
  a1 := Kopie(a)
  b := Null()
  c := Null()
B:
  a1.Dec()
  b.Inc()
C:
  g.Inc()
  c.Inc()
  b.Dec()
  if b.Gt0() { goto C }
D:
  c.Dec()
  b.Inc()
  if c.Gt0() { goto D }
  if a1.Gt0() { goto B }
  return g
}
```

Der Quelltext dieses – wenn auch korrekten – Beispiels ist allerdings definitiv *schlecht:* Er enthält keine Kommentare zu den Werten der jeweiligen Register und keine Angaben zu Schleifeninvarianten; deshalb ist es schwer, den Algorithmus nachzuvollziehen; und der Nachweis seiner Korrektheit fehlt.

8.3.2   Rekursion

Wesentlicher zum Begriff des „Ineinanderschachtelns" ist allerdings die folgende Tatsache:

In den Anweisungen eines RM-Programms – also auch im Rumpf von Funktionen – können auch bereits *vorhandene* Funktionen verwendet werden. Insbesondere ist es möglich, Funktionsaufrufe (auch mehrfach) ineinander zu „verschachteln".

Ein einfaches Beispiel dafür ist das Folgende:

```
func Sechs() Register {
  return Mal3(Zwei())
```

```
}
```

Ein Beispiel für die mögliche Mehrfach-Ineinanderschachtelung ist

```
func Hundertzweiundneunzig() Register {
  return Mal3(Summe(Vier(),Summe(Sechs(),Mal3(Mal3(Sechs())))))
}
```

mit

```
func Mal2 (a Register) Register {
  return Summe (a, a)
}
```

Das führt uns auf die Idee, Algorithmen *rekursiv* zu formulieren.

Die Eleganz dieses Ansatzes lässt sich leicht demonstrieren. Wir zeigen eine *erheblich* einfachere Lösung des Gaußschen Problems, deren Korrektheit unmittelbar klar ist, weil der Algorithmus gerade die Definition des Ergebnisses ist:

```
func Gauß (a Register) Register {
  if a.Gt0() { goto A }
  return Null()
A:
  b := Kopie (a)
  b.Dec()
  return Summe (a, Gauß(b))
}
```

Somit können Algorithmen in der Go-RM-Sprache genau so elegant wie in *funktionalen Programmiersprachen* formuliert werden. Beispielsweise lassen sich sämtliche Operationen der Arithmetik per Rekursion entwickeln, wie das in der Mathematik üblich ist.

Diese rekursiven Versionen sind erheblich leichter verständlich als die im Abschn. 8.3.1.

Unter Einsatz der Funktion

```
// Liefert ein Register, dessen Wert um 1 größer ist
// als der Wert von a.
func Succ (a Register) Register {
  b := Kopie (a)
  b.Inc()
  return b
}
```

zeigen wir das am Beispiel der Summe:

```
func Summe (a, b Register) Register {
  if a.Gt0() { goto A }
  return Kopie (b) // a == 0, folglich a + b == b
A:
  c := Kopie (a)
  c.Dec()
  return Succ (Summe(c, b))
}
```

Dieser Algorithmus ist korrekt, weil er genau die Definition der Summe aus der Theorie der natürlichen Zahlen darstellt.

Auch die Herstellung einer Kopie eines Registers und die Prüfung auf Übereinstimmung zweier Registerwerte lassen sich rekursiv implementieren:

```
func Kopie (a Register) Register {
  if a.Gt0() { goto A }
  return Null()
A:
  a.Dec()
  b := Kopie (a)
  a.Inc()
  b.Inc()
  return b
}


func Gleich (a, b Register) bool {
  if a.Gt0() { goto A }
  if b.Gt0() { goto F } // a == 0 < b
  return true // a == b == 0
A: // a > 0
  if b.Gt0() { goto B }
  return false // b == 0
B:
  a1 := Kopie (a)
  a1.Dec()
  b1 := Kopie (b)
  b1.Dec()
  return Gleich (a1, b1)
F:
  return false
}
```

8.3.2.1 Primitive Rekursion

Im Grunde sind diese Beispiele Muster für primitive Rekursion, die mit der Go-Register-maschine ganz einfach ist: Für Funktionen

```
func g (a Register) Register
func h (a, b, c Register) Register
```

erhalten wir sofort

```
func f (a, b Register) Register {
  if a.Gt0() { goto A }
  return g (b) // a == 0
A:
  c := Kopie(a)
  c.Dec() // c == a - 1
```

```
    return h (c, b, f (c, b))
}
```

Als einfaches Beispiel, aufbauend auf der Summenfunktion – selber ein Beispiel für primitive Rekursion – hier die Produktbildung:

Wenn wir für g und h die Funktionen

```
func g (a Register) Register { return Null() }
```

und

```
func h (a, b, c Register { return Summe (a, c) }
```

einsetzen, hat f(a, b) den Wert des Produktes der Werte von a und ib.

8.3.2.2 μ-Rekursion

Für $f : \mathbb{N}^{k+1} \to \mathbb{N}$ ist die partielle Funktion $\mu f : \mathbb{N}^k \to \mathbb{N}$ wie folgt definiert:

$$\mu f(a_1, a_2, \ldots, a_k) = n \iff f(a, a_1, a_2, \ldots, a_k) = 0 \quad \text{und}$$

$$\text{für alle } b < a \text{ gilt } f(b, a_1, a_2, \ldots, a_k) > 0$$

$$\mu f(a_1, a_2, \ldots, a_k) \text{ undefiniert} \iff \text{für alle } b \in \mathbb{N} \text{ gilt } f(a, a_1, a_2, \ldots, a_k) > 0$$

Das lässt sich – mit den Funktionstypen aus dem Paket $\mu U/reg$ unter Benutzung der Registerfolgen – nachbilden:

```
func μ (f RegFunc1) RegFunc {
  return func (as Registers) Register {
        a := Null()
        goto B
     A:
        a.Inc()
     B:
        if f(a, as).Gt0() { goto A }
        return a
     }
}
```

Die Ausführung dieser Funktion terminiert genau dann *nicht,* wenn f(a, as).Gt0() für *alle* Register Null(), Eins(), Zwei(), Drei(), … gilt.

Damit ist ersichtlich, dass die Klasse der Funktionen, die sich mit Go-RM-Programmen berechnen lassen, die der *rekursiven Funktionen* umfasst.

Dass die „Ausgangsfunktionen" der Klasse der rekursiven Funktionen – die konstanten Funktionen, (insbesondere Null), die Nachfolgerfunktion plus1 und die Projektionen – auch durch Go-RM-Funktionen ausgedrückt werden können, ist durch die Beispiele im vorigen Abschnitt hinreichend belegt; und die *Einsetzung* von Funktionen ist syntaktischer Bestandteil der Go-RM-Sprache – dazu ist also alles gesagt.

Natürlich ließe sich auch der Beweis, dass dass *jede* Go-RM-Funktion *rekursiv* ist, in enger Anlehnung an [2], Abschnitte 4. und 5 oder [3], Abschn. 2.4, mittels *Gödelisierung* der Go-RM-Funktionen führen. Auf eine Anpassung der technischen Details dieser Beweise an die Go-RM-Funktionen kann hier aber mit gutem Gewissen verzichtet werden, da es sich nicht um neue Erkenntnisse handelt und es intuitiv wohl klar sein dürfte, dass die Go-RM-Funktionen *keineswegs* mächtiger als die *rekursiven* Funktionen sind.

Das geht aber einfacher:

Auch die Umkehrung ist – unter Rückgriff auf die Äquivalenz der Klassen der WHILE-berechenbaren Programme und der der μ-rekursiven Funktionen – leicht zu zeigen, denn jede Go-RM-Funktion lässt sich ganz einfach nach dem Verfahren im Abschn. 2.3 von [3] in die Form eines WHILE-Programms transformieren.

Dabei gehen wir von der Voraussetzung aus, dass das Programm weder Zeilen enthält, die nur aus einer Marke bestehen (ggf. werden solche Zeilen mit der jeweils unmittelbar darauf folgenden zu einer zusammengefasst) noch solche, die mehrere durch Semikolons getrennte Anweisungen enthalten (ggf. wird jedes Semikolon durch einen Zeilenvorschub ersetzt). Die Transformation wird wie folgt vorgenommen:

Die Programmzeilen werden durchnummeriert (beginnend mit 0 für die Signatur der Funktion). Aus Zeilen mit einer Marke am Anfang werden die Marke und der ihr folgende Doppelpunkt entfernt.

Sprunganweisungen der Form

```
if a.Gt0() { goto A }
```

werden in die Form

```
for n == z { n = next (a, z, n) }
```

gebracht, wobei z die Nummer der Zeile ist, die mit der Marke A begann; solche der Form goto A in die gleiche Form mit a = Eins().

Andere Anweisungen s werden zu

```
for n == z { s; n++ }
```

transformiert (z wie oben die Zeilennummer). Dabei ist folgende Hilfsfunktion verwendet:

```
func next (a Register, z, n uint) uint {
  if a.Gt0() {
    return z
  }
  return n + 1
}
```

Die Folge der dabei entstehenden Zeilen im Rumpf der Funktion wird mit

```
n := 1
for n > 0 {
```

und

```
}
```

umschlossen.

Neben den Go-RM-Operationen, aus denen sich die Anweisungen zusammensetzen, werden bei diesem Verfahren lediglich syntaktische Bestandteile von Go benutzt, die in WHILE-Programmen zugelassen sind: elementarer Umgang mit natürlichen Zahlen – hier vom Typ int – und for-Schleifen (mit der Semantik von WHILE-Schleifen).

Wir führen das an einem einfachen Beispiel vor – der „Übersetzung" der Funktion

```
func Kopie (a Register) Register
```

aus dem Abschn. 8.3.1 über Programmbeispiele:

```
func Kopie (a Register) Register {
  n := 1
  for n > 0 {
    for n == 1 { b := Null(); n++ }
    for n == 2 { n = next (a, 4, n) }
    for n == 3 { return b }
    for n == 4 { h := Null(); n++ }
    for n == 5 { a.Dec(); n++ }
    for n == 6 { b.Inc(); n++ }
    for n == 7 { h.Inc(); n++ }
    for n == 8 { n = next (a, 5, n) }
    for n == 9 { a.Inc(); n++ }
    for n == 10 { h.Dec(); n++ }
    for n == 11 { n = next (h, 9, n) }
    for n == 12 { return b }
  }
  return b
}
```

Wenn, wie in diesem Fall, nur Rückgabeanweisungen mit dem gleichen Register b als Ergebniswert vorkommen, können diese Zeilen auch durch n = 0 ersetzt werden, wenn als letzte Programmzeile return b hinzugefügt wird.

Damit ist klar, dass *jede* Go-RM-Funktion *rekursiv* ist.

8.3.2.3 Kodierfunktionen

Für das Beweisgeflecht der Äquivalenz zwischen Turing-, GOTO- und WHILE-Berechenbarkeit spielen bijektive Funktionen $\mathbb{N} \to \mathbb{N}^k$ eine wichtige Rolle. Sie lassen sich auch in der Go-RM-Sprache entwickeln.

Wir betrachten zunächst die Kodierfunktion $c_0 \colon \mathbb{N} \times \mathbb{N} \to \mathbb{N}$, definiert durch

$$c_0(n, m) = \binom{n + m + 1}{2} + n = \frac{1}{2}(n + m + 1)(n + m).$$

In Tab. 8.1 sind die ersten Funktionswerte dieser Kodierfunktion gezeigt.

Tab. 8.1 Die ersten Funktionswerte von c_0

m ↓	$n \to$	0	1	2	3	4	5	6	...
0		0	2	5	9	14	20	27	...
1		1	4	8	13	19	26	34	...
2		3	7	12	18	25	33	42	...
3		6	11	17	24	32	41	51	...
4		10	16	23	31	40	50	61	...
5		15	22	30	39	49	60	72	...
6		21	29	38	48	59	71	84	...
⋮		⋮	⋮	⋮	⋮	⋮	⋮	⋮	

Wegen $c_0(n, m) = c_0(0, n + m) + n$ lässt sich damit die Umkehrfunktion $d_0 \colon \mathbb{N} \to \mathbb{N}^2$ von c_0 zum Dekodieren leicht finden: Sie ist durch $d_0(n) = (d(n), e(n))$ für

$$e(n) = n - c_0(0, y_0) \quad \text{und}$$
$$f(n) = y0 - (n - c_0(0, y_0)) \quad \text{mit}$$
$$y_0 = \max\{y \in \mathbb{N} \mid y \le n \wedge c_0(0, y) \le n\}$$

definiert.

Dieses „Kodier-/Dekodier"prinzip lässt sich auf beliebiges $k \in \mathbb{N}$ ($k \ge 2$) verallgemeinern: Die durch

$$c(n_0, n_1, \dots, n_k) = c_0(n_0, c(n_1, \dots, c_0(n_k, 0)))$$

gegebene k-stellige Kodierfunktion $c \colon \mathbb{N}^k \to \mathbb{N}$ liefert eine Bijektion $\mathbb{N}^k \to \mathbb{N}$.

Ihre Umkehrfunktion $d \colon \mathbb{N} \to \mathbb{N}^k$ zur Dekodierung sieht wie folgt aus:

$$d(n) = (d_0(n), d_1(n), \dots, d_k(n)) \quad \text{für } n\mathbb{N}^k$$

mit $d_0(n) = e(n)$ und $d_{i+1}(n) = d_i(f(n))$ für $0 \le i < k$. Der Nachweis, dass d invers zu c ist, folgt sofort per Induktion aus den rekursiven Definitionen, basierend darauf, dass d_0 und c_0 zueinander invers sind.

Alle diese Funktionen lassen sich in der GO-RM-Sprache implementieren:

```
func C0 (a, b Register) Register {
  if a.Gt0() { goto A }
  return Null()
A: // a > 0
  c := Kopie(a)
```

```
  c.Dec() // c == a - 1
  return Summe (C0 (c, b), a)
}


func D0 (n Register) (Register, Register) {
  return E(n), F(n)
}


func max (a Register) Register {
  b := Kopie (a)
A:
  if Kleinergleich (C0 (Null(), b), a) { goto B }
  b.Dec()
  goto A
B:
  return b
}


func E (n Register) Register {
  y0 := max(n)
  return Differenz (n, C0 (Null(), y0))
}


func F (n Register) Register {
  y0 := max(n)
  x := Differenz (n, C0 (Null(), y0))
  return Differenz (y0, x)
}
```

Die Funktionen Kleinergleich und Differenz sind als Übungsaufgabe überlassen.

```
func C (n ...Register) Register {
  if Gleich (Length(a), Zwei) { goto A }
  return C0(n[0], C(n[1:]...))
A:
  return C0(n[0], n[1])
}


func d (i, n Register) Register {
  i1 := Kopie (i)
  if i1.Gt0() { goto A }
  return F (n)
A:
  i1.Dec()
  return d (i1, n)
}


func D (i, n Register) Register {
  i1 := Kopie (i)
```

```
  if i1.Gt0() { goto A }
  return E (n)
A:
  i1.Dec()
  if i1.Gt0() { goto B }
  return E (F (n))
B:
  return d (i1, F (n))
}
```

Aus diesem Grunde lassen sich die Ergebnisse aus dem Kap. 2 von [3] vollständig übertragen.

8.4   Konstruktion

Das Register-Paket ist im Mikrouniversum enthalten. Hier seine Spezifikation:

```
package reg

type Register interface { // Registers with integer values.
  // For all methods, the preposition is that the calling
  // register was generated by a value assignment of Null()
  // or the value of a function with a register as value.
  // The calling register is always denoted by "x".

// Pre: The value of x is incremented by 1.
  Inc()

// Pre: x has a value > 0.
// The value of x is decremented by 1.
  Dec()

// Returns true, iff x has a value > 0.
  Gt0() bool

// Returns a new register with the sum
// of the values of a and x as value.
  Add (a Register) Register

// Returns a new register with the product
// of the values of a and x as value.
  Mul (a Register) Register

// The value of x is written in a line to the screen.
  Write()
}

// Returns a new register with the value 0.
func Null() Register { return null() }
```

und hier ausnahmeweise – wegen seiner Kürze – seine Implementierung:

```
package reg

type register struct {
  uint "value of the register"
}

func null() Register {
  return new(register)
}

func fail (s string) {
  panic ("Pre of " + s + "() not met")
}

func (a *register) Inc() {
  a.uint++
}

func (a *register) Dec() {
  if a.uint <= 0 { fail("Dec") }
  a.uint--
}

func (a *register) Ct0() bool {
  return a.uint > 0
}

func (a *register) Add (b Register) Register {
  c := null().(*register)
  c.uint = a.uint + b.(*register).uint
  return c
}

func (a *register) Mul (b Register) Register {
  c := null().(*register)
  c.uint = a.uint * b.(*register).uint
  return c
}

func (a *register) Write() {
  z := a.uint
  if z == 0 {
    println ("0")
    return
  }
  s := ""
  if z < 0 {
```

```
    s = "-"
    z = -z
  }
  n := z
  var t string
  for t = ""; n > 0; n /= 10 {
    t = string(n
  }
  println (s + t)
}
```

8.5   Aufgaben

Für die Spezifikationen der Aufgaben sei eine etwas „schlampige" Sprechweise vereinbart:
Wir verwenden die Begriffe „Register" und „Wert des Registers" als synonym.

Implementieren Sie die folgenden Funktionen und testen Sie sie:

```
// Liefert a - b, falls a > b, sonst 0.
func Differenz (a, b Register) Register

// Liefert a * a.
func Quadrat (a Register) Register

// Liefert a * b.
func Produkt (a, b Register) Register

// Liefert das größte Register b mit b * b <= a.
func Wurzel (a) Register

// Liefert 2$^a$.
func Exp2 (a Register) Register

// Liefert a$^b$.
func Exp (a, b Register) Register

// Liefert a / 2.
func Div2 (a Register) Register

// Vor.: b > 0.
// Liefert a / b.
func Div (a, b Register) Register

// Liefert a % 2.
func Mod2 (a Register) Register
```

```
// Liefert a % b.
func Mod (a, b Register) Register

// Vor.: a > 0, b > 0.
// Liefert den größten gemeinsamen Teiler von a und b.
func GgT (a, b Register) Register

// Vor.: a > 0, b > 0.
// Liefert das kleinste gemeinsame Vielfache von a und b.
func KgV (a, b Register) Register

// Liefert a!.
func Fakultät (a Register) Register

// Liefert das Maximum von a und b.
func Max (a, b Register) Register

// Liefert das Minimum von a und b.
func Min (a, b Register) Register

// Liefert log$_2$(a).
func Log2 (a Register) Register

// Liefert log$_b$(a).
func Log (a, b Register) Register

// Liefert den Binomialkoeffizienten $\binom a b$.
func Binom (a, b Register) Register

// Liefert die a-te Fibonacci-Zahl.
func Fibonacci (a Register) Register

// Liefert genau dann true, wenn a < b.
func Kleiner (a, b Register) bool
```

Das Buch über die Mathematischen Aspekte der Angewandten Informatik ist im weltweiten Netz in den *Monographs and Lecture Notes* des *European Mathematical Information Service* (EMIS) zu finden:

```
http://www.emis.de/monographs/schulz/algo.pdf.
```

Literatur

1. Fehr, E.: Mathematische Aspekte der Programmiersprachen. In: Schulz, R.-H. (Hrsg.) Mathematische Aspekte der Angewandten Informatik, S. 147–164. BI-Wissenschaftsverlag (1994)
2. Koppelberg, S.: Was können Algorithmen? In: Schulz, R.-H. (Hrsg.) Mathematische Aspekte der Angewandten Informatik, S. 23–54. BI-Wissenschaftsverlag (1994)
3. Schöning, U.: Theoretische Informatik – kurzgefasst, 3. Aufl. Spektrum Akademischer (1997)

Der elektronische Griffel

9

Wer hat heute Tafeldienst?
Typische Frage von Lehrern am Anfang einer Unterrichtsstunde

Zusammenfassung

Der *elektronische Griffel* ist kein „Projekt". Er war ursprünglich nur ein Testprogramm für *Folgen von Objekten* aus dem Mikrouniversum, wobei später für die Objekte – aus Ärger über ein völlig blödsinniges Beispiel aus einem Buch über objektorientierte Programmierung mit Java – ein abstrakter Datentyp „zweidimensionale Figuren" gewählt wurde. Das System ist dazu geeignet, Tafelanschrieb durch Rechner- und Beamereinsatz zu ergänzen.

Ein Vorteil dieses – gegenüber dem mächtigen System *E-Chalk* von Prof. Dr. R. Rojas von der Freien Universität Berlin – *winzigen* Systems ist die drastische Reduktion des Konzepts qua „Schlankheit": Seine objektbasierte Konstruktion und die Ereignissteuerung im Hauptprogramm sind leicht überschaubar.

9.1 Systemanalyse

Der Einsatz eines elektronischen Systems kann – unter gewissen Bedingungen – das Schreiben und Zeichnen an einer Tafel ergänzen oder sogar ersetzen. Das System leistet im Grundsatz das Gleiche wie der „klassische" Tafelanschrieb, darüberhinaus aber viel mehr: Der simulierte Tafelanschrieb –

- *kann sehr sauber gestaltet werden,*
- *ist reproduzierbar,*
- *änder- und erweiterbar* sowie
- *ausdruckbar.*

Die Vor- und Nachteile gegenüber dem Schreiben und Zeichnen an einer Tafel sind im Einzelfall natürlich – in Abhängigkeit vom Einsatzzweck – sorgfältig gegeneinander abzuwägen; dabei sind beliebige Mischformen denkbar.

Nachteile

- Mit *Kreide* kann jeder umgehen; die Bedienung eines *Programms* dagegen muss erlernt sein.
- Auch die Schülerinnen müssen die Bedienung lernen, wenn sie das Programm nutzen wollen oder sollen.
- Freihandzeichnungen oder -texte leiden bei der Erzeugung durch eine Maus auf einer „elektronischen Tafel" in der Regel mehr unter „zittriger Hand" als beim Tafelanschrieb.
- Der Einsatz ist *von Geräten* (Rechner, Beamer) *abhängig,* die vor der Benutzung eingerichtet werden müssen.
- Es entstehen ggf. zusätzliche *Kosten* für die Geräteausstattung, oder es muss ein entsprechend ausgestatteter Lehrraum aufgesucht werden.
- Auch die *Folgekosten* sind nicht vernachlässigbar (Ersatzlampen für Beamer sind z. B. erheblich teurer als – auch farbige – Kreide).
- Das Programm setzt einen Rechner (oder Netzzugriff auf einen Server) unter *Linux* voraus (ob das *wirklich* ein Nachteil ist ...).

Vorteile

- Das Programm ist sehr *einfach zu bedienen.* Seine Steuerung ist leicht zu ändern und seine ergonomischen Schwächen oder Fehler sind leicht korrigierbar.
- Der gesamte Quelltext ist für Lehrsituationen frei verwendbar; damit ist die Anpassbarkeit an individuelle Bedürfnisse gesichert.
- Es ist mit wenigen „Mausklicks" möglich,
  - saubere Figuren, z. B. Dreiecke, Vierecke, Rechtecke, Kreise, Ellipsen und elegante Kurven zu zeichnen,
  - Text sauber zu schreiben und
  - Bilder einzubinden.
- Tafelwischen ist *auch* (im Zweifel: „Drecks-")Arbeit.

- Der zusätzliche Kostenaufwand kann abgefedert werden, wenn eine allgemein verfügbare *„Mobilstation"* eingesetzt wird.
- Das Programm läuft auch auf anderen „fensterorientierten" Betriebssystemen, wenn der lokale Rechner über eine Netzanbindung an einen Server unter Linux verfügt.
- Benutzerin oder Benutzer ist beim Einsatz *dem Auditorium zugewandt* (und fängt sich z. B. keine Papierkügelchen von hinten ein).
- Eine elektronische Tafel – nennen wir sie kurz „eTafel" – kann an einem beliebigen Rechner in Ruhe optimal *vor- und nachbereitet* und *„durchgestylt"* werden.
- Die eTafeln sind beliebig *wiederverwendbar* („...so sah unsere Tafel vorgestern aus").
- Die langfristige *Pflege* (d. h. die Änderung auf der Grundlage von Erfahrungen, die Anpassung an andere Lehrsituationen und die Weiterentwicklung) der eTafeln ist jederzeit möglich.
- Die eTafeln können als Dateien weitergegeben sowie *ausgedruckt* und damit *vervielfältigt* werden.

9.1.1 Die Figuren des elektronischen Griffels

Der elektronische Griffel muss folgende Arten von Figuren verwalten können:

- *Punktfolgen,*
- *Streckenzüge,*
- *Polygone,*
- *Kurven,*
- *Geraden,*
- *Rechtecke,*
- *Kreise,*
- *Ellipsen,*
- *Texte* und
- *Bilder.*

Im folgenden werden diese Figuren einzeln erläutert. Vorab jedoch ein paar Worte zum Farbkonzept: Alle Figuren können in verschiedenen Farben dargestellt werden.

Die *Hintergrundfarbe* des Bildschirms ist standardmäßig schwarz, kann aber „auf Knopfdruck" auf weiß umgestellt werden

Punktfolgen

Es handelt sich um *Folgen einzelner Punkte* („Pixel" auf dem Bildschirm), von denen je zwei aufeinanderfolgende, wenn sie als Pixel nicht benachbart sind, durch eine Strecke verbunden sind.

Die Punkte werden durch die Bewegung eines Zeigeinstruments (zur Zeit nur der Maus; in Zukunft vielleicht auch eines Graphiktablets) selbständig (d. h. bei der Bewegung vom Programm) erzeugt, bis die Eingabe von Benutzerin beendet wird (die Reihenfolge der Punkte ist durch die zeitliche Abfolge bei der Erzeugung gegeben).

Punktfolgen realisieren damit „Freihandzeichnungen" (die natürlich auch Texte darstellen können).

Streckenzüge

Streckenzüge sind Folgen von Strecken, bei denen der Endpunkt jeweils einer Strecke mit dem Anfangspunkt der nächsten Strecke zusammenfällt, sofern noch eine folgt (die Reihenfolge der Strecken durch die zeitliche Abfolge der Setzung ihrer Endpunkte gegeben).

Im Prinzip sind Streckenzüge also das gleiche wie Punktfolgen; der Unterschied besteht darin, dass die Randpunkte der Strecken von Benutzerin einzeln gesetzt statt durch die Mausbewegung erzeugt werden.

Polygone

Polygone sind „geschlossene" Streckenzüge:Der Anfangspunkt ihrer ersten Strecke fällt mit dem Endpunkt ihrer letzten zusammen.

Damit gehören *Dreiecke, Vierecke, Fünfecke* usw. zu den Figuren.

Kurven

Kurven sind durch Bezier-Polynome definiert, die durch – von Benutzerin einzeln gesetzte – Punktfolgen, begrenzt durch eine gewisse Maximalzahl, definiert sind.

Eine Kurve hat den ersten und letzten Punkt der Folge als Randpunkte; die Punkte dazwischen sind die „Stützpunkte" des Polynoms, dessen Grad n um 1 niedriger als die Anzahl der Punkte ist:

$$z(t) = \sum_{i=0}^{n} \binom{n}{i}(1-t)^{n-i}t^i z_i \ \ \text{für } 0 \leq t \leq 1 \text{ und } z_0, \ z_1, \ \ldots, \ z_n \in \mathbb{C}$$

Geraden

Wegen der „Endlichkeit" der Größe des Bildschirms sind *Geraden* durch zwei Punkte gegebene *Strecken,* deren Endpunkte am Rand des Bildschirms liegen.

Rechtecke

Zu den Bildschirmkanten parallele *Rechtecke,* gegeben durch zwei Punkte, der linken oberen und der rechten unteren Ecke.

Kreise

Kreise sind durch ihren Mittelpunkt und ihren Radius gegeben.

Ellipsen

Nur *Ellipsen* mit *achsenparallelen* Halbachsen, die durch ihren Mittelpunkt und die Längen ihrer Halbachsen gegeben sind.

Texte

Alphanumerische Texte, d. h. auch *Zahlen* (z. B. im einfachsten Fall Ziffernfolgen).

Bilder

Bilder sind Graphikdateien im `ppm`-Format. Damit sie vom elektronischen Griffel benutzt werden können, müssen sie natürlich genügend klein sein.

Ihre Bearbeitung ist mit den Routinen aus dem `netpbm`-Paket möglich; z. B. ihre Skalierung mit `pamscale` und die Umwandlung zwischen diesem Format und dem `jpeg`-Format mit `pnmtojpeg` bzw. `jpegtopnm`.

Gefüllte Figuren

Rechtecke, Kreise, Ellipsen und *kreuzungsfreie konvexe* (*unter X auch* beliebige Polygone) können in dem Sinne *gefüllt* sein, dass alle Pixel im Inneren der Figur auf die Farbe (des Randes) der Figur gesetzt sind.

9.1.2 Die Operationen auf den eTafeln

Mit dem elektronischen Griffel lassen sich auf einer eTafel – den mit dem elektronischen Griffel auf dem Bildschirm simulierten „Tafelbildern" – im einzelnen folgende Operationen durchführen:

- Einzelne Figuren
  - *erzeugen,*
  - *ändern* und *färben,*
  - *verschieben,*
  - *löschen* sowie
  - *markieren* und *entmarkieren*
- alle markierten Figuren
  - *löschen* und *entmarkieren,*
  - in einer anderen eTafel *speichern,*
- alle Figuren einer eTafel
  - *löschen,*
  - *markieren,*
- eine eTafel
  - *verschieben,*
  - *laden* und *speichern,*

- eine andere eTafel
  - *dazuladen*
- sowie alle Erzeugungen und Löschungen auf einer eTafel
  - *rückgängig machen.*

Neue Figuren werden in der aktuellen Art und der aktuellen Farbe erzeugt, die anfangs Standardwerte haben und mit bestimmten Kommandos jederzeit geändert werden können.

9.2   Benutzerhandbuch

9.2.1   Bedienungsanleitung

Der elektronische Griffel ist nach ergonomischen Gesichtspunkten konzipiert.

Das Programm verwendet den Bildschirm grundsätzlich im „*Fullscreen*-Modus".

Es ist darauf abgestimmt, dass es – abgesehen von Texteingaben – mit der einen Hand möglichst bewegungsfrei über der Tastatur und mit der anderen Hand auf der Maus bedient werden kann.

Unter diesen Bedingungen kommt der elektronische Griffel im wesentlichen mit wenigen Tasten

- Tabulatortaste ⇆,
- Steuerungstaste Strg,
- Leertaste

aus, die dicht nebeneinanderliegen und daher nach kurzer Gewöhnung „blind" benutzbar sind, sodass die Konzentration auf die eTafel nicht durch den ständigen Blickwechsel zwischen Bildschirm, Tastatur und Maus unterbrochen wird.

Im Konsolenbetrieb wirkt die Kontrolltaste Strg grundsätzlich wie die Umschalttaste ⇑, da Strg „blind" leichter als ⇑ erreichbar ist.

Die Fenstermanager der gängigen graphischen Oberflächen fangen dagegen bestimmte Tastenkombinationen mit der Kontrolltaste Strg und der Metataste Alt ab und verwenden sie zur Manipulation von Fenstern; eine 2-Tasten-Maus hat keine *mittlere* Taste.

Deshalb müssen in diesen Fällen alternative Tasten

- Entfernungstaste Entf,
- Funktionstasten F5 bis F9,

die dicht nebeneinanderliegen und daher nach kurzer Gewöhnung „blind" benutzbar sind, verwendet werden, was die obigen Überlegungen etwas konterkariert.

Die Bedienung des elektronischen Griffels wird im Folgenden detailliert erläutert.

9.2.2   Start des Programms

Der elektronische Griffel wird mit dem Kommando epen gestartet, dem der Name der
eTafel als Parameter mitgegeben werden kann. Falls das der Fall ist, erscheint dieser
Name – andernfalls der provisorische Name temp – im Feld des eTafel-Namens links
oben auf dem Bildschirm; er kann editiert werden. Die entsprechenden Dateien haben diese
Namen mit dem Suffix .epn.

Wenn die Eingabe mit der Eingabetaste ◄┘ abgeschlossen wird, wird die eTafel mit
diesem Namen geladen, falls es eine solche gibt; andernfalls ist die eTafel jetzt leer. Wenn
kein Name eingegeben wird, erhält die eTafel den Namen „temp".

9.2.3   Erzeugung neuer Figuren

Die Betätigung der Leertaste, der Taste A, der Eingabetaste ◄┘ oder der Einfügetaste Einfg
bewirkt, dass an der Stelle des Mauszeigers ein Menü erscheint, aus dem mit der Maus die
aktuelle Art der Figuren ausgewählt werden kann. Sie wird mit den Pfeiltasten ↑ und ↓
und der Anfangs- und Endetaste Pos1 und Ende ausgewählt und mit der Eingabetaste ◄┘
bestätigt.

Die Auswahl wird mit der Abbruchtaste Esc abgebrochen; dann bleibt die alte aktuelle
Art erhalten.

Neue Figuren werden – bis zur Auswahl einer anderen aktuellen Art – in dieser Art
gezeichnet.

Punktfolgen
Mit einem Druck auf die linke Maustaste wird die Erzeugung einer neuen Figur an der Stelle
des Mauszeigers begonnen.

Ist die aktuelle Art eine *Punktfolge,* wird – der Mausbewegung folgend – solange „gezeichnet", bis die Maustaste losgelassen wird. Sollte die maximal mögliche Anzahl der
Punkte der Folge vorher schon erreicht sein, wird die Zeichnung automatisch beendet.

Je schneller die Maus bewegt wird, desto deutlicher wird der Effekt sichtbar, dass die
einzelnen – von der Maus erkannten – Punkte jeweils durch Strecken verbunden werden:
Die Figur wird etwas „eckiger".

Strecken und Streckenzüge
Handelt es sich bei der aktuellen Art um *Strecke(n)* (*Strecken* bzw. *Streckenzüge*), beginnt
die Figur beim ersten Mausklick.

Weitere Klicks mit der linken Maustaste an anderen Stellen setzen die nächste Strecke;
Bewegungen zwischen den Mausklicks führen die jeweils letzte Strecke bis zum nächsten
Mausklick mit.

Ein Streckenzug wird durch einen Klick mit der rechten Maustaste beendet.

Eine *einfache Strecke* wird also mit der folgenden Kommandofolge erzeugt: Bewegung der Maus zum Anfangspunkt – Klick mit der linken Maustaste – Bewegung der Maus zum Endpunkt – Klick mit der rechten Maustaste.

Polygone

Polygone werden ganz ähnlich erzeugt;der einzige Unterschied ist, dass ab dem zweiten Mausklick die aktuelle Mausposition automatisch mit der Anfangsposition verbunden wird.

Wenn ein Polygon konvex ist (diese Einschränkung gilt nur für den Betrieb des elektronischen Griffel in einer Konsole), wird es in der gleichen Farbe wie sein Rand *gefüllt,* falls der abschließende Klick mit der rechten Maustaste zusammen mit der Umschalttaste ⇑ erfolgt.

Kurven

Kurven werden im Grunde wie Streckenzüge erzeugt: Klick mit der linken Maustaste; Fortsetzung durch Mausbewegung und weitere Klicks mit der linken Maustaste; die Fixierung erfolgt mit einem Klick der rechten Maustaste.

Wenn bei der Fortsetzung die maximal mögliche Zahl der Stützpunkte erreicht wird, wird die Erzeugung automatisch beendet.

Anders als bei Streckenzügen passt sich während der Erzeugung ständig die gesamte Kurve den gesetzten Stützpunkten an; es erfordert etwas Übung und Erfahrung, bis Benutzerin „den Bogen heraushat".

Geraden

Ein Punkt einer *Geraden* wird mit einem Druck auf die linke Maustaste gesetzt, wobei die Gerade als Horizontale erscheint; die Bewegung der Maus führt den zweiten Punkt und damit die Gerade mit, bis sie durch Loslassen der Maustaste fixiert sind.

Rechtecke

Bei der Erzeugung von *Rechtecken* wird ähnlich wie bei Geraden verfahren: Ein Druck mit der linken Maustaste setzt eine Ecke des Rechtecks; solange die Maus bewegt wird, wird auf ihrer Position die diagonal gegenüberliegende Ecke und damit das Rechteck mitgeführt, bis das Rechteck durch Loslassen der Maustaste fixiert wird.

Wird während des Loslassens der Maustaste die Kontrolltaste Strg gedrückt, wird es in der gleichen Farbe wie sein Rand *gefüllt.*

Kreise

Kreise werden nach dem gleichen Prinzip erzeugt: Ein Druck mit der linken Maustaste setzt den Mittelpunkt; die Bewegung der Maus führt zur Mitführung eines Kreises durch die Mausposition; sowie die Maustaste losgelassen wird, ist der Kreis fixiert.

Kreise können wie Rechtecke *gefüllt* werden.

Ellipsen

Ellipsen werden wie Kreise erzeugt; der einzige Unterschied ist, dass mit der Mausbewegung eine Ecke des umschreibenden Recktecks gesetzt wird.

Ellipsen können wie Rechtecke *gefüllt* werden.

Texte

Ist die aktuelle Art ein *Text,* erscheint nach einem Klick mit der linken Maustaste an der Stelle des Mauszeigers ein blinkender Kursor. Der Text wird mit der Tastatur eingegeben, wobei er – wie mit einem üblichen Editor – komfortabel verändert werden kann (wie im Abschn. 3.4.5 über den Feldeditor des Mikrouniversums beschrieben).

Wenn die Eingabe leer ist oder mit einer anderen Taste als der Eingabetaste ◄┘ beendet wird, ist die Erzeugung abgebrochen.

Bilder

Ist die aktuelle Art ein *Bild,* erscheint – wie bei einem Text – nach einem Klick mit der linken Maustaste ein blinkender Kursor, womit die Aufforderung verbunden ist, den Namen des Bildes einzugeben.

Nach Abschluss der Eingabe mit der Eingabetaste ◄┘ erscheint das in der entsprechenden Datei, deren Dateiname der Name des Bildes mit angehängtem Suffix .ppm ist, enthaltene Bild mit der Mausposition als linker oberer Ecke, sofern eine solche Datei vorhanden ist und das Bild vollständig auf die eTafel passt.

Bei leerer Eingabe oder Abschluss mit der Abbruchtaste Esc wird abgebrochen.

9.2.4 Änderung von Figuren

Sitzt der Mauszeiger auf einer Figur, führt ein Klick mit der linken Maustaste zusammen mit der Umschalttaste ⇑ dazu, dass die Punkte, die die Figur charakterisieren, sichtbar werden. Sie können einzeln mit der rechten Maustaste „gefasst" und verschoben werden; die Figur passt sich dabei an. Die Änderung wird durch einen Klick mit der linken Maustaste abgeschlossen. Bei Rechtecken und Kreisen ist das einfacher; bei ihnen erscheinen die Punkte nicht – sie können an *jedem* Punkt auf ihrem Rand „angefasst" werden.

Beim Drücken der Funktionstaste F3 erscheint ein farbiger Streifen, aus dem per Klick mit der linken Maustaste eine Farbe ausgewählt werden kann, mit der Figur unter der Maus eingefärbt wird. Wenn die Maus dabei bewegt wird, werden alle Figuren, über die die Maus „fährt", eingefärbt. Mit einem Klick der linken Maustaste außerhalb des Streifens oder der Fluchttaste Esc wird die Auswahl abgebrochen.

Wenn die Taste F3 zusammen mit der Umschalttaste ⇑ gedrückt wird, kann die *aktuelle Farbe* ausgewählt werden, in der solange neue Figuren gefärbt werden. bis sie mit diesem Verfahren geändert wird.

Mit einem Druck auf die Funktionstaste F4 kann die *Hintergrundfarbe* der eTafel ausgewählt werden.

9.2.5   Verschieben von Figuren

Mit der rechten Maustaste können einzelne Figuren „angefasst" und mit gedrückter
Maustaste verschoben werden.

9.2.6   Löschen von Figuren

Sitzt der Mauszeiger auf einer Figur, wird sie durch Drücken der Entfernungstaste Entf
gelöscht. Wenn die Maus dabei bewegt wird, werden alle von der Maus überstrichenen
Figuren gelöscht. Wird zusätzlich die Umschalttaste ⇑ gedrückt, werden – unabhängig von
der Mausposition – *alle markierten Figuren* gelöscht.

Mit der Rücktaste ← wird die jeweils letzte gelöschte Figur wieder restauriert; falls sie
vorher markiert war, ist sie das jetzt nicht mehr. Zusammen mit der Umschalttaste ⇑ werden
alle gelöschen Figuren wieder restauriert.

9.2.7   Markieren von Figuren

Eine unter dem Mauszeiger sitzende Figur wird mit der Funktionstaste F5 markiert.

Unabhängig von der Position der Maus werden *alle Figuren* beim zusätzlichen Drücken
der Umschalttaste ⇑ markiert.

Die markierten Figuren blinken kurz.

Entsprechend werden Figuren mit der Funktionstaste F6 entmarkiert.

Bei einem Druck auf die Tabulatortaste ⇆ blinken *alle* markierten Figuren kurz.

9.2.8   Laden und Speichern

Mit einem Druck auf die Rollen-Taste werden alle Figuren einer anderen eTafel in die
aktuelle eTafel hineinkopiert. Dazu tut sich das Feld für den eTafel-Namen auf, in das der
Name der zu ladenden eTafel eingegeben wird. Die Eingabe wird mit der Eingabetaste ←
abgeschlossen; beim Abschluss mit der Abbruchtaste Esc wird der Vorgang abgebrochen.

Wird die Rollen-Taste zusammen mit der Umschalttaste ⇑ gedrückt, werden alle markierten Figuren in einer anderen eTafel abgelegt; dazu wird dessen Name im Feld für den
eTafel-Namen eingegeben (eine unter diesem Namen vorhandene eTafel wird überschrieben).

9.2.9   Ausdrucken

Auf Betätigung der Drucken-Taste wird der Inhalt der eTafel (mit weißem Hintergrund) ausgedruckt (sofern `CUPS` installiert und ein postscript-fähiger Drucker vorhanden ist).

9.2.10 Beendigung des Programms

Der elektronischer Griffel wird mit der Abbruchtaste Esc beendet; die aktuelle eTafel wird gespeichert.

Falls die eTafel nun unter einem neuen Namen gespeichert werden soll, kann dieser Name im Namensfeld editiert werden; ansonsten bleibt die aktuelle eTafel unter dem Namen erhalten, der ihr beim Start des Programms gegeben wurde.

9.2.11 Hilfe kurzgefasst

Der Hilfe-Bildschirm erscheint auf Druck der Funktionstaste F1, zeigt kurze Hinweise zur Bedienung und verschwindet beim Drücken der Fluchttaste Esc.

9.3   Systemarchitektur

Die einzige Komponente des elektronischen Griffels ist das „Hauptprogramm" epen.go mit einer Ereignissteuerung in Form einer *Ereignisschleife*, in der diverse Datentypen aus dem Mikrouniversum verwendet werden.

9.4   Konstruktion

Das wichtigste benutzte Paket aus dem Mikrouniversum ist das der zweidimensionalen Figuren, dessen Spezifikation wir hier zeigen:

```
package fig2

import (. "µU/obj"; "µU/col"; "µU/psp")

type typ byte; const (
    Points = iota // sequence of points
    Segments // line segment[s]
    Polygon
    Curve // Bezier curve
    InfLine // given by two different points
    Rectangle // borders parallel to the screen borders
    Circle
```

```
      Ellipse // main axes parallel to the screen borders
      Text // of almost 40 characters
      Image // in ppm-format
      Ntypes
)
type Figure2 interface {

   Object
   Stringer
   Marker

// x is of typ t.
   SetTyp (t typ)

// Returns the typ of x.
   Typ() typ

// x is of the Type, that was selected interactively by the user.
   Select()

// The defining points of x are shown, iff b.
   ShowPoints (b bool)

// Returns the position of the
// - first point (of the first line), if x has a typ <= Line,
// - top left corner of x, if x is of typ Rectangle or Image,
// - middle point of x, if x is of typ Circle or Ellipse,
// - bottom left corner of first characer, if is of typ Text.
   Pos() (int, int)

// x has Position (x, y)
   SetPos (x, y int)

// Returns true, iff the point at (a, b) has a distance
// of at most t pixels from x.
   On (a, b int, t uint) bool

// x is moved by (a, b).
   Move (a, b int)

// Returns true, iff the the mouse cursor is in the interior of x
// or has a distance of not more than t pixels from its boundary.
   UnderMouse (t uint) bool

// x has the colour c.
   SetColour (c col.Colour)

// Returns the colour of x.
   Colour() col.Colour

// x is drawn at its position in its colour to the screen.
   Write()
```

```
// x is drawn at its position in its inverted colour to the screen.
  WriteInv()

// Pre: x has a typ != Image.
// x is now the figure interactively generated by the user-
  Edit()

// Pre: x has the typ Image.
// Returns true, if x is now the image interactively generated by the user.
  ImageEdited (n string) bool

// Pre: f is not empty. f != Points and f != Image.
// x is interactively changed by the user.
  Change()

// If x is a text, it has the font size f. // TODO
SetFontsize (fontsize.Size)

// x is printed (see package µU/psp).
  Print (psp.PostscriptPage)
}

// Returns a new empty figure with undefined typ.
func New() Figure2 { return new_() }

// Return a new empty figure with the corresponding typ.
func NewPoints (xs, ys []int, c col.Colour) Figure2 {
     return newPoints(xs,ys,c) }
func NewSegments (xs, ys []int, c col.Colour) Figure2 {
     return newSegments(xs,ys,c) }
func NewPolygon (xs, ys []int, f bool, c col.Colour) Figure2 {
     return newPolygon(xs,ys,f,c) }
func NewCurve (xs, ys []int, c col.Colour) Figure2 {
     return newCurve(xs,ys,c) }
func NewInfLine (x, y, x1, y1 int, c col.Colour) Figure2 {
     return newInfLine(x,y,x1,y1,c) }
func NewRectangle (x, y, x1, y1 int, f bool, c col.Colour) Figure2 {
     return newRectangle(x,y,x1,y1,f,c) }
func NewCircle (x, y, r int, f bool, c col.Colour) Figure2 {
     return newCircle(x,y,r,f,c) }
func NewEllipse (x, y, a, b int, f bool, c col.Colour) Figure2 {
     return newEllipse(x,y,a,b,f,c) }
func NewText (x, y int, s string, c col.Colour) Figure2 {
     return newText(x,y,s,c) }
```

Mini

10

Zusammenfassung

Mini ist ein einfaches Modell einer Einadress-Maschine, das in die grundlegenden Konzepte der *imperativen* – insbesondere der *maschinennahen* – Programmierung einführt. Es verfügt über 26 Register, 2 Statusflaggen und 30 Maschineninstruktionen zum Zugriff auf die Register und die Statusflaggen, zum Rechnen und zum Springen in einem Programm.

Wenn man einen Rechner rechnen lässt,
ist damit zu rechnen,
dass er nicht richtig rechnet.

Mit Mini werden der *Zustandsbegriff* (die Werte der Register und der Statusflaggen) und die *algorithmischen Grundstrukturen* (Sequenzen, Fallunterscheidungen, Schleifen und Rekursion) eingeführt. Die Bedeutung dieses Konzepts liegt

- *theoretisch* in der Turing-Vollständigkeit von Mini, da es genau so leistungsfähig wie das einer Registermaschine: *Alles, was sich überhaupt programmieren lässt, lässt sich im Prinzip mit Mini erledigen.*
- *praktisch* in seiner Klarheit und Verständlichkeit:
  Obwohl der vorhandene Instruktionssatz sehr umfangreich ist, sind Mini-Maschinenprogramme unkompliziert und leicht handhabbar.

Aus diesen Gründen wurde es vor vielen Jahren im Goethe-Gymnasium in Berlin-Wilmersdorf im Informatik-Unterricht eingesetzt (damals noch in Modula-2 programmiert).

10.1   Systemanalyse

Bestandteile einer Einadress-Maschine sind

- ein *Prozessor* zur Ausführung von Programmen,
- ein *Datenspeicher* in Form einer Menge von *Registern,*
- ein *Stapelspeicher* zur Zwischenspeicherung von Registerinhalten und
- ein *Programmspeicher* zur Aufnahme eines Programms in Form einer Folge von *Programmzeilen.*

Darüberhinaus benötigt Mini eine Möglichkeit

- zur Eingabe eines Programms, d. h. zur Belegung des Programmspeichers mit Programmschritten sowie
- zur Belegung der Register mit Daten und zur Ausgabe dieser Daten.

10.1.1 Prozessor

Minis *Prozessor* hat die Aufgabe,

- mittels eines *Rechenwerks* die einzelnen Programmschritte und
- mittels eines *Steuerwerks* das Programm, d.h. die Instruktionen in der Folge der Programmzeilen auszuführen (Details s. Abschn. 10.1.3).

Er verfügt dazu über eigene *Register:*

- zwei *Akkumulatorregister* `ax` und `bx` (kurz als *Akkus* bezeichnet),
- einen *Programmzähler (program counter)* zur Steuerung der Programmausführung sowie
- ein *Statusregister,* in dem einige Instruktionen bestimmte *Flaggen* setzen bzw. löschen, d. h., sie mit den Werten 1 bzw. 0 belegen.
  - die *Nullflagge (zero flag)* `zf` und
  - die *Übertragungsflagge (carry flag),* die an einigen Stellen auch als *Überlaufflagge (overflow flag)* „missbraucht" wird.

Zu Beginn der Ausführung eines Programms haben alle Register den Wert 0.

10.1.2 Datenspeicher

Der Datenspeicher von Mini besteht aus 26 *Registern* und dem *Stapelspeicher.*

Register sind Speicherplätze, die jeweils eine (maximal 9-stellige) natürliche Zahl aufnehmen können. Die Inhalte der Register werden auch als ihr *Wert* bezeichnet.

Da die Werte der Register im Laufe der Ausführung eines Programms verändert werden (was ja gerade der Zweck von Programmen ist), können die Register auch als *Variable* betrachtet werden. Die 26 Register haben die Namen "a" bis "z", über die sie angesprochen werden, um auf ihre Werte zugreifen zu können.

Der *Stapelspeicher* besteht – anschaulich gesprochen – aus „übereinanderliegenden" Registern (nach dem *„last in–first out"*-Prinzip); Registerwerte können jeweils oben auf dem Stapel abgelegt oder von oben entnommen werden, wobei darauf zu achten ist, dass ein Wert nur *dann* entnommen werden kann, wenn der Stapel nicht leer ist.

Zu Beginn der Ausführung eines Programms ist der Stapelspeicher leer.

10.1.3 Programmzeilen

Die einzelnen Schritte eines Mini-Maschinenprogramms (im folgenden kurz Miniprogramm genannt) stehen „Zeile für Zeile" hintereinander im Programmspeicher und werden deshalb als *Programmzeilen* bezeichnet. Sie werden – beginnend bei 0 – fortlaufend durchnumeriert.

Jede Programmzeile enthält genau eine *Instruktion,* und zwar

- eine *Speicherinstruktion,*
- eine Instruktion für eine *Rechenoperation,*
- eine *Vergleichsinstruktion,*
- eine *Flaggeninstruktion,*
- eine *Sprunginstruktion,*
- eine *Stapelinstruktion*
- eine *Aufrufinstruktion* oder
- eine *Rückkehrinstruktion.*

Sie sind im Abschn. 10.1.5 im Einzelnen aufgeführt und erläutert.

Am Anfang einer Programmzeile darf zusätzlich eine *Marke* stehen.

10.1.4 Ausführung eines Miniprogramms

Ein Programm wird von einem Einadress-Rechner ausgeführt, indem die Instruktionen in seinen Programmzeilen *sequentiell* (d. h. Zeile für Zeile) ausgeführt werden, wobei bei der ersten Zeile begonnen wird und danach entweder zur nächsten Programmzeile gegangen oder zu einer anderen als der nächsten Zeile gesprungen wird.

Etwas genauer betrachtet, wird das *so* realisiert:

Als jeweils nächste Instruktion wird immer die in *derjenigen* Programmzeile ausgeführt, deren Nummer im *Programmzähler* des Prozessors steht.

Anfangs enthält der Programmzähler eine 0; es wird also bei der ersten Programmzeile begonnen. Welche Zahl *nach* der Ausführung einer Programmzeile im Programmzähler steht, d. h. welche Zeile als nächste abgearbeitet wird, hängt davon ab, ob die Programmzeile eine Sprung- oder Aufrufinstruktion enthält.

Ein Miniprogramm wird *beendet,* wenn es auf eine Zeile mit der *Rückkehrinstruktion* trifft; folglich ist bei der Erstellung eines Miniprogramms darauf zu achten, dass es eine Rückkehrinstruktion enthält.

Wenn der Wert des Programmzählers größer oder gleich der Anzahl der Programmzeilen ist, wird das Programm abgebrochen, da die Nummerierung mit 0 beginnt, z. B. nach der letzten Programmzeile, falls das keine Sprunginstruktion ist.

Ein Programmabbruch kann auch andere Ursachen haben – und zwar „Programmier-fehler" in Form nicht beachteter Voraussetzungen beim Aufruf von *Instruktionen,* zu deren Ausführung eine Voraussetzung angegeben ist.

Ein *Unterprogramm* besteht aus einer Folge von Programmzeilen, deren *erste* mit einer Marke eingeleitet wird und deren *letzte* aus der Rückkehrinstruktion besteht. Es wird durch die dafür vorgesehene *Aufrufinstruktion* ausgeführt, wobei in den Programmzähler bei Been-digung des Unterprogramms die Nummer der nächsten Programmzeile eingesetzt wird (die auf diejenige Zeile folgt, in der das Unterprogramm aufgerufen wurde).

10.1.5 Instruktionen

Mini verfügt über eine „Programmiersprache" mit wenigen *Instruktionen:*

- sechs *Speicherinstruktionen* zum Kopieren von Registerinhalten in die/aus den Akkus `ax` bzw. `bx`:
  `lda`, `sta`, `exa`, `ldb`, `stb` und `exb`;
- vier Instruktionen zum *Erhöhen und Erniedrigen* der Werte von Akku und Registern:
  `ina`, `dea`, `inc` und `dec`;
- zwei *Schiebeinstruktionen* zur Multiplikation bzw. Division von Registerwerten mit bzw. durch 2:
  `shl` und `shr`;
- fünf Instruktionen zur Ausführung von *Rechenoperationen* auf den Werten (temporär der Akkus und) der Register:
  `add`, `adc`, `sub`, `mul` und `div`;

- einer Instruktion zum *Vergleich* von Akku und Registerwerten:
  cmp;
- drei *Flaggeninstruktionen* zur Manipulation des Statusregisters:
  clc, stc und cmc;
- fünf *Sprunginstruktionen* zum „Springen" im Programm, auch in Abhängigkeit von den Werten der Flaggen im Statusregister:
  jmp, je, jne, jc und jnc;
- zwei *Stapelinstruktionen* zur Zwischenspeicherung von Werten von Registern:
  push und pop;
- einer *Aufrufinstruktion* zur Ausführung eines Unterprogramms:
  call und
- einer *Rückkehrinstruktion* zur Beendigung eines Programms:
  ret.

Die *Speicherinstruktionen* erwarten ein Register, die *Sprunginstruktionen* und die *Aufrufinstruktion* eine Marke als Argument. Instruktionen zum *Erhöhen* bzw. *Erniedrigen*, zur Ausführung von *Rechenoperationen* sowie *Schiebe-* und *Vergleichsinstruktionen* erwarten höchstens *ein* und die *Stapelinstruktionen* genau *ein* Argument:

Da alle Instruktionen höchstens *ein* Argument erwarten, ist Mini ein Beispiel für eine *Einadress-Maschine*.

Wir geben jetzt die Spezifikationen aller Instruktionen an, wobei die Flaggen nicht gesetzt oder gelöscht werden, wenn das nicht explizit angegeben ist. Dabei ist nach der Ausführung einer Instruktion – wenn nicht anders angegeben – der Wert des Programmzählers um 1 erhöht, sodass danach die nächste Programmzeile bearbeitet wird. Anders ist es bei der Rückkehrinstruktion, durch die das Programm beendet wird, und den Sprunginstruktionen: Als nächste Instruktion wird die in der Programmzeile ausgeführt, die mit *derjenigen* Marke beginnt, die der Sprunganweisung als Argument mitgegeben ist.

```
// ax hat den Wert von r.
  lda r

// r hat den Wert von ax.
  sta r

// Die Werte von ax und r sind vertauscht,
  exa r

// bx hat den Wert von r.
  ldb r

// r hat den Wert von bx.
  stb r

// Die Werte von bx und r sind vertauscht,
  exb r
```

```
// Wenn der Wert von ax kleiner als 10^9 - 1 war,
// ist er um 1 erhöht, andernfalls auf 0 gesetzt.
// zf ist dementsprechend gesetzt bzw. gelöscht.
  ina

// Wenn der Wert von ax größer als 0 war, ist er
// um 1 erniedrigt, andernfalls auf 10^9 - 1 gesetzt.
// zf ist dementsprechend gesetzt bzw. gelöscht.
  dea

// Wenn der Wert von r kleiner als 10^9 - 1 war,
// ist er um 1 erhöht, andernfalls auf 0 gesetzt.
// zf ist dementsprechend gesetzt bzw. gelöscht.
  inc r

// Wenn der Wert von r größer als 0 war, ist er
// um 1 erniedrigt, andernfalls auf 10^9 - 1 gesetzt.
// zf ist dementsprechend gesetzt bzw. gelöscht.
  dec r

// Das Doppelte z des Wertes von r ist gebildet
// und r hat den Wert z mod 10^9.
// cf ist genau dann gesetzt, wenn z größer als 10^9 ist.
  shl r

// Der Wert von r ist halbiert; cf ist genau dann gesetzt,
// wenn der Wert von r vorher eine ungerade Zahl war.
  shr r

// Der Wert von ax ist um den Wert von r erhöht, wenn das ohne
// Überlauf über 10^9 - 1 möglich ist; in diesem Fall ist cf
// gelöscht. Andernfalls hat ax den Wert der Summe der Werte
// von ax und r mod 10^9 und cf ist gesetzt.
  add r

// Der Wert von ax ist um den Wert von r und den Wert von cf
// erhöht, wenn das ohne Überlauf über 10^9 - 1 möglich ist.
// In diesem Fall ist cf jetzt gelöscht.
// Andernfalls hat ax jetzt den Wert der Summe der Werte
// von ax, r und cf mod 10^9 und cf ist gesetzt.
  adc r

// Wenn der Wert von r kleiner oder gleich dem von ax ist,
// ist der Wert von ax um diesen Wert vermindert
// und cf ist gelöscht. Andernfalls hat ax den Wert
// 10^9 - (Wert von r - Wert von ax) und cf ist gesetzt.
  sub r
```

```
// Das Produkt p der Werte von ax und r ist gebildet:
// ax hat den Wert p mod 10^9 und bx den Wert p div 10^9,
// d.h., p = Wert von bx * 10^9 + Wert von ax. cf ist
// genau dann gesetzt, wenn p größer oder gleich 10^9 ist.
  mul r


// Vor.: r hat einen Wert > 0.
// ax hat den Wert q div r und bx den Wert q mod r.
  div r


// Im Programmzähler steht die Nummer
// der ersten Programmzeile mit der Marke M.
// Wenn es keine Programmzeile mit dieser Marke gibt,
// wird das Programm abgebrochen.
  jmp M


// Vor. Es gibt es eine Programmzeile, die mit M beginnt,
//       und die Programmzeile ist nicht die letzte.
// Wenn zf gesetzt ist, steht die Nummer der ersten
// Programmzeile mit der Marke M im Programmzähler,
// andernfalls die Nummer der folgenden Programmzeile.
  je M


// Vor.: s. je.
// Wenn zf gelöscht ist, steht die Nummer der ersten
// Programmzeile mit der Marke M im Programmzähler,
// andernfalls die der folgenden Programmzeile.
  jne M


// Vor.: s. je.
// Wenn cf gesetzt ist, steht die Nummer der ersten
// Programmzeile mit der Marke M im Programmzähler,
// andernfalls die der folgenden Programmzeile.
  jc M


// Vor.: s. je.
// Wenn cf gelöscht ist, steht die Nummer der ersten
// Programmzeile mit der Marke M im Programmzähler,
// andernfalls die der folgenden Programmzeile.
  jnc M


// Wenn der Wert von r mit dem von ax übereinstimmt,
// ist zf gesetzt. Andernfalls ist er gelöscht
// und cf ist genau dann gesetzt, wenn der
// Wert von r kleiner als der von ax ist,
  cmp r


// cf ist gelöscht, d.h. hat den Wert 0.
  clc M
```

```
// cf ist gesetzt, d.h. hat den Wert 1.
  stc M
```

```
// cf ist komplementiert, d.h. ist gesetzt,
// falls cf vorher gelöscht war, und umgekehrt.
  cmc M
```

```
// Der Wert von r ist auf dem Stapel abgelegt.
  push r
```

```
// Wenn der Stapel keinen Wert enthielt, wird das Programm
// mit einer entsprechenden Fehlermeldung abgebrochen.
// Andernfalls hat r jetzt den obersten Wert des Stapels
// und dieser Wert ist vom Stapel entfernt.
  pop r
```

```
// Die Nummer der ersten Programmzeile mit der Marke M steht
// im Programmzähler. Die nächste Rückkehrinstruktion hat
// zur Folge, dass der Programmzähler die Nummer der Zeile
// enthält, die auf die Zeile mit der call-Instruktion folgt.
  call M
```

```
// Das Programm \bzw das Unterprogramm ist beendet.
  ret
```

Für den Namen r des in diesen Spezifikationen verwendeten Registers kann in den Instruktionen die Nummer eines beliebigen Registers eingesetzt werden; entsprechendes gilt für die verwendete Marke M. In diesem Sinne sind diese Zeilen als *Schablonen* für Instruktionen zu verstehen.

10.1.6 Beispiel

Das folgende Programm berechnet die Fakultät des Wertes von b und schreibt sie in das Register a, wenn a anfangs den Wert 1 enthält:

```
    lda a
A   mul b
    sta a
    dec b
    jne A
    ret
```

Dieses Beispiel ist allerdings nur korrekt, wenn der Wert von b kleiner oder gleich 12 ist, weil das Ergebnis sonst $\geq 10^9$ ist.

Etwas weiter arbeitet das folgende Miniprogramm:

```
A:
  lda  a
  mul  b
  sta  a
  stb  c
  lda  d
  mul  b
  add  c
  sta  d
  dec  b
  jne  A
  ret
```

Das Ergebnis mod 10^9 (d. h. die 9 niedrigen Stellen) steht nach der Ausführung des Programms im Register a, das Ergebnis div 10^9 (d. h. die bis zu 9 hohen Stellen) im Register d.

Die Leserinnen und Leser sollten sich durch Nachrechnen davon überzeugen, dass dieses Miniprogramm bis zum Startwert 19 von b korrekt ist.

10.2   Systemarchitektur

10.2.1 Die Objekte des Systems

Aus der Systemanalyse lassen sich die folgenden **Objekte** ableiten:

- *Programm* als Folge der Programmzeilen,
- *Programmzeilen* und
- *Register.*

Die Implementierung der Einadress-Maschine Mini besteht demzufolge aus dem Paket mini mit den Unterpaketen

- mini/prog,
- mini/line,
- mini/reg.

10.2.2 Komponentenhierarchie

Die Abhängigkeiten der Pakete sind in Abb. 10.1 dargestellt, wobei das jeweils tiefer liegende Paket vom darüber liegenden benutzt (importiert) wird:

Abb. 10.1 Systemarchitektur
von Mini

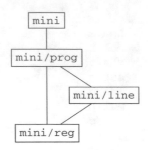

An tieferen Stellen werden viele weitere Pakete aus dem Mikrouniversum gebraucht:
z. B. *Ein-/Ausgabefelder* (μU/box), *Kellerspeicher* (μU/stk) und *persistente Folgen*
(μU/pseq).

10.3 Benutzerhandbuch

Mini ist ein Simulationsprogramm zur Ausführung von Miniprogrammen. Für die Bezeichner in Miniprogrammen, deren Ausführung von Mini simuliert werden soll, müssen folgende
Konventionen eingehalten werden:

- *Variable,* d. h. Namen von Registern, werden mit einem kleinen Buchstaben (von a bis
  z) bezeichnet,
- *Marken* mit einem Großbuchstaben (von A bis Z).

Die Bedienung des Programms ist denkbar einfach.

Neben den Buchstaben-, Ziffern- und Zeichentasten zum Eingeben von Text werden
einige Sondertasten zur Korrektur von Eingaben und zur Steuerung des Programmablaufs
gebraucht.

Der Eingabekorrektur dienen die folgenden Tasten:

- die Rückschritt- ⟵ und die Entfernungstaste Entf zum Löschen einzelner Zeichen, in
  Kombination mit der Umschalttaste ⇑ zum Löschen des Eingabefeldes,
- die Pfeiltasten ⟵ und ⟶ nach links und rechts sowie
- die Anfangstaste Pos1 und die Endetaste Ende zum Bewegen im Text.
- Mit der Einfügetaste Einfg wird zwischen dem Einfüge- und dem Überschreibemodus
  umgeschaltet, wobei der aktuelle Modus an der unterschiedlichen Kursorform erkennbar
  ist: ein Unterstrich im Einfüge- und ein rechteckiger Block im Überschreibemodus.

Der Programmablauf wird mit

- der Eingabetaste ◄┘, der Fluchttaste Esc, der Rückschritt-Taste ◄—,
- den Pfeil- ↑ und ↓ und den Bildtasten Bild↑ und Bild↓ nach oben und unten sowie
- der Tabulatortaste ⇆ gesteuert;

gelegentlich in Verbindung mit der Umschalttaste ⇑.

Fehlermeldungen werden mit der Rücktaste ◄— quittiert.

10.3.1 Hinweise zur Arbeit mit mini

- Mini durch Eingabe von `mini` aufrufen, wobei der Name des auszuführenden Miniprogramms (ohne die Endung `.mini`) als Parameter mitgegeben wird, z. B. `mini test`,
- ggf. das Miniprogramm editieren,
- den Editiermodus mit der Abbruchtaste Esc verlassen,
- die Startwerte der verwendeten Register eingeben,
- mit der Eingabetaste ◄┘ schrittweise durch das Miniprogramm laufen (die Registerinhalte werden dabei laufend angezeigt) und – falls gewünscht – mit Esc den Schrittmodus verlassen und das Miniprogramm bis zum Ende durchlaufen lassen,
- falls gewünscht, die Programmausführung von Mini mit der Kombination Strg + C abbrechen und
- nach Ausführung des Programms (was mit der Meldung `Programm ausgeführt` quittiert wird) Mini mit Esc beenden.

Ein dem Programmaufruf `mini` mitgegebener Parameter ist der Name des Miniprogramms, andernfalls erhält es den Namen `prog`. Die zugehörigen *Dateien* haben die Endung `.mini` und werden im Unterverzeichnis `.mini` des Heimatverzeichnisses `$HOME` gespeichert.

10.4   Konstruktion

Hier sind die Spezifikationen der drei von `mini` benutzten Pakete:

```
package prog

type Program interface {
  Empty() bool
  GetLines()
  Parse() (string, uint)
  Write()
  Edit()
  Run()
}

func New() Program { return new_() }
```

```
package line
import . "µU/obj"

const EmptyLabel = byte(' ')

type Instruction byte; const (
  NOP = Instruction (iota)
  LDA; STA; LDB; STB; EXA; EXB  // Argument: Register
  INA; DEA                      // kein Argument
  INC; DEC                      // Argument: Register
  SHL; SHR                      // Argument: Register
  ADD; ADC; SUB; MUL; DIV       // Argument: Register
  CMP                           // Argument: Register
  JMP; JE; JNE; JC; JNC         // Argument: Marke
  PUSH; POP                     // Argument: Register
  CLC; STC; CMC                 // kein Argument
  CALL; RET                     // kein Argument
  nInstructions
)
type Line interface { // lines of mini programs, consisting
                      // of a label, an instruction, a register
                      // and a target label.

  Clearer
  Equaler
  Stringer
  Write (l, c uint)
  Edit (l, c uint)

// Returns (M, true), iff x starts with label M;
// returns otherwise (EmptyLabel, false).
  Marked() (byte, bool)

// Returns true, iff x contains the instruction CALL.
  IsCall() bool

// Returns true, iff x contains the instuction RET.
  IsRet() bool

// The instruction in x is executed.
  Run() byte
}

func New() Line { return new_() }

// The state of the processor is written to the screen,
// starting at position (line l, column c).
func WriteStatus (l, c uint) { writeStatus(l,c) }

package reg
```

```
import . "µU/obj"

const (N = 9; M = 1e9; R = 26) // R = Anzahl der Register

type Register interface { // Register mit einem Kleinbuchstaben
                          // "a", ..., "z" als Namen und einer
                          // natürlichen Zahl < M als Wert.
                          // Es werden alle R Register verwaltet.
  Clearer
  Stringer
  Valuator
  Write (l, c uint)
  Edit (l, c uint)
}

func New() Register { return new_() }

func WriteAll (l, c uint) { writeAll(l,c) }
func EditAll (l, c uint) { editAll(l,c) }
```

und hier die Ereignisschleife des Hauptprogramms:

```
package main
import ("µU/mode"; "µU/scr"; "µU/errh"; "mini/prog")

func main () {
  scr.New (0, 0, mode.VGA); defer scr.Fin()
  program := prog.New()
  program.GetLines()
  fail, n := program.Parse()
  if fail == "" {
    program.Write()
    program.Edit()
    program.Run()
  } else {
    errh.Error (fail + " <- fehlerhafte Programmzeile Nr.", n + 1)
  }
}
```

10.5 Aufgaben

Entwickeln Sie Miniprogramme zur Berechnung

- der Potenz zweier Zahlen (z. B. 2^{20}),
- der Summe und des Produkts von zwei oder mehr Zahlen,
- des Quotienten von zwei Zahlen,

- des Minimums/Maximums von zwei oder mehr Zahlen,
- des ggT und kgV zweier Zahlen,
- der Summe und des Produkts zweier Brüche und
- von Binomialkoeffizienten und Fibonacci-Zahlen.

Bücher

11

Zusammenfassung

Bei diesem Programm handelt es sich um ein System zur Verwaltung eines Buchbestandes, konstruiert als einfache Anwendung der persistenten Indexmengen.

Das, was Du suchst,
findest Du immer an dem Platz,
an dem Du zuletzt nachsiehst.

Eins der Gesetze von
Edward A. Murphy jr.

Das hier vorgestellte Programm ist eine etwas vereinfachte Version eines Lehrprojekts aus der Lehrerweiterbildung Informatik an der Freien Universität Berlin. Es ging um die Erstellung eines Systems zur Verwaltung einer beliebigen Sammlung (s. dazu das Kapitel *Inferno*).
  Hier beschränken wir uns auf den Spezialfall einer Sammlung von Büchern.

11.1 Systemanalyse

Für jedes Buch sollen folgende Daten aufgenommen werden:

* *Gebiet* (Prosa, Klassik, Roman, …),
* *Autor/in,*
* *Koautor/in,*

Die Originalversion des Kapitels wurde revidiert. Ein Erratum ist verfügbar unter https://doi.org/
10.1007/978-3-658-42014-7_17

- *Nummer* (für Serien),
- *Titel* und
- *Fundort.*

Beispiele:

- Theater
- Dürrenmatt, Friedrich
- –
- –
- Die Physiker
- 1. Regal in der Bibliothek

(in diesem Fall gibt es keinen Koautor und keine Seriennummer) oder

- Italien-Krimi
- Fruttero, Carlo
- Lucentini, Franco
- 4
- Das Geheimnis der Pineta
- kleiner Bücherschrank

Die Menge dieser Daten bilden ein Element einer persistenten Indexmenge.
Es sind zwei Ordnungen vorgesehen:

- sortiert nach Gebiet und bei gleichem Gebiet nach Autorenname
- und umgekehrt.

11.2   Systemarchitektur

11.3   Die Objekte des Systems

Damit hat das System folgende **Objekte:**

- einen Aufzähltyp *Gebiete* für die in der Systemanalyse genannte 1. Komponente,
- *Zeichenketten* für die 2., 3., 5. und 6. Komponente,
- *natürliche Zahlen* für die 4. Komponente,
- den *Verbund,* der diese Komponenten zusammenfasst, und
- das *Programm* bücher.

Die entsprechenden Pakete sind enum, text, bn, book und bücher.

Abb. 11.1 Systemarchitektur
der Buchverwaltung

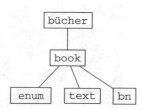

11.4 Komponentenhierarchie

Die Abhängigkeiten dieser Pakete untereinander sind in Abb. 11.1 dargestellt.

11.5 Benutzerhandbuch

Mit ↑ und ↓ wird im Bestand rückwärts bzw. vorwärts geblättert und mit Pos1 und Ende gelangt man zum ersten bzw. letzten Eintrag. Der aktuelle Eintrag kann nach Eingabe von ↵ geändert werden.

Drücken von Einfg führt dazu, dass ein leerer Eintrag auf dem Bildschirm erscheint, dessen Eingabefelder ausgefüllt werden können; dieser Eintrag wird dann in den Bestand eingefügt.

Mit Entf wird der aktuelle Eintrag nach einer Sicherheitsabfrage entfernt, mit F3 wird die Ordnung gewechselt und mit Esc das Programm beendet und der Datenbestand gesichert.

Abb. 11.2 zeigt die Bildschirmmaske.

11.6 Konstruktion

Hier die Spezifikation der verwendeten Datentypen:

11.6.1 Gebiete

Hierfür benutzen wir den Typ enum.Enum aus dem Mikrouniversum.

11.6.2 Natürliche Zahlen

Wir betrachten *natürliche Zahlen* mit einer fest vorgegebenen maximalen Stellenzahl:

```
package bn
import (. "µU/obj"; "µU/col")
```

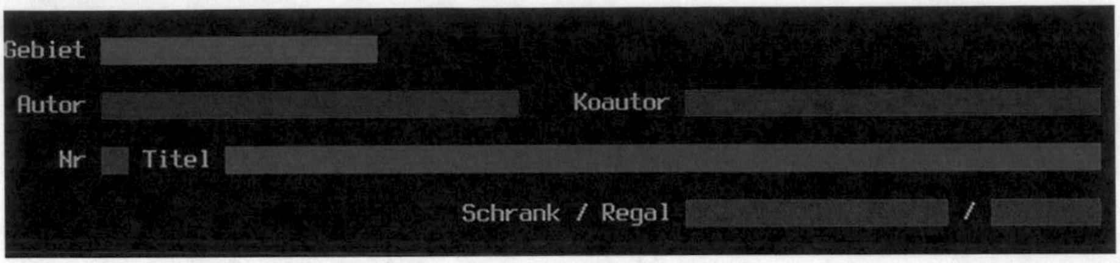

Abb. 11.2 Die Bildschirmmaske

```
type Natural interface { // natural numbers < 2^64 - 1.
  Object
  col.Colourer
  EditorGr
  Stringer
  Valuator
  Printer

// Returns the width of x given by New.
  Width() uint

// Pre: s contains only the digits 0 and 1.
// x is the natural number with the binary represenation s.
  Decimal (s string)

// Returns the binary representation of x.
  Dual() string
}

// Pre: 0 < n <= M.
// Returns a new Natural with value 0 for numbers with at most n digits.
func New (n uint) Natural { return new_(n) }
```

Hier die Repräsentation und der Konstruktor:

```
type natural struct {
  uint
  wd uint
  f, b col.Colour
  font.Font
}

func new_(n uint) Natural {
  if n == 0 || n > M { ker.PrePanic() }
  x := new(natural)
  x.uint = invalid
  x.wd = n
  x.f, x.b = col.StartCols()
  return x
}
```

11.6.3 Zeichenketten

Texte sind kurze Zeichenketten, die auf eine Zeile eines Bildschirms passen. Hier die Spezifikation des entsprechenden Pakets:

```
package text
import (. "μU/obj"; "μU/col")

type Text interface { // strings of fixed length
  Object
  col.Colourer
  Editor
  Stringer
  Printer
// Specs see str/def.go.
  Equiv (Y Text) bool

  Sub (Y Text) bool
  Sub0 (Y Text) bool
  EquivSub (Y Text) (uint, bool)

  Len() uint
  ProperLen() uint
  Byte (n uint) byte
  Pos (b byte) (uint, bool)
  Replace1 (p uint, b byte)

// starting with position p in x, n bytes are removed;
// tail filled with spaces up to the original length
  Rem (p, n uint)

  IsUpper0() bool
  ToUpper()
  ToLower()
  ToUpper0()
  ToLower0()

  Split() []Text

  WriteGr (x, y int)
  EditGr (x, y int)
}

// Returns a new empty text of length n.
func New (n uint) Text { return new_(n) }
```

und hier ihre Repräsentation und der Konstruktor:

```
type text struct {
  uint "length of string"
  string
  cF, cB col.Colour
  font.Font
  font.Size
```

```
}

func new_(n uint) Text {
  if n == 0 { return nil }
  x := new (text)
  x.uint = n
  x.string = str.New (n)
  x.cF, x.cB = col.StartCols()
  x.Font = font.Roman
  x.Size = font.Normal
  return x
}
```

11.6.4 Book

Hier die Spezifikation des Typs book:

```
package book
import . "µU/obj"

type Book interface {
  Indexer
  Rotator

// Pre: y is of type Book.
// Returns true, iff x is a part of y.
  Sub (y Any) bool
}

func New() Book { return new_() }
```

Seine Repräsentation ist der Verbund aus den vorgestellten Komponenten:

```
type book struct {
  const (len0 = 30; len1 = 63; len2 = 22)
  field enum.Enum
  author, coauthor text.Text
  bn.Natural
  title, location text.Text
}

func new_() Book {
  x := new (book)
  x.field = enum.New(20)
  x.author = text.New (len0)
  x.coauthor = text.New (len0)
  x.Natural = bn.New (2)
  x.title = text.New (len1)
  x.location = text.New (len2)
  return x
}
```

Als Indexfunktion wird die Identität

```
func Id (a Any) Any {return a}
```

genommen.

11.6.5 Das Programm zur Verwaltung des Bücherbestandes

Für die Steuerung des Programms wird die Funktion `Operate` aus dem Paket $\mu U/collop$ eingesetzt, dessen Implementierung algorithmisch uninteressant ist, weshalb wir hier nicht darauf eingehen.

Damit ist es sehr kurz:

```
package main
import (. "mU/obj"; "µU/env"; "µU/scr"; "µU/files"
        "µU/piset"; "µU/collop"; "µU/book")

func sub (x, y Indexer) bool {
  return x.(book.Book).Sub (y.(book.Book))
}

func main() {
  scr.NewWH (0, 0, 80 * 8, 10 * 16); defer scr.Fin()
  files.Cds()
  b .- book.New()
  p := piset.New (b)
  p.Name (env.Call())
  collop.Operate (p, b, sub)
}
```

Zusammenfassung

Das Inferno ist gewissermaßen eine Abstraktion des Bücher-Projekts. Es dient der Verwaltung von beliebig konfigurierbaren Datensätzen. Datensätze können anhand derjenigen Attribute gefunden werden, die bei der Konstruktion des Inferno-Programms als Index bestimmt, d. h. dafür vorgesehen wurden. Die Bedienung des Systems ist sehr einfach. Es kann für viele Zwecke eingesetzt werden, z. B. für ein Adressenverzeichnis oder zur Verwaltung einer Sammlung von Tonträgern.

Alles Abstrakte,
wird durch Anwendung dem Menschenverstand genähert,
und so gelangt der Menschenverstand
durch Handeln und Beobachten zur Abstraktion.

Johann Wolfgang von Goethe
Aus Wilhelm Meisters Wanderjahre.

Im Rahmen der Lehrerfort- und -weiterbildung pflegte ich zu bestimmten Themen Personen aus der Industrie zu bitten, bei uns einen Vortrag über ihre Arbeit zu halten.

Einmal war der Vortrag eines Mitarbeiters von IBM mit einem Besuch seiner Arbeitsstätte im IBM-Haus am Ernst-Reuter-Platz verbunden. Er stellte uns ein Programm vor, an dem IBM-Entwickler einige Monate gearbeitet hatten.

In diesem Kapitel stelle ich die Arbeit der Kolleginnen und Kollegen aus diesem Weiterbildungskurs vor, in der wir dieses Programm „nachgebaut" haben.

© Der/die Herausgeber bzw. der/die Autor(en), exklusiv lizenziert an Springer Fachmedien   253
Wiesbaden GmbH, ein Teil von Springer Nature 2023
C. Maurer, *Objektbasierte Programmierung mit Go*,
https://doi.org/10.1007/978-3-658-42014-7_12

12.1   Systemanalyse

Das Projekt „Bücher" aus dem vorigen Kapitel soll derart verallgemeinert werden, dass Datensätze mit quasi beliebigen Komponenten aufgenommen, durchgeblättert, gesucht und gefunden sowie gelöscht werden können.

Die Grundbestandteile des Systems sind

- seine Masken,
- seine Datensätze,
- deren Struktur und
- Komponenten.

▶   Wir nennen in diesem Kapitel die Datensätze „*Moleküle*" und die Komponenten, aus denen sie sich zusammensetzen, „*Atome*".

Im Folgenden erläutern wir die vier Grundbestandteile.

12.1.1 Masken

Unter „Masken" verstehen wir die invarianten Teile des Bildschirms, die gewissermaßen die Atome benennen.

Im Bücher-Projekt sind das die folgenden Bestandteile des Bildschirmfensters:

- `Gebiet`,
- `Autor`,
- `Koautor`,
- `Nr`,
- `Titel`,
- `Schrank/Regal` und
- `/`.

12.1.2 Moleküle

Moleküle sind die Inhalte der Datensätze des Systems.

▶   Ein Molekül muss aus mindestens zwei Atomen bestehen.

Im Bildschirmfenster wird immer genau *ein* Molekül angezeigt.

12.1.3 Struktur der Moleküle

Die Struktur der Moleküle besteht aus der Folge der Strukturen seiner Atome. Für jedes Atom gehören dazu die folgenden Angaben:

- sein Typ,
- die Position auf dem Bildschirmfenster (Zeile und Spalte),
- seine (Spalten-)Breite,
- seine Vorder- und Hintergrundfarbe,
- die Angabe, ob es ein Index ist oder nicht.

12.1.4 Atome

Die Atome können folgende Typen haben:

- Zeichenketten (aus maximal 64 Zeichen),
- natürliche Zahlen (mit maximal 10 Stellen),
- reelle Zahlen (mit maximal 20 Stellen),
- Kalenderdaten (in der Form „tt.mm.jjjj"),
- Uhrzeiten (in der Form „hh.mm"),
- Geldbetrage (bis zu 10 Mio.),
- Telefonnummern (mit maximal 16 Stellen einschl. Leerzeichen),
- Namen von Staaten und
- Aufzähltypen: Folgen von Zeichenketten der maximalen Länge 20, aus denen immer eine ausgewählt wird.

Im Bücher-Projekt kommen nur die ersten beiden Typen vor.

12.2 Systemarchitektur

12.2.1 Die Objekte des Systems

Die Systemarchitektur liefert als **Objekte** zunächst

- die *Moleküle* und
- die *Atome*.

Dazu kommen die Objekte, die Typen von Atomen sein können.

Für die Konstruktion des Programms `inferno` werden – neben den Paketen `pseq` für persistente Folgen und `set` für geordnete Mengen – abstrakte Datentypen für die Moleküle, ihre Struktur und ihre Atome benötigt. Zusammen mit den vom Paket `atom` benutzten Pakete haben wir also die Pakete

- `mol` für Moleküle,
- `stru` für deren Struktur und
- `atom` für Atome,
- `text` für Texte,
- `bn` für natürliche Zahlen,
- `br` für reelle Zahlen,
- `day` für Kalenderdaten,
- `clk` für Uhrzeiten,
- `euro` für Geldbeträge,
- `phone` für Telefonnummern,
- `cntry` für Staaten und
- `enum` für Aufzähltypen.

Natürlich werden noch viele weitere Unterpakete des Mikrouniversums μU benötigt, auf die wir hier nicht eingehen. Wer sich für Details dazu interessiert, sei auf mein Buch „Objektbasierte Programmierung mit Go" verwiesen.

12.2.2 Komponentenhierarchie

Die Abhängigkeiten der Pakete sind in Abb. 12.1 dargestellt, wobei das jeweils tiefer liegende Paket vom darüber liegenden benutzt wird.

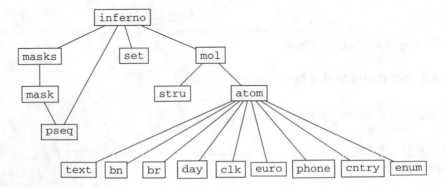

Abb. 12.1 Systemarchitektur von Inferno

12.2.3 Die Objekte des Systems

Sie ergeben sich unmittelbar aus den bisherigen Überlegungen:

- Masken,
- Moleküle,
- Molekülstruktur und
- Atome.

12.3   Benutzerhandbuch

Das Benutzerhandbuch besteht aus zwei Teilen:

- der Konstruktion eines Inferno-Programms und
- der Bedienung des Systems (nach seiner Konstruktion).

12.3.1 Konstruktion eines Inferno-Programms

Die Konstruktion eines Inferno-Programms besteht aus drei Schritten:

- der Festlegung der Fenstergröße,
- der Erzeugung seiner Masken und
- der Konstruktion der Struktur seiner Moleküle.

12.3.1.1 Festlegung der Fenstergröße
Um eine neues Inferno-Programm zu erzeugen, muss zuerst das Erscheinungsbild des Fensters entworfen werden.

In dem Entwurf werden die Masken mit ihren Positionen und alle Atome der Moleküle mit ihrer Art, ihren Positionen im Fenster und ihrer Länge angegeben.

Als Beispiel wählen wir ein Adressenverzeichnis. Seine Moleküle bestehen aus folgenden Atomen:

- Name und Vorname,
- Geburtsdatum,
- Adresse (Str./Nr., PLZ, Ort) und
- Telefonnummer.

Abb. 12.2 zeigt das Fenster unseres Beispiels.

Abb. 12.2 Fenster des Beispiels

In diesem Beispiel hat das Fenster folgende Masken:

- `Name` an Position (0, 0),
- `Vorname` an Position (0, 33),
- `geb.` an Position (0, 57),
- `Str./Nr.` an Position (1, 0),
- `PLZ` an Position (1, 37),
- `Ort` an Position (1, 51) und
- `Telefon` an Position (2, 1).

Die Moleküle haben dabei sieben Atome, die folgende Werte aufnehmen können:

1. Zeichenketten aus maximal 27 Zeichen,
2. Zeichenketten (maximal 15 Zeichen),
3. Kalenderdaten (8 Zeichen),
4. Zeichenketten (maximal 27 Zeichen).
5. natürliche Zahlen (5 Ziffern),
6. Zeichenketten (maximal 19 Zeichen) und
7. Telefonnummern (maximal 16 Ziffern/Leerzeichen).

Da für Hinweise und Fehlermeldungen am unteren Rand des Fensters eine Zeile zur Verfügung gestellt werden muss, muss die Anzahl der Zeilen um eine größer gewählt werden, als für die Masken und Moleküle notwendig. In unserem Beispiel muss das Fenster folglich 4 Zeilen und 71 Spalten haben.

Jedes Inferno-Programm muss einen Namen haben. Der Name darf keine Leerzeichen enthalten.

Die Fenstergröße wird durch den Aufruf „`inferno name h w`" erzeugt, wobei `name` der Name des Programms, `h` die Anzahl der Zeilen und `w` die Anzahl der Spalten des Fensters für das Inferno-Programm sind.

Nehmen wir an, unser Beispiel-Programm soll den Namen „adressen" haben. Dann wird die Konstruktion der Masken mit dem Befehl „`inferno adressen 4 71`" aufgerufen, wodurch ein Fenster mit 4 Zeilen und 71 Spalten erzeugt wird.

12.3.1.2 Erzeugung der Masken

Der zweite Schritt der Konstruktion besteht aus der Erzeugung der Masken, wofür der Entwurf gebraucht wird.

Nach dem o. g. Aufruf wird ein Fenster in der gewählten Größe sichtbar, in dem der Mauszeiger zu sehen ist. Es erscheint der Hinweis „`Masken editieren`". Links am unteren Rand wird laufend seine Position angegeben. Wir gehen mit der Maus auf die gewünschte Startposition der ersten Maske (in unserem Beispiel (0, 0)) und klicken dann mit der linken Maustaste. Jetzt kann (ab dieser Position) die erste Maske „`Name`" eingegeben werden, was mit der Eingabetaste `Enter` abgeschlossen wird.

Entsprechend erzeugen wir die weiteren Masken mit Klicks auf deren Startpositionen.

In unserem Beispiel erzeugen wir die zweite Maske mit einem Klick auf die Position (1, 0) und danach der Eingabe „`Vorname`".

Wenn alle Masken erzeugt sind, beenden wir die Konstruktion der Masken mit der Fluchttaste. Dadurch sind zwei Dateien erzeugt:

- eine mit dem Namen „`adressen.h.dat`" zur Speicherung der Fenstergröße und
- eine mit dem Namen „`adressen.msk`", in der diese Masken zur Verwendung in unserem Inferno-Programm gespeichert sind.

12.3.1.3 Konstruktion der Struktur der Moleküle

Der zweite Schritt in der Konstruktion eines Inferno-Programms besteht darin, die Struktur seiner Moleküle zu definieren. Sie besteht für jedes seiner Atome aus

- seinem Typ (s. voriger Abschnitt),
- seiner Position,
- seiner Länge und
- der Angabe, ob es ein Index ist oder nicht.

Nach der Erstellung der Masken – oder wenn sie mit der Fluchttaste abgebrochen wurde, nach dem Aufruf `inferno name` – erscheinen die Masken mit dem Hinweis „`Molekülkonstruktion`".

Wir verfahren wie bei der Maskenerzeugung: Wir gehen mit der Maus an die gewünschte Startposition des ersten Atoms (in unserem Beispiel dem Namen) gehen. Ein Klick mit der linken Maustaste führt uns dann zu einem Pop-Up-Menü, in dem wir mit den Pfeiltasten nach unten und oben und den Tasten `Pos1` und `Ende` zwischen den möglichen Typen für das Atom bewegen und den gewünschten Typ mit der Eingabetaste auswählen.

Wenn der Typ „`Zeichenkette`" ausgewählt wurde, muss die Maximalzahl ihrer Zeichen eingegeben werden. Wurde der Typ „`natürl. Zahl`" oder „`reelle Zahl`" ausgewählt, muss die Maximalzahl der Ziffern bzw. der Ziffern vor dem Komma eingegeben werden.

Danach erscheint der Hinweis „(Umschalt-)Enter: (kein) Index"; d.h., wenn danach die Eingabetaste gedrückt wird, wird dieses Atom zu einem Index. Wenn das nicht gewünscht ist, muss die Eingabetaste mit der Umschalttaste kombiniert werden.

▶ Mindestens *ein* Atom muss ein Index sein!

Die Rolle der Indexe wird im nächsten Abschnitt erläutert.

Wurde der Aufzähltyp Enum ausgewählt, erscheint der Hinweis „Zeichenketten eingeben". Dann müssen die Zeichenketten eingegeben werden, aus denen der Aufzähltyp besteht (Ende mit der Fluchttaste).

Danach erscheint der Hinweis „Hintergrundfarbe auswählen"; wir wählen sie wie bei einem Pop-Up-Menü aus.

Diese Schritte wiederholen wir solange, bis die Strukturen aller Atome definiert sind und beenden die Konstruktion mit der Fluchttaste.

Das Resultat dieses Schrittes ist – in unserem Beispiel – eine Datei mit dem Namen „adressen.s.dat", in der die in diesem Schritt konstruierten Daten gespeichert sind.

Wenn gewünscht, können jetzt schon Moleküle eingegeben werden, andernfalls wird die Konstruktion mit der Fluchttaste abgebrochen.

Die Moleküle stehen in der Datei name.seq (name = Name des Inferno-Programms).

12.3.2 Systembedienung

Wenn das fertig konstruierte Inferno-Programm durch Eingabe von „inferno name" aufgerufen wird (wobei name sein Name ist), steht das erste Molekül im Fenster, wenn es eins gibt; anderenfalls sind nur seine Masken und leere Eingabefelder in den konstruierten Hintergrundfarben sichtbar.

Es wird das Drücken einer der folgenden Kommandotasten erwartet, zu der jeweils angegeben ist, was damit bewirkt wird:

- Enter: Molekül ändern,
- Esc: Programm beenden,
- ↑/↓: zum vorigen/nächsten Molekül blättern,
- Pos1/Ende: zum ersten/nächsten Molekül blättern,
- Einfg: neuen Molekül einfügen,
- Entf: angezeigten Molekül entfernen (mit Sicherheitsabfrage),
- F2: Molekül suchen,
- F3: aktuellen Index weiterschalten und
- Drucken: angezeigten Molekül ausdrucken.

Bei der Eingabe eines Atoms vom Typ „Aufzähltyp" erscheint ein Pop-Up-Menu aus den in der Konstruktion definierten Zeichenketten. Wir wählen mit der Eingabeteste die gewünschte (die mit der vorher definierten Hintergrundfarbe) aus. Mit der Fluchttaste kann die Auswahl und damit ein Eingabe abgebrochen werden.

Ein Datensatz kann gesucht werden, wenn nach der Eingabe von F2 im Feld eines Atoms, das ein Index ist, der zu suchende Wert eingegeben wird. Wenn es Moleküle gibt, in denen dieser Wert vorkommt, wird der erste davon angezeigt. Wenn es mehrere gibt, kann mit den Pfeiltasten auf-/abwärts zwischen ihnen geblättert werden. Bei Aufzähltypen kann nur nach einer der definierten Zeichenketten gesucht werden.

Wenn es mehrere Atome gibt, die ein Index sind, wird mit F3 der nächste im Kreis der Indexe zum aktuellen Index. Die Reihenfolge der Ausgabe der Moleküle bei ihrem Durchblättern ist durch den jeweils aktuellen Index bestimmt.

Mit F3 wird der nächste im Kreis der Indexe zum aktuellen Index. Die Reihenfolge der Ausgabe der Moleküle bei ihrem Durchblättern ist durch den jeweils aktuellen Index bestimmt.

In unserem Beispiel sind die Atome „Name" und „Ort" Indexe. Anfangs ist der Name der aktuelle Index; also ist die Reihenfolge beim Durchblättern der Moleküle durch die alphabetische Reihenfolge den Namen bestimmt und nach der Eingabe von F3 durch die der Orte.

Wird nach der Eingabe von F2 für den Namen ein „ei" eingegeben, werden – wenn vorhanden – z. B. „Meier" und „Einstein" gefunden.

Nach der Eingabe von F3 werden die Adressen in alphabetischer Reihenfolge der Orte durchgeblättert.

12.4 Konstruktion

Die in dem Abschnitt über die Systemarchitektur genannten Pakete sind Bestandteile des Mikrouniversums μU. Wir stellen sie im Folgenden vor.

12.4.1 Moleküle

Die Spezifikation des Datentyps Molecule im Molekül-Paket mol lautet

```
package mol
import . "µU/obj"

const Suffix = ".s.dat"
type Molecule interface { // structs with atoms as components.
                          // Any molecule has at least one order.
                          // One of the orders is always
                          // the actual one.
  Object
```

```
 DefineName (n string)
// Pre for Edit: DefineName has to be called immediately before.
 Editor
 Print()
 NumAtoms() uint
 Indexer
 Rotator

 Sub (Y any) bool
 Construct (n string)
}
```

```
// Returns a new empty moledule.
func New() Molecule { return new_() }
```

```
// Returns the molecule that was built by the call of Construct.
func Constructed (n string) Molecule { return constructed(n) }
```

Damit ist der Datentyp für die Moleküle der Typ `Molecule` der im Paket `mol` wie folgt definiert ist:

```
type molecule struct {
                  uint // length of a
              a []atom.Atom
                  }
```

Wir zeigen jetzt die Repräsentation der Moleküle und einige für die Implementierung des Hauptprogramms `inferno.go` wesentliche Funktionen.

```
package mol
import (. "µU/obj"; "µU/kbd"; "µU/col"; "µU/scr"; "µU/errh";
        "µU/pseq"; "µU/atom"; "µU/stru")
```

```
type molecule struct {
                  uint // length of a
              a []atom.Atom
                  }
var (
  index []uint
  nIndices uint
  actIndex uint
  file pseq.PersistentSequence
)
```

```
func new_() Molecule {
  x := new(molecule)
  x.a = make([]atom.Atom, 0)
  return x
}
```

```
func (x *molecule) Less (Y any) bool {
  y := x.imp (Y)
  if x.a[actIndex] != y.a[actIndex] {
    return x.a[actIndex].Less (y.a[actIndex])
  }
  for i := uint(0); i < nIndices; i++ {
    if i != actIndex {
      if x.a[i] != y.a[i] {
```

```
      return x.a[i].Less (y.a[i])
    }
  }
}
  return false
}

func (x *molecule) defineIndices() {
/*/ example for len(x.a) = 6:
  If x.a[i].IsIndex() for the numbers marked by "*",

    0   1   2   3   4   5
  |---|---|---|---|---|---|
  |   | * | * |   | * |   |
  |---|---|---|---|---|---|

  then nIndices = 3, index[0] = 1, index[1] = 2 and index [2] = 4.
/*/
  nIndices = 0
  for i := uint(0); i < x.uint; i++ {
    if x.a[i].IsIndex() {
      index = append (index, uint(0))
      index[nIndices] = i
      nIndices++
    }
  }
  actIndex = index[0]
}

func (x *molecule) Construct (name string) {
  errh.Hint ("Molekülkonstruktion")
  i := uint(0)
  loop:
  for {
    x.Write (0, 0)
    cmd, _ := kbd.Command()
    scr.MousePointer (true)
    l, c := scr.MousePos()
    switch cmd {
    case kbd.Esc:
      if nIndices == 0 {
        errh.Error0 ("kein Index !")
      } else {
        break loop
      }
    case kbd.Here:
      x.uint++
      a := atom.New()
      x.a = append (x.a, a)
      x.a[i] = a
      x.a[i].Place (l, c)
      x.a[i].Select()
      if x.a[i].Typ() == atom.Enum {
        x.a[i].EnumSet (l, c, name, i)
      }
      x.a[i].EditIndex()
      x.a[i].Index (x.a[i].IsIndex())
      if x.a[i].IsIndex() { nIndices++ }
```

```
        errh.Hint ("Hintergrundfarbe auswählen")
        x.a[i].SelectColB()
        errh.Hint ("Molekülkonstruktion")
        i++
    case kbd.Go:
      l0 := scr.NLines() - 1
      scr.Colours (col.FlashWhite(), col.Black())
      scr.Write ("      ", l0, 0)
      scr.WriteNat (l, l0, 0)
      scr.WriteNat (c, l0, 4)
    }
  }
  errh.DelHint()
  x.defineIndices()
// store the structure of x
  file = pseq.New (stru.New())
  file.Name (name + Suffix)
  for i := uint(0); i < x.uint; i++ {
    s := stru.New()
    w := x.a[i].Width()
    s.Define (x.a[i].Typ(), w)
    l, c := x.a[i].Pos()
    s.Place (l, c)
    f, b := x.a[i].Cols()
    s.Colours (f, b)
    s.Index (x.a[i].IsIndex())
    file.Seek (i)
    file.Put (s)
  }
}


// Returns the molecule constructed from the stored structure
func constructed (name string) Molecule {
  file = pseq.New (stru.New())
  filename := name + Suffix
  file.Name (filename)
  m := new_().(*molecule)
  num := file.Num()
  m.uint = num
  m.a = make([]atom.Atom, num)
  for i := uint(0); i < num; i++ {
    file.Seek (i)
    s := file.Get().(stru.Structure)
    m.a[i] = atom.New()
    m.a[i].Define (s.Typ(), s.Width())
    if m.a[i].Typ() == atom.Enum {
      m.a[i].EnumGet (name, i)
    }
    l, c := s.Pos()
    m.a[i].Place (l, c)
    f, b := s.Cols()
    m.a[i].Colours (f, b)
    m.a[i].Index (s.IsIndex())
  }
  m.defineIndices()
  return m
}
```

```
func (x *molecule) NumAtoms() uint {
  return uint(len(x.a))
}

func (x *molecule) Index() Func {
  return func (a any) any {
    x, ok := a.(*molecule)
    if ! ok { TypeNotEqPanic (x, a) }
    return actIndex
  }
}

func (x *molecule) Rotate() {
  actIndex = (actIndex + 1) % nIndices
}
```

12.4.2 Struktur

Hier die Spezifikation des Typs `Structure`:

```
package stru
import (. "µU/obj" "µU/col")

type Structure interface {
// Sextuples of an atom-typ, a position on the screen,
// a fore- and a background colour and a boolean value
// indicating the structure is an index.

  Object

  Colours (f, b col.Colour)
  Cols() (col.Colour, col.Colour)
  Define (t int, n uint)
  Typ() int
  Index (b bool)
  IsIndex () bool
  Place (l, c uint)
  Pos() (uint, uint)
  Width() (uint)
}

func New() Structure { return new_() }
```

Seine Repräsentation ist in der Implementierung wie folgt definiert:

```
package stru
import (. "µU/obj"; "µU/col"; "µU/scr")

type structure struct {
                int // typ - see µU/atom
        l, c, w uint
          f, b col.Colour
             bool // isIndex
             }
```

```
func new_() Structure {
  x := new(structure)
  x.int = 0 // typ atom.String
  x.f, x.b = col.FlashWhite(), col.Black()
  return x
}
```

12.4.3 Atome

Der Datentyp für die Atome der Moleküle ist der Typ Atom, der im Paket atom wie folgt
spezifiziert ist:

```
package atom
import (. "µU/obj"; "µU/col")

const (
  String = iota; Natural; Real; Calendarday; Clocktime;
          Euro; PhoneNumber; Country; Enum; Ntypes
)
type Atom interface {

    Object
    col.Colourer
    Write()
    Edit (n string, i uint)
    EditIndex()
    Print (l, c uint)
    Place (l, c uint)
    Pos() (uint, uint)
    Width() uint
    PosLess (Y any) bool
    String() string
    Index (b bool)
    IsIndex() bool

// Pre: If x has type Enum, x.EnumSet must have been called before.
// x is the atom interactively selected by the user.
  Select()

// Pre: t < NTypes
// x has the type t and width n.
  Define (t int, n uint)

// Returns the type of x.
  Typ() int

// If x has the type String, true is returned, iff x is a substring of Y.
// Returns otherwise true, iff x.Eq (Y).
  Sub (Y any) bool

  SelectColF()
  SelectColB()

  EnumSet (l, c uint, n string, i uint)
  EnumGet (n string, i uint)
```

```
}

// Returns a new atom of type Char.
func New() Atom { return new_() }
```

Wir zeigen hier seine Repräsentation und als Beispiel für die Implementierungen der Funktionen die von Copy.

```
package atom
import ("µU/ker"; . "µU/obj"; "µU/kbd"; "µU/col"; "µU/scr"; "µU/str"
 "µU/box"; "µU/errh"; "µU/sel"; "µU/N"; "µU/bn"; "µU/br"; "µU/text"
 "µU/day"; "µU/clk"; "µU/euro"; "µU/phone"; "µU/cntry"
 "µU/atom/internal")

const M = 64 // maximal string length
type atom struct {
                int // typ
                text.Text
                bn.Natural
                br.Real
                day.Calendarday
                clk.Clocktime
                euro.Euro
                phone.PhoneNumber
                cntry.Country
                enum.Enum
        l, c, w uint
            f, b col.Colour
                bool // is index
                }
var (
  w = []string {"Zeichenkette ",
                "natürl. Zahl ",
                "reelle Zahl ",
                "Datum        ",
                "Uhrzeit      ",
                "Geldbetrag   ",
                "Telefonnummer",
                "Staat        ",
                "Aufzähltyp   "}
  wlen = uint(len(w[0]))
  bx = box.New()
)

func new_() Atom {
  x := new (atom)
  x.int = String
  x.f, x.b = col.FlashWhite(), col.Blue()
  x.w = 1
  return x
}

func (x *atom) Copy (Y any) {
  y := x.imp (Y)
  x.int = y.int
  x.l, x.c, x.w = y.l, y.c, y.w
  x.f.Copy (y.f)
  x.b.Copy (y.b)
```

```
x.bool = y.bool
switch y.int {
case String:
  x.Text = text.New (y.Text.Len())
  x.Text.Copy (y.Text)
case Natural:
  x.Natural = bn.New (y.Natural.Width())
  x.Natural.Copy (y.Natural)
case Real:
  x.Real = br.New (y.Real.Width() - 4)
  x.Real.Copy (y.Natural)
case Calendarday:
  x.Calendarday = day.New()
  x.Calendarday.Copy (y.Calendarday)
case Clocktime:
  x.Clocktime = clk.New()
  x.Clocktime.Copy (y.Clocktime)
case Euro:
  x.Euro.Copy (y.Euro)
  x.Euro.Copy (y.Euro)
case PhoneNumber:
  x.PhoneNumber = phone.New()
  x.PhoneNumber.Copy (y.PhoneNumber)
case Country:
  x.Country = cntry.New()
  x.Country.Copy (y.Country)
case Enum:
  x.Enum = enum.New (x.w)
  x.Enum.Copy (y.Enum)
  }
}
```

Und nun zum Schluss ein Auszug aus dem Quelltext von `inferno.go`:

```
package main
import ("µU/ker"; . "µU/obj"; "µU/env"; "µU/kbd"; "µU/scr"; "µU/str";
  "µU/errh"; "µU/files"; "µU/pseq"; "µU/set"; "µU/masks"; "µU/mol")

func sub (x, y Rotator) bool {
  return x.(mol.Molecule).Sub (y.(mol.Molecule))
}


func main() {
  files.Cds()
  ms := masks.New()
  name := env.Arg(1)
  str.OffSpc (&name)
  if name == "" { ker.Panic ("...") }
  ms.Name (name)
  if pseq.Length (name + mol.Suffix) > 0 && env.NArgs() > 1 { ker.Panic ("...") }
  h_file := pseq.New (uint(0))
  h_file.Name (name + ".h.dat")
  var w, h uint
  if ms.Empty() {
    if env.NArgs() < 3 { ker.Panic ("...") }
    h, w = env.N(2), env.N(3)
    ...
    h_file.Seek (0); h_file.Put (h)
    h_file.Seek (1); h_file.Put (w)
```

```
} else {
  h_file.Seek (0); h = h_file.Get().(uint)
  h_file.Seek (1); w = h_file.Get().(uint)
}
h_file.Fin()
scr.NewWH (2, 24, 8 * w, 16 * h); defer scr.Fin()
scr.Name ("inferno " + name)
if ms.Empty() {
  ms.Edit()
} else {
  ms.Write()
}
m := mol.New()
if pseq.Length (name + mol.Suffix) == 0 {
  m.Construct (name)
} else {
  m = mol.Constructed (name)
}
m.Write (0, 0)
file := pseq.New (m)
file.Name (name + ".seq")
all := set.New (m)
for i := uint(0); i < file.Num(); i++ {
  file.Seek (i)
  m = file.Get().(mol.Molecule)
  all.Ins (m)
}
errh.Hint ("Hilfe: F1 Ende: Esc")
m.DefineName (name)
all.Jump (false)
if all.Empty() {
  for {
    m.Clr()
    m.Edit (0, 0)
    if m.Empty() {
      // return ?
    } else {
      all.Ins (m)
      break
    }
  }
}
loop:
for {
  m = all.Get().(mol.Molecule)
  m.Write (0, 0)
  switch c, _ := kbd.Command(); c {
  case kbd.Esc:
    break loop
  case kbd.Enter:
    m1 := m.Clone().(Rotator)
    m.Edit (0, 0)
    if ! m.Eq (m1) {
      all.Del()
      all.Put (m)
    }
  case kbd.Up:
    all.Step (false)
```

```
      ...
   case kbd.Ins:
     m.Clr()
     m.Edit (0, 0)
     if m.Empty() { ker.Panic ("...") }
     all.Ins (m)
   case kbd.Del:
     if errh.Confirmed() {
       all.Del()
     }
   case kbd.Search:
     ...
   }
  }
 errh.DelHint()
 file.Clr()
 all.Trav (func (a any) { file.Ins (a.(mol.Molecule)) } )
 file.Fin()
}
```

Lindenmayer-Systeme

13

Zusammenfassung

1968 hat der theoretische Bioioge Aristid Lindenmayer *L-Systeme* als algorithmischen Formalismus zur Beschreibung von Entwicklungsprozessen in der Biologie geschaffen. In Verbindung mit Computergraphik wurden sie zunächst für die Modellierung einfacher multizellularer Organismen, später auch zur realistischen Darstellung von Pflanzen benutzt. Ein wesentlicher Aspekt dabei ist die rekursive *Selbstähnlichkeit* der Strukturen (schauen Sie sich mal einen Romanesco-Kohlkopf an). Wir zeigen in diesem Kapitel eine Reihe einfacher Beispiele.

Eine Rose
ist eine Rose
ist eine Rose
ist eine Rose

Gertrude Stein
Aus Geography and Plays.

13.1 Systemanalyse

Voraussetzung für dieses Kapitel ist die Definition der Begriffe „*Alphabet*", „*Sprache*" und „*Grammatik*"; insbesondere die der *L-Systeme*, der Grammatiken der *Lindenmayer-Systeme*.

Diese Grundlagen sollen *graphische Interpretationen* von L-Systemen ermöglichen, was z. B. zur bildlichen Darstellung von *raumfüllenden Kurven* oder – im Sinne Lindenmayers – interessanter von *Pflanzen* führt.

© Der/die Herausgeber bzw. der/die Autor(en), exklusiv lizenziert an Springer Fachmedien Wiesbaden GmbH, ein Teil von Springer Nature 2023
C. Maurer, *Objektbasierte Programmierung mit Go*,
https://doi.org/10.1007/978-3-658-42014-7_13

Besonders beeindruckend sind natürlich 3-dimensionale Konstruktionen von Pflanzen. Allerdings soll sich der Algorithmus dazu nur auf sehr einfache Beispiele beschränken: beispielsweise werden Pflanzenstiele und Baumstämme nur als Linien dargestellt und Blätter nur als einfache ungefüllte Polygone.

13.1.1 Alphabete, Sprachen und Grammatiken

Unter einem *Alphabet* verstehen wir eine endliche Menge A mit mindestens zwei Elementen. Die Elemente von A bezeichnen wir als *Buchstaben* und Folgen von hintereinandergeschriebenen Buchstaben als *Worte*.

Mit A^* bezeichnen wir die Menge aller Worte über A, rekursiv durch

$$A^0 = \{\varepsilon\} \quad \text{und} \quad A^{n+1} = \{wa \mid w \in A^n \text{ und } a \in A\} \quad \text{für } n \in \mathbb{N}$$

definiert, wobei ε das *leere Wort* mit $w\varepsilon = w = \varepsilon w$ für alle Worte $w \in A^*$ ist.

Beispiel 13.1 Für $A = \{0, 1\}$ ist ein Wort eine Folge von Nullen und Einsen, somit A^* die Menge $\mathbb{N}$ aller natürlichen Zahlen in Dualschreibweise und für $A = \{0, 1, 2, \ldots, 9\}$ in der üblichen Schreibweise.

Eine *Sprache über dem Alphabet* A ist eine Menge von Worten mit Buchstaben aus A.

Unter einer *Grammatik* verstehen wir ein Quadrupel (A, V, s, P), wobei

- A ein Alphabet,
- V eine nichtleere endliche – zu A disjunkte – Menge von Variablen,
- $s \in V$ das *Startsymbol* und
- $P \subset (\Sigma^* \setminus A^*) \times (\Sigma^* \setminus \{s\})$ eine endliche Menge von *Produktionsregeln* ist.

Die Elemente der Menge $\Sigma = A \cup V$ bezeichnen wir als *Symbole*.

Für eine Produktionsregel $(l, r) \in P$ schreibt man üblicherweise $l \to r$ und sagt „r wird aus l abgeleitet"; für Produktionsregeln $(l, r1), (l, r2), \ldots, (l, rn)$ schreibt man auch kurz $l \to r1 \mid r2 \mid \cdots \mid rn$.

Dabei enthält l mindestens *eine* Variable, denn $l \notin A^*$.

13.1.2 Zusammenhang zwischen Grammatiken und Sprachen

Jede Grammatik (A, V, s, P) erzeugt eine Sprache über A. Sie besteht aus denjenigen Worten, die durch eine Folge von Anwendungen der Produktionsregeln $\in P$ aus dem Startsymbol s abgeleitet werden können. Ein Anwendungsschritt in dieser Folge besteht für eine

Produktionsregel $(v, w) \in P$ daraus, dass in einer Symbolfolge aus Σ^*, in der v vorkommt, dieses v durch w ersetzt wird.

Beispiel 13.2 Die Grammatik (A, V, ε, P) mit $A = \{a, b\}$, $V = \{v\}$ und $P = \{(v, avb),$ $(v, \varepsilon)\}$ erzeugt die Sprache $\{a^n b^n \mid n \in \mathbb{N}\}$.

Die gleiche Sprache wird durch die Grammatik mit $A = \{a, b\}$, $V = \{A, B, X\}$, $s = X$ und $P = \{X \to ABX, BA \to AB, BX \to b, Bb \to bb, Ab \to ab, AX \to aa\}$ erzeugt.

Umgekehrt gibt es zu jeder Sprache eine Grammatik, die diese Sprache erzeugt. Auf dieses sehr umfangreiche Thema über *Turing-Maschinen* und *Automaten* gehen wir hier aber nicht ein, weil es uns für die Zwecke dieses Kapitels nicht weiterführt. Wer sich dafür interessiert, sei auf die Fachliteratur verwiesen (z. B. auf [1]).

13.2   Die Grammatiken der Lindenmayer-Systeme

Diese Grammatiken haben die Form $(A, V\omega, P)$, wobei

- A ein Alphabet,
- V eine zu A disjunkte Menge von Buchstaben,
- ω das (nichtleere) Startwort aus A^* genannt *Axiom* — und
- $P \subset A \times A^*$ eine endliche Menge von Produktionsregeln ist.

Sie werden *L-Systeme* genannt.

Auch bei ihnen wird $a \to v$ für eine Produktionsregel $(a, v) \in P$ geschrieben.

Dabei werden in einem Ableitungsschritt für eine Produktionsregel $(v, w) \in P$ in einem Wort aus A^*, in dem v vorkommt, simultan *sämtliche Vorkommen* von v durch w ersetzt. Es wird vorausgesetzt, dass es für jeden Buchstaben $a \in A$ genau ein Wort $v \in A^*$ mit $a \to v$ gibt.

Beispiel 13.3 Die Grammatik $(\{a, b\}, \emptyset, b, \{(a \to ab), (b \to a)\})$ erzeugt die Sprache $\{b, a, ab, aba, abaab, abaababa, abaababaabaab, abaababaabaababaababa, \ldots\}$.

13.3   Graphische Interpretation von L-Systemen

Wir halten uns im Folgenden eng an [2]. Auch die meisten der vielen Beispiele der graphischen Interpretationen stammen aus diesem Buch.

Wir betrachten zunächst L-Systeme mit dem Alphabet $(F, f, +, -)$. Entscheidend für das Folgende ist, dass es möglich ist, jedes solche L-System als Graphik zu interpretieren.

Ein *Zustand* dieser Graphik ist ein Tripel (x, y, α), wobei

- $(x, y) \in \mathbb{R}^2$ eine Position in der Ebene und
- α ein Winkel ist.

Dazu gehört ein Startwinkel $\alpha \in \mathbb{R}$, ein Drehwinkel $\delta \in \mathbb{R}$ (beides in Grad angegeben) und die Anzahl $n \in \mathbb{N}$ der Anwendungsschritte von Produktionsregeln.

Wir verändern den Zustand des L-Systems bei den angegebenen Symbolen wie folgt:

- F: Wir bewegen uns um einen Schritt (der Länge 1) vorwärts, was die Position (x, y) in die Position $(x + \cos\alpha, y + \sin\alpha)$ überführt, und zeichnen dabei einen Strich zwischen der alten und neuen Position.
- f: Wir tun das gleiche wie bei F, aber ohne einen Strich zu zeichnen.
- $+$: Wir drehen uns um den Winkel δ nach links, was den Zustand (x, y, α) in den Zustand $(x, y, \alpha + \delta)$ überführt.
- $-$: Wir drehen uns um den Winkel δ nach rechts, was den Zustand (x, y, α) in den Zustand $(x, y, \alpha - \delta)$ überführt.

13.3.1 Die Koch-Inseln

Als erstes Beispiel für eine graphische Interpretation eines L-Systems betrachten das System mit

- dem Axiom $\omega = $ F+F+F+F$\in A^*$,
- der einzigen Produktionsregel F$\to$F−F+F+FF−F−F+F.
- dem Startwinkel $\alpha = 0°$ und
- dem Drehwinkel $\delta = 90°$.

Bei einem Anwendungsschritt ergibt sich die Symbolfolge

F−F+F+FF−F−F+F−F−F+F+FF−F−F+F−F−F+F+FF−F−F+F−F−F+F+FF−F−F+F.

Wir verzichten auf die Angabe von Symbolfolgen, die sich für mehr Schritte ergeben – das wäre nur langweilig.

Viel hübscher sind die graphischen Interpretationen: In den Abb. 13.1 bis 13.5 ist die *Koch-Insel* für 0 bis 4 Anwendungsschritte zu sehen (Abb. 13.2, 13.3 und 13.4).

Abb. 13.1 Koch-Insel: Start

Abb. 13.2 Koch-Insel nach 1
Anwendungsschritt

Abb. 13.3 Koch-Insel nach 2
Anwendungsschritten

Abb. 13.4 Koch-Insel nach 3
Anwendungsschritten

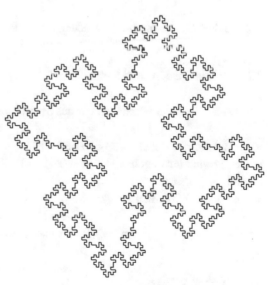

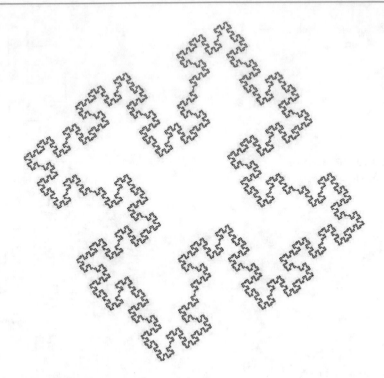

Abb. 13.5 Koch-Insel nach 4 Anwendungsschritten

13.3.2 Die Inseln und Seen

Als zweites Beispiel betrachten wir das System mit

- dem Axiom ω = rrF+oF+gF+bF und
- den Produktionsregeln F→F+f-FF+F+FF+Ff+FF-f+FF-F-FF-Ff-FFF
- und f→ffffff
- und dem Drehwinkel 90°.

Abb. 13.6 zeigt das System nach 2 Anwendungsschritten.

13.3.3 Das Pflaster

Bei diesem Beispiel handelt es sich schon fast um so etwas wie im nächsten Abschnitt.

- dem Axiom ω = F-F-F-F,
- der Produktionsregel F→F -> rFF-oF+gF-cF-bFF und

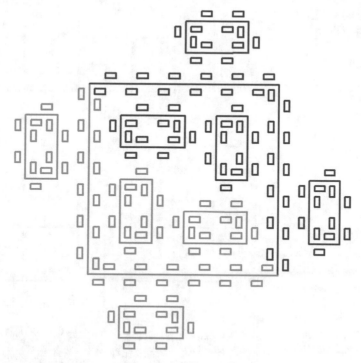

Abb. 13.6 Inseln und Seen

- und dem Drehwinkel 90°.

Abb. 13.7 zeigt es nach 2 Anwendungsschritten und Abb. 13.8 nach 5 Anwendungsschritten.

13.3.4 Raumfüllende Kurven

Unsere nächsten Beispiele liefern raumfüllende Kurven.

Wir erweitern unser Alphabet um Kleinbuchstaben als Symbole für Farben:

- n für braun,
- r für rot und l für hellrot,
- o für orange,
- g für grün und d für dunkelgrün,
- c für cyan,
- e für hellblau und b für blau,
- m für magenta und
- y für grau.

Abb. 13.7 Pflaster nach 2
Anwendungsschritten

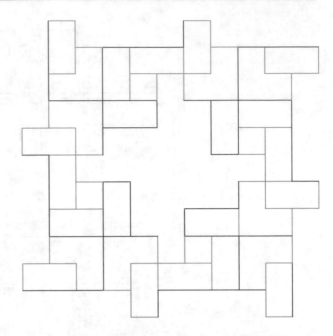

Abb. 13.8 Pflaster nach 5
Anwendungsschritten

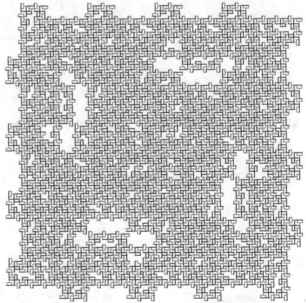

13.3.4.1 Die Hilbert-Kurven

Wir betrachten als Erstes das System mit

- den Variablen X und Y,
- dem Axiom $\omega = $ X,
- den Produktionsregeln X→X→+YrF−XgFX−rFY+
- und X→Y→−XrF+YgFY+rFX−.

Die Figuren 13.9, 13.10 und 13.11 zeigen die *Hilbert-Kurve* für 2, 4 und 7 Anwendungs-schritte.

13.3.4.2 Die Peano-Kurven

Das nächste Beispiel mit

- den Variablen L und R,
- dem Axiom $\omega = $ −L∈ A^*,
- den Produktionsregeln L→F→LF+RFR+FL−F−LFLFL−FRFR+ und R→ −LFLF+RFRFR+F+RF−LFL−FR

liefert für $n = 2$ und $n = 4$ die Abb. 13.12 bzw. 13.13 (Abb. 13.11 und 13.12).

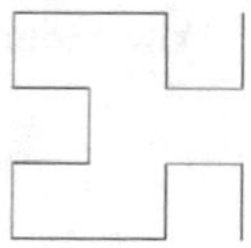

Abb. 13.9 Hilbert-Kurve nach 2 Anwendungsschritten

Abb. 13.10 Hilbert-Kurve nach 4 Anwendungsschritten

Abb. 13.11 Hilbert-Kurve nach 7 Anwendungsschritten

Abb. 13.12 Peano-Kurve nach
2 Anwendungsschritten

13.3.4.3 Die Fass-Kurven

Das letzte Beispiel echter raumfüllender Kurven mit

- den Variablen L und R,
- dem Axiom $\omega = -\text{L} \in A^*$,
- den Produktionsregeln L→F→LF+RFR+FL−F−LFLFL−FRFR+ und R→−LFLF+ RFRFR+F+RF−LFL−FR

liefert für $n = 2$ und $n = 4$ die Fass-Kurven in den Abb. 13.14 bzw. 13.15.

13.3.4.4 Die Sierpinski-Kurven

Die Datei

Abb. 13.13 Peano-Kurve nach 4 Anwendungsschritten

Abb. 13.14 Fass-Kurve nach 2
Anwendungsschritten

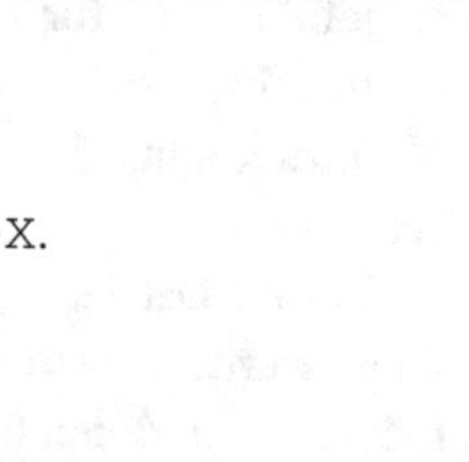

- dem Axiom $\omega = $ F+F+F+F und
- der Produktionsregel F$\rightarrow$F$\rightarrow$X -> XF-F+F-XF+F+XF-F+F-X.

liefert für $n = 2$ und $n = 6$ die Abb. 13.16 bzw. 13.17.

13.3.5 Erweiterungen des Alphabets der L-Systeme

Für *Vorwärtsschritte* (mit bzw. ohne Zeichnen eines Strichs zwischen der Anfangs- und der Endposition des Schrittes) haben wir im Abschn. 13.3 die Buchstaben „F" bzw. „f"

Abb. 13.15 Fass-Kurve nach 4 Anwendungsschritten

Abb. 13.16 Sierpinski-Kurve
nach 2 Anwendungsschritten

eingeführt; und für *Links-* bzw. *Rechtsdrehungen* um den vorgegebenen Drehwinkel die Drehbuchstaben „+" und „–".

Dazu kommt der Umkehrbuchstabe „ | ", mit dem die Schrittrichtung (um 180°) umgekehrt wird.

Die ls-Dateien können für Dokumentationszwecke zeilenweise mit *Kommentaren* versehen werden. Dazu müssen die entsprechenden Zeilen mit dem Symbol „%" beginnen; der Inhalt dieser Zeilen trägt nichts zur Konstruktion eines L-Systems bei.

13.3.5.1 Verzweigungen

Besonders wichtig sind die beiden folgenden Symbole, die *Verzweigungen* ermöglichen, weil sie erlauben, Abbildungen von Pflanzen zu erzeugen – das avisierte Ziel von Lindenmayer:

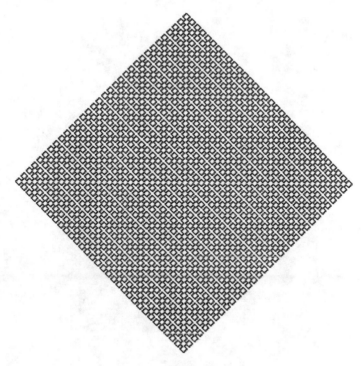

Abb. 13.17 Sierpinski-Kurve nach 6 Anwendungsschritten

- [für den Beginn einer Verzweigung und
-] für das Ende einer Verzweigung

Dazu zeigen wir sechs hübsche Beispiele.

Die ersten beiden davon mit den Definitionen

```
270
gF
F -> dF[+nF]gF[-nF]dF
25
5
```

und

```
270
F
F -> gF[+oF]dF[-rF][gF]
25
5
```

in der Abb. 13.18.

Das dritte Beispiel

```
270
```

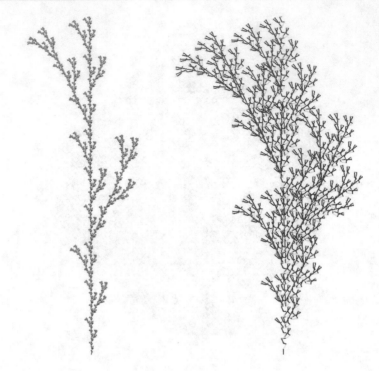

Abb. 13.18 zwei Kräuter

```
gF
F -> nFF-g[-F+F+F]+g[+F-F-F]
22.5
4
```

liefert einen Busch (s. Abb. 13.19).

Die beiden nächsten Beispiele mit den Definitionen

```
270
X
X -> gF[+gX]dF[-X]+X
F -> fdFgF
20
8
```

und

```
270
X
X -> lF[+X][-X]mFX
F -> nFgF
25
7
```

sind in der Abb. 13.20 gezeigt.

Abb. 13.19 ein Busch

Durch

```
270
X
X -> gF-[[X]+X]+oF[+gFX]-X
F -> FdF
35
6
```

ist noch ein Kraut definiert (s. Abb. 13.21).

13.3.6 Dreidimensionale L-Systeme

Wir können auch dreidimensionale L-Systeme konstruieren. Dazu wird das Alphabet der L-Systeme um folgende Symbole erweitert:

- { Beginn eines Polygons
- } Ende eines Polygons
- _ nach vorne neigen
- ^ nach hinten neigen
- / nach links kippen

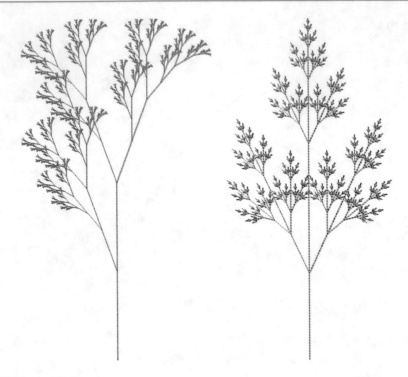

Abb. 13.20 zwei Kräuter

Abb. 13.21 noch ein Kraut

- \   nach rechts kippen

Auf dem „zweidimensionalen" Papier dieses Buches können natürlich keine *dreidimensionalen* Modelle abgebildet werden. Aus diesem Grund zeigen wir zu jedem Beispiel jeweils noch eine zweite Ansicht.

Einen echten Eindruck der Modelle verschafft das Programm `lsys`. Es stützt sich auf die Funktion `Go` aus dem Paket μU/`scr` zur Darstellung von 3D-Szenen. Mit ihr kann

- man sich nach links, rechts, oben, unten, näher zum Mittelpunkt des Modells oder weiter weg von ihm bewegen,
- man sich nach links und rechts drehen und kippen,
- man sich nach vorne und hinten neigen und
- das Modell um den Fokus drehen und zu kippen.

13.3.6.1 Dreidimensionale Hilbert-Kurve

Die Beispiele der raumfüllendenHilbert-Kurven aus dem Abschn. 13.3.4.1 lassen sich auf drei Dimensionen verallgemeinern. Die Datei

```
X
X -> ^\XrF^\XoFX-gF^//XcFX_bF+//mXFkX-yF/X-/
3
```

liefert bei drei Anwendungsschritten die dreidimensionale Hilbert-Kurve in Abb. 13.22.

Abb. 13.22 dreidimensionale
Hilbert-Kurve

Abb. 13.23 zeigt eine andere Ansicht des gleichen Beispiels.

13.3.6.2 Dreidimensionale Pflanzen

Die Datei

```
0
F
F -> nFF-g[-F+F+F]+/g[+F-F-F]
22.5
4
```

liefert einen dreidimensionalen *Busch.* Wir zeigen ihn in den Abb. 13.24 und 13.25.

Auch *baumähnliche Strukturen* lassen sich erzeugen.

Die Datei

```
90
A
A -> dF[_gFL A]/////R[_gFL A]////////^[_gFL A]
F -> S //// nF
S -> F L
L -> [^^{-f+f+f-|-f+f+f]
22.5
5
```

liefert ein einfaches Modell eines dreidimensionalen *Baumes* (s. Abb. 13.26).

Mit der Definition

```
nnnT
```

Abb. 13.23 andere Ansicht
der dreidimensionale
Hilbert-Kurve

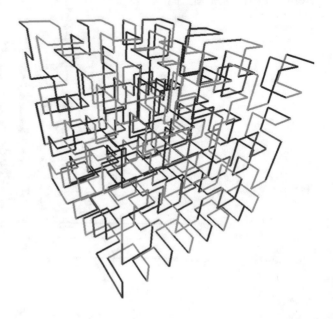

Abb. 13.24 ein dreidimensionaler Busch

Abb. 13.25 andere Ansicht
des dreidimensionalen Busches

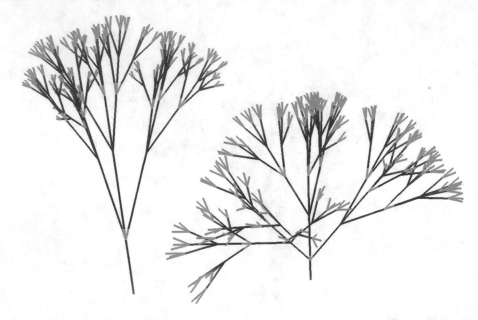

Abb. 13.26 einfacher dreidimensionaler Baum

```
T  -> R[__+T]-[--^^gLT][^^///gT]R[^++///oL]^^R[-__T]/R[+^^//gL]
R  -> F[--///^gL][^^^n//^^L][+^///gL][+//^^rL]F
L  -> [g+FX-FX-FX+|+FX-FX-FX][^^///[g+FX-FX-FX|+FX-FX-FX]]
FX -> FX
F  -> FF
22.5
3
```

ergibt sich ein etwas weniger abstrakter *Baum* (s. Abb. 13.27 und 13.28).

Abb. 13.29 zeigt zwei Ansichten eines dreidimensionalen Modells einer *einfachen Blume,*
basierend auf der Datei

```
F
F -> gP
P -> I+[P+L]--//[--B]I[++B]-[PL]++PL % Pflanze
I -> dFS[//__B][//^^B]FS            % Verzweigung
S -> SFS                           % "wachsender" Stil
B -> g[+FX-FXFX-FX+|+FX-FXFX-FX]    % Blatt
L -> [___rE/W///W////W////W////W]   % Blüte
E -> FF                            % Stil
W -> [o^F][e____-FX+FX|-FX+FX]      % Blüte
FX -> FX
18
4
```

Hier das vorletzte Beispiel: Die Datei

Abb. 13.27 dreidimensionaler
Baum

Abb. 13.28 andere Ansicht
des dreidimensionaler Baumes

Abb. 13.29 einfache dreidimensionale Blume

```
F
F -> nFF-u[-F+F+F]+/u[+F-F-F]
22.5
4
```

liefert eine dreidimensionale grasähnliche Pflanze (s. Abb. 13.30 und 13.31).

Als letztes Beispiel zeigen wir mit der Datei

```
270
F
F -> gF[/+rF][//+lF][///+rF]yF[\-oF][//+oF][\\\\-lF]
30
3
```

in Abb. 13.32 noch eine Phantasiepflanze.

13.4   Systemarchitektur

Die wesentlichen Teile des Systems sind

- die Grammatik
- und der fortlaufende Zustand bei der Konstruktion eines L-Systems.

Abb. 13.30 dreidimensionale
Graspflanze

13.4.1 Die Objekte des Systems

Daraus ergeben sich die folgenden **Objekte:**

- die *Grammatik* als abstraktes Datenobjekt,
- ein abstrakter Datentyp zur Verwaltung des fortlaufenden Zustandes bei der Konstruktion eines L-Systems – also der *Koordinaten* und *Richtungen*.

Abb. 13.31 dreidimensionale
Graspflanze von oben

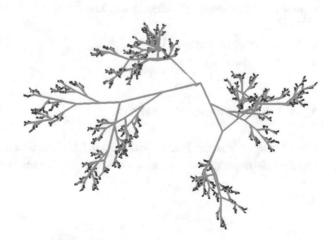

Abb. 13.32 dreidimensionale
Phantasiepflanze

Sie finden sich in den Paketen

- `lsys/grammar`,
- μ`U/spc`, das einen „Augpunkt", einen „Focus" und ein normiertes orthogonales Drei-
  bein „(rechts, vorne, oben)" im $\mathbb{R}^3$ verwaltet.

Für die Verwaltung des fortlaufenden Zustandes wird darüberhinaus ein Stapel für Paare von
Symbolen und der jeweiligen Position des Symbols in einer Produktionsregel als abstraktes
Datenobjekt gebraucht. Er bildet das Paket

- `lsys/symstk` mit dem Unterpaket
- `lsys/symstk/pair`.

13.4.2 Komponentenhierarchie

Die Abhängigkeiten der Pakete sind in Abb. 13.33 dargestellt, wobei die oberste Schicht nur
aus dem Hauptprogramm `lsys.go` besteht, das die drei darunter liegenden Pakete benutzt.

Abb. 13.33 Systemarchitektur
des L-Systems

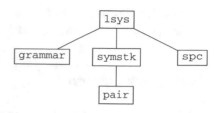

13.5 Benutzerhandbuch

Zuerst muss mit einem beliebigen Texteditor eine Datei mit dem Suffix „.ls" erstellt werden, die ein L-System definiert. Die Zeilen dieser Datei müssen einer Reihe von Anforderungen genügen, die wir im folgenden Abschnitt im Einzelnen erläutern.

13.5.1 Erstellung eines L-Systems

Die Zeilen der L-System-Dateien müssen folgende Bedingungen erfüllen:

- Die erste Zeile kann eine natürliche Zahl < 360 enthalten, die den Startwinkel der geometrischen Interpretation angibt. Wenn es keine erste Zeile mit einer Zahl gibt, ist der Startwinkel 90°.
- In der nächsten (ggf. der ersten) Zeile muss das Axiom stehen. Diese Zeile darf nur Symbole enthalten.
- Die weitere Zeilen enthalten die Produktionsregeln (mindestens *eine* muss angegeben werden). Auch in dieser Zeile dürfen nur Symbole vorkommen.
- Die vorletzte Zeile muss aus einer natürlichen Zahl < 360 bestehen. Sie gibt den Winkel an, um den sich die Schrittrichtung ändert, wenn ein *Drehsymbol* auf der rechten Seite einer Produktionsregel vorkommt.
- Die letzte Zeile muss die Anzahl der Anwendungsschritte enthalten, eine natürliche Zahl < 26.

13.5.2 Systembedienung

Sie ist denkbar einfach:

Wenn die editierte Datei diesen Anforderungen genügt, erscheint – bei 3-dimensionalen Systemen allerdings nur auf einer graphischen Oberfläche – nach dem Aufruf des Programms lsys mit dem Namen der Datei als Argument (auch ohne das Suffix .ls) die geometrische Interpretation auf dem Bildschirm.

Wenn das nicht der Fall ist, erscheint eine entsprechende Fehlermeldung.

Wird dem Programmaufruf als Parameter der Name einer 1s-Datei übergeben, die nicht existiert, ist der Aufruf wirkungslos.

13.6   Konstruktion

13.6.1 Spezifikation der Bibliothekspakete

Im Folgenden zeigen wir die Spezifikationen der drei benutzten Pakete.

13.6.1.1 Grammatik

Die Spezifikation des abtrakten Datentyps im Paket 1sys/grammar lautet

```
package grammar
import "µU/col"

const (
  MaxL = 4
  MaxR = 80
  Comment     = '%'
  Step        = 'F'
  YetiStep    = 'f'
  TurnLeft    = '+' // around z-axis
  TurnRight   = '-'
  Invert      = '|'
  TiltDown    = '_' // around x-axis
  TiltUp      = '^'
  RollLeft    = byte(92) // '\' // around y-axis
  RollRight   = '/'
  BranchStart = '['
  BranchEnd   = ']'
  PolygonStart = '{'
  PolygonEnd  = '}'
)
type
  Symbol = byte
var (
  StartColour col.Colour
  Startword string
  Startangle, Turnangle float64
  NumIterations uint
  colours = []col.Colour {col.Brown(),   // n
                          col.Red(),      // r
                          col.LightRed(), // l
                          ...
                          }
)

func Initialize (s string) { initialize(s) }
```

```
func IsColour (s Symbol) (col.Colour, bool) { return isColour(s) }

// Pre: s is not empty.
// Returns true, iff there is a rule with a left side starting with s.
func ExRule (s string) bool { return exRule(s) }

// Pre: There is at most one rule with s as left side.
// Returns the right side of the rule with left side s,
// if such a rule exists; otherwise "".
func Derivation (s string) string { return derivation(s) }
```

13.6.1.2 Symbolstack

Die Spezifikation des Symbolstacks leitet sich direkt aus der Spezifikation des allgemeinen Stacks μU/stk im Mikrouniversum ab:

```
package symstk // A stack of pairs (byte, uint); initially empty.

type Symbol = byte

// (s, i) is pushed onto the stack.
func Push (s Symbol, i uint) { push(s,i) }

// Returns true, iff x is empty.
func Empty() bool { return empty() }

// Pre: x is not empty.
// Returns the pair on top of x. That pair is now removed from x.
func Pop() (Symbol, uint) { return pop() }
```

13.6.1.3 Verwaltung der aktuellen Position und Richtungen

Sie erfolgt bei der Konstruktion der geometrischen Interpretation eines L-Systems im Paket μU/spc. Hier ist seine Spezifikation:

```
package spc
// The package maintains the following 5 vectors:
// origin, focus and an orthogonal right-handed trihedron
// consisting of the 3 vectors (right, front, top) with
// len(right) = len(front) = len(top) = 1,
// s.t. front = focus - origin normed to len 1.
// Maintains furthermore a stack of the trihedron-vectors.

// origin = (ox, oy, oz), focus = (fx, fy, fz), top = (tx, ty, tz),
// front = focus - origin normed to len 1 and
// right = vector-product of front and top.
func Set (ox, oy, oz, fx, fy, fz, tx, ty, tz float64) {
     set (ox,oy,oz,fx,fy,fz,tx,ty,tz) }

// Returns the coordinates of origin, focus and top.
func GetOrigin() (float64, float64, float64) { return getOrigin() }
```

```
func GetFocus() (float64, float64, float64) { return getFocus() }
func GetRight() (float64, float64, float64) { return getRight() }
func GetFront() (float64, float64, float64) { return getFront() }
func GetTop()   (float64, float64, float64) { return getTop() }

// origin is moved in direction Right/Front/Top by distance d,
func MoveRight (d float64) { moveR(d) }
func MoveFront (d float64) { moveF(d) }
func MoveTop (d float64) { moveT(d) }

// origin and focus are moved in direction Right/Front/Top by distance d,
func Move1Right (d float64) { move1R(d) }
func Move1Front (d float64) { move1F(d) }
func Move1Top (d float64) { move1T(d) }

// front is rotated around right by angle a, top is adjusted.
func Tilt (a float64) { tilt(a) }

// top is rotated around front by angle a, right is adjusted.
func Roll (a float64) { roll(a) }

// right is rotated around top by angle a, front is adjusted.
func Turn (a float64) { turn(a) }

// The trihedron is rotated around the vector right by angle a.
func TurnAroundFocusR (a float64) { turnAroundFocusR(a) }

// The trihedron is rotated around the vector top by angle a.
func TurnAroundFocusT (a float64) { turnAroundFocusT(a) }

// Returns true, iff the stack is empty.
func Empty() bool { return empty() }

// origin, focus and top are pushed onto the stack.
func Push() { push() }

// origin, focus and top are popped from the stack
// and front and right are computed to maintain the invariants.
func Pop() { pop() }
```

13.6.2 Implementierung der Pakete

Das Hauptprogramm unterscheidet zwischen der Konstruktion 2- und 3-dimensionaler L-Systeme, was dadurch festgestellt wird, ob Tilt- oder Roll-Symbole in der ls-Datei vorkommen.

13.6.2.1 Hauptprogramm

Wir zeigen hier nur die Implementierung einer der wichtigsten Funktionen im Hauptprogramm, der Funktion `step`, die den Zustand des L-Systems in Abhängigkeit von dem aktuellen Symbol verändert:

```
func step (s Symbol) {
  switch s {
  case g.Step:
    x0, y0, z0 = spc.GetOrigin()
    spc.MovelFront (1)
    x, y, z = spc.GetOrigin()
    ...
  case g.YetiStep:
    x0, y0, z0 = spc.GetOrigin()
    spc.MovelFront (1)
    x, y, z = spc.GetOrigin()
  case g.TurnLeft:
    spc.Turn (delta)
    ox, oy, _ := spc.GetOrigin()
    alpha = arctan (ox, oy)
  case g.TurnRight:
    spc.Turn (-delta)
    ox, oy, _ := spc.GetOrigin()
    alpha = arctan (ox, oy)
  case g.Invert:
    spc.Turn (180)
  case g.TiltDown:
    spc.Tilt (delta)
  case g.TiltUp:
    spc.Tilt (-delta)
  case g.RollLeft:
    spc.Roll (delta)
  case g.RollRight:
    spc.Roll (-delta)
  case g.BranchStart:
    spc.Push()
  case g.BranchEnd:
    spc.Pop()
  default:
    ...
  }
}
```

13.6.2.2 Grammatik

Die Implementierung dieses Pakets besteht im Wesentlichen aus der Untersuchung der übergebenen `ls`-Datei mit der Überprüfung der Symbole und der Konstruktion der Produktionsregeln, so dass sie vom Hauptprogramm verarbeitet werden können.

13.6.2.3 Symbolstapel

Seine Implementierung besteht im Wesentlichen nur aus dem Durchgriff auf das Stack-Paket $\mu U/stk$ im Mikrouniversum. Er wird nur bei der Ausführung der Funktion execute zum Ausmessen und zur Erstellung der 2-dimensionalen Graphiken und zur Erstellung der 3-dimensionalen Graphiken als openGL-Konstrukte gebraucht.

13.6.2.4 Space

Die Implementierung macht intensiv Gebrauch vom Vektor-Paket $\mu U/vect$ des Mikrouniversums.

Literatur

1. N. Chomsky: Three models for the description of language. In: IRE Transactions in Information Theory 2 (1956), 113–126 https://www.doi.org/
2. Prusinkiewicz, P., Lindenmayer, A.: The Algorithmic Beauty of Plants. Springer, New York (1990) https://www.doi.org/10.1007/978-1-4613-8476-2

Bahn

Zusammenfassung

Der Betrieb eines Bahnhofs besteht im Wesentlichen aus der Konstruktion von *Fahrstraßen* für Zugfahrten. *Fahrstraßen* sind Folgen von *Blöcken; Blöcke* sind *Gleisabschnitte,* auf denen sich jeweils immer nur *ein* Zug befinden darf; *Gleisabschnitte* sind z. B. *Gleise, Weichen, Doppelkreuzungsweichen* und *Prellböcke.* Diese Hierarchie liefert also ein schönes Beispiel für objektbasierte Programmierung. Das Projekt besteht aus der Simulation eines Drucktastenstellwerks für einen Bahnhof und hat einen verteilten Aspekt: die Simulation des Zugverkehrs zwischen mehreren Bahnhöfen.

Sprachlich bedeutet Eisenbahn ganz allgemein eine Bahn von Eisen zweck Bewegung von Gegenständen auf derselben. Verknüpft man diesen Wortlaut mit dem Gesetzeszweck, und erwägt man, daß die eigenartige Nützlichkeit und gleichzeitig Gefährlichkeit des metallischen Transportgrundes, in der (durch dessen Konsistenz, sowie durch dessen, daß Hindernis der Reibung vermindernde Formation und Glätte gegebenen) Möglichkeit besteht, große Gewichtsmassen auf jenem Grunde fortzubewegen und eine verhältnismäßig bedeutende Geschwindigkeit der Transportbewegung zu erzeugen, so gelangt man im Geiste des Gesetzes zu keiner engeren Bestimmung jener sprachlichen Bedeutung des Wortes Eisenbahn, um den Begriff eines Eisenbahnunternehmens im Sinne des Gesetzes zu gewinnen, als derjenigen:
Ein Unternehmen, gerichtet auf wiederholte Fortbewegung von Personen oder Sachen über nicht ganz unbedeutende Raumstrecken auf metaller Grundlage, welche durch ihre Konsistenz, Konstruktion und Glätte den Transport großer Gewichtsmassen, beziehungsweise die Erzielung einer verhältnißmäßig bedeutenden Schnelligkeit der Transportbewegung zu ermöglichen bestimmt ist, und durch diese Eigenart in Verbindung mit den außerdem zur Erzeugung der Transportbewegung benutzten Naturkräften (Dampf, Elektricität, thierischer oder menschlicher Muskelthätigkeit, bei geneigter Ebene der Bahn auch schon der eigenen Schwere der Transportgefäße und deren Ladung, u.s.w.) bei dem Betriebe des Unternehmens auf derselben eine verhältnißmäßig gewaltige (je nach den Umständen nur in bezwecket Weise nützliche, oder auch Menschenleben vernichtende und die menschliche Gesundheit verletzende Wirkung zu erzeugen fähig ist.

I. Civilsenat des Reichsgerichts Leipzig vom 17. März 1879:
Bedeutung der Ausdrücke:
Betrieb einer Eisenbahn und Betriebsunternehmen

in dem § 1 des Reichshaftpflichtgesetzes

Entscheidungen des Reichsgerichts in Civilsachen I (1880), 247–252

Wesentliche Teile der Konzeption und Ansätze des Projekts Bahn basieren auf den Arbeits-
ergebnissen in einem Grundkurs Informatik am Rückert-Gymnasium in Berlin-Schöneberg
vor vielen Jahrzehnten. Es ging um die Simulation eines „elektronischen Stellwerks" in
einem Bahnhof; Anlass war die Einführung des ersten durch Mikrocomputer gesteuerten
Stellwerks der Firma Siemens im Berliner U-Bahnhof Uhlandstraße.

Da uns damals als Programmiersprache nur Pascal zur Verfügung stand, konnte ich – in
Kenntnis der Arbeiten von Parnas – nur *ansatzweise* eine Trennung zwischen Spezifikation
und Implementierung mittels der `forward`-Deklarationen erreichen.

Mangels Graphik auf unseren ASCII-Terminals hatten wir die Zellen (s. Abschn. 14.3.1.1)
mit

- dem Minuszeichen „-",
- dem Unterstrich „_",
- dem Schrägstrich „/",
- dem Rückwärts-Schrägstrich „\" und
- dem Trennungszeichen „|"

dargestellt.

Diese Aufgabe hatte ich einige Jahre später den Teilnehmerinnen und Teilnehmern einiger
Lehrerfortbildungskurse Informatik an der Freien Universität Berlin gestellt; mit Modula-2
war zu der Zeit das objektbasierte Programmieren möglich.

Diverse seinerzeit als Optionen vorgesehene Erweiterungen wurden von mir unter Rückgriff auf das Mikrouniversum entwickelt und die verschiedenen Teile der Dokumentation
vollständig überarbeitet.

Insbesondere ist das System dabei auf ein kleines Netz von sechs Bahnhöfen erweitert
worden.

Dank gebührt

- meinen damaligen Schülerinnen und Schülern, die erst einmal eine Brio-Eisenbahn im
  Informatik-Raum aufgebaut hatten, um sich Klarheit darüber zu verschaffen, was denn
  eigentlich das Wesen z. B. von *Weichen* oder von *Fahrstraßen* sei, dann eine pfiffige
  Methode zur Implementierung von Schlossvariablen ersannen, da unsere Züge neben-
  läufig von mehreren Terminals aus gestartet wurden, später die Tiefensuche in Graphen
  nacherfanden, und schließlich per Sortieren durch Verschmelzen in Mengen von Listen
  von Blöcken kürzeste Fahrwege für Züge fanden (also sehr anspruchsvolle Inhalte aus
  dem Bereich Algorithmen und Datenstrukturen bewältigten),
- den Kursteilnehmerinnen und -teilnehmern der Lehrerweiterbildung, die die Entwicklung
  stetig vorangetrieben hatten, und

- Herrn Dipl.-Ing. Norbert Ritter (damals Projektleiter bei den Berliner Verkehrsbetrieben), der uns das neue *digitale* Stellwerk im U-Bahnhof gezeigt hatte, und Herrn Prof. Rolf Schädlich von der TFH, der uns ein ausgebautes *mechanisches* Stellwerk der Bahn in der TFH vorgeführt hatte.

14.1 Systemanalyse

Es geht um ein Programmsystem, das die *Fahrdienstleitung* (EBO § 47 (1) 4.) in einem gegebenen *Bahnhof* (EBO § 4 (2) bei ihrer Aufgabe unterstützt, die Sicherheit des *Zugbetriebes* (EBO § 47 (2) und (3)) zu gewährleisten: Das System soll alle für die Erteilung von *Fahraufträgen* erforderlichen Informationen liefern.

Dazu gehört die Anzeige der Gleisbilder der Bahnhöfe, d. h.

- aller Gleise mit ihren Nummern,
- aller Weichen, Doppelkreuzungssweichen und Signale mit ihren Stellungen und
- der Besetztmeldungen durch stehende und fahrende Züge.

Ein Fahrauftrag wird durch die Eingabe von Start- und Zielgleis ausgelöst. Daraufhin konstruiert das System alle möglichen Fahrwege, wählt aus ihnen den mit der geringsten Anzahl an Weichen als Fahrstraße aus, sichert sie durch die Schaltung der benutzten Weichen und Signale und kennzeichnet sie als besetzt. Der Fahrauftrag wird durch das Stellen des Fahrtsignals erteilt.

Für die Zusammenstellung oder Teilung von Zügen sind Rangierfahrten in ein besetztes Zielgleis möglich; außerdem kann nach Abfahrt einer Rangierabteilung nicht angenommen werden, dass das Startgleis frei wird. Ein Modell mit derartigen Rangiermöglichkeiten müsste die Zusammensetzung aller Züge aus ihren Bestandteilen (Lokomotive(n) und Wagen einschließlich deren relativer Positionen zueinander) Buch führen, da sonst sinnlose Fahraufträge möglich sind. Wegen der *erheblichen* Komplexität einer Lösung, die alle diese Faktoren einbezieht, *werden Rangierfahrten nicht modelliert – wir beschränken uns auf Zugfahrten.*

Dabei ist lediglich an ein *Phantom* gedacht: Die Zugfahrten werden nur *auf dem Bildschirm simuliert.*

Züge, die den Bahnhof verlassen, fahren zum benachbarten Bahnhof. Neue Züge können auf den Einfahrgleisen des Bahnhofs erscheinen und müssen dort „abgeholt" werden.

Damit lässt sich die Aufgabe des Systems so formulieren:

Es geht um die *Simulation der Drucktastenstellwerke auf der Basis der Gleisbildanzeige* und um die *Synchronisation des Zugverkehrs zwischen den Bahnhöfen.*

14.1.1 Grundbegriffe der Bahntechnik

Ein *Block* (EBO § 4 (3)) ist ein Gleisabschnitt, an dessen Enden die Weiterfahrt eines Zuges in den zugelassenen *Fahrtrichtungen* durch *Signale* kontrolliert (freigegeben oder blockiert) wird. Für welche Fahrtrichtungen ein Block zugelassen ist, hängt von seiner Funktion ab; z. B. sind auf doppelgleisigen Hauptstrecken die Blöcke in der Regel nur für *eine Fahrtrichtung* (in Deutschland *Rechtsverkehr*) zugelassen (EBO § 38).

Die *Blocksicherung* ist daher ein zentrales Sicherheitskonzept im Zugbetrieb: Innerhalb eines Blockes kann sich immer nur *ein* Zug befinden.

Die Ausfahrt aus dem Block und damit die Einfahrt in den nächsten Block ist nur möglich, wenn sich im nächsten Block kein Zug befindet.

In einem *Bahnhof* ist jeder längere Gleisabschnitt zwischen zwei Weichen wie ein Block zu behandeln. Es darf sich immer höchstens ein Zug darauf befinden; an seinen Enden stehen Ausfahrtsignale. Weichen sind in diesem Sinne auch als Blöcke anzusehen, da sie aus naheliegenden Gründen nur von *einem* Zug befahren werden dürfen.

Fahrwege sind in diesem Sinne *Folgen von Blöcken; Fahrstraßen* sind Fahrwege, die signaltechnisch gesichert sind.

Um die Gleise für die Anmeldung von Fahrten und Schaltung von *Fahrstraßen* identifizieren zu können, wird das übliche Schema zur Gleisnumerierung benutzt: parallel liegende Hauptgleise werden vom Empfangsgebäude aus durchgezählt, ineinander übergehende Gleise werden in beiden Fahrtrichtungen in vollen Dekaden weitergezählt, wobei die Endziffer ihrer Nummer mit der Nummer desjenigen Hauptgleises übereinstimmt, das sie fortsetzen.

Die Hauptgleise für den durchgehenden Verkehr dürfen von Zügen nur in der Fahrtrichtung des Regelbetriebes benutzt werden.

Als *Fahrtrichtungen* werden die Begriffe *„mit der Kilometrierung"* (d. h. in aufsteigender Reihenfolge der Kilometersteine an der Bahnstrecke, an der der Bahnhof liegt) und *„gegen die Kilometrierung"* vereinbart; in diesem Sinne sind alle Gleise eines Bahnhofs orientiert – Kehrschleifen werden nicht zugelassen.

Weichen sind in diesem Sinne entweder *mit der* oder *gegen die Kilometrierung* verzweigt. Sie können (in Verzweigungsrichtung gesehen) die Stellungen *rechts* oder *links* haben, wobei von der (bahntechnisch wichtigen) Information abstrahiert wird, nach der Weichen einen geraden und einen abzweigenden Ast haben. *Doppelkreuzungsweichen* sind in *beiden* Richtungen verzweigt.

Weichennummern werden *in Richtung der Kilometrierung* vergeben, wobei Weichen, die parallele Gleise unmittelbar verbinden, aufeinanderfolgende Nummern haben. An einzelnen Bahnhofsabschnitten (z. B. an den Bahnhofsköpfen) beginnen jeweils neue Dekaden.

Neben der Verzweigung der Gleise haben die Weichen eine wichtige Funktion für die Sicherheit des Zugbetriebes: Besetzte oder befahrene Gleisabschnitte müssen gegen eine seitliche Einfahrt durch abweisende Weichenstellungen in Richtung auf ein Parallelgleis geschützt werden (*Flankenschutz*).

Zur Simulation eines Bahnhofsbetriebes gehört die Darstellung der *Signale*. Dabei werden *Haupt-* und *Schutzsignale* (ESO B I. und VII.) berücksichtigt. Die Aufnahme der *Vorsignale* (ESO B II. und III.) sowie von anderen Signalen (Zusatzsignalen, Langsamfahrsignalen, Rangiersignalen usw.) bleibt einer späteren Ausbaustufe vorbehalten.

14.1.2 Quellen

Wesentliche Vorschriften der Deutschen Bahn für den Zugverkehr sind die

- die Eisenbahn-Bau- und Betriebsordnung (EBO) [1],
- die Fahrdienstvorschrift [2] und
- die Eisenbahn-Signalordnung (ESO)1959 [3]

der Deutschen Bahn.

14.1.2.1 Auszüge aus der Eisenbahn-Bau- und Betriebsordnung

§ 4 Begriffserklärungen

(1) Bahnanlagen sind alle Grundstücke, Bauwerke und sonstigen Einrichtungen einer Eisenbahn, die unter Berücksichtigung der örtlichen Verhältnisse zur Abwicklung oder Sicherung des Reise- oder Güterverkehrs auf der Schiene erforderlich sind. Dazu gehören auch Nebenbetriebsanlagen sowie sonstige Anlagen einer Eisenbahn, die das Be- und Entladen sowie den Zu- und Abgang ermöglichen oder fördern. Es gibt Bahnanlagen der Bahnhöfe, der freien Strecke und sonstige Bahnanlagen. Fahrzeuge gehören nicht zu den Bahnanlagen.

(2) Bahnhöfe sind Bahnanlagen mit mindestens einer Weiche, wo Züge beginnen, enden, ausweichen oder wenden dürfen. Als Grenze zwischen den Bahnhöfen und der freien Strecke gelten im allgemeinen die Einfahrsignale oder Trapeztafeln, sonst die Einfahrweichen.

(3) Blockstrecken sind Gleisabschnitte, in die ein Zug nur einfahren darf, wenn sie frei von Fahrzeugen sind.

(11) Hauptgleise sind die von Zügen planmäßig befahrenen Gleise. Durchgehende Hauptgleise sind die Hauptgleise der freien Strecke und ihre Fortsetzung in den Bahnhöfen. Alle übrigen Gleise sind Nebengleise.

§ 34 Begriff, Art und Länge der Züge

(1) Züge sind die auf die freie Strecke übergehenden, aus Regelfahrzeugen bestehenden, durch Maschinenkraft bewegten Einheiten und einzeln fahrenden Triebfahrzeuge.

§ 38 Fahrordnung

Auf zweigleisigen Bahnen ist rechts zu fahren. Hiervon kann abgewichen werden

1. in Bahnhöfen und bei der Einführung von Streckengleisen in Bahnhöfe,
2. …

§ 39 Zugfolge

(4) Die Ein-, Aus- oder Durchfahrt eines Zuges darf nur zugelassen werden, wenn sein Fahrweg frei ist. …

14.1.2.2 Auszüge aus der Eisenbahn-Signalverordnung

I. Hauptsignale (Hp)

(6) Hauptsignale werden verwendet als Einfahrsignale, Ausfahrsignale, Zwischensignale, Blocksignale, …
   (10) Hauptsignale zeigen an, ob der anschließende Gleisabschnitt befahren werden darf. Die Hauptsignale Hp 0, Hp 1 und Hp 2 gelten nur für Zugfahrten, aber nicht für Rangierfahrten.
Hp 0: *Zughalt*
Lichtsignal: Ein rotes Licht. Hp 1: *Fahrt*
Lichtsignal: Ein grünes Licht. Hp 2: *Langsamfahrt*
Lichtsignal: Ein grünes und senkrecht darunter ein gelbes Licht.

14.1.3 Gleisbildanzeige

Der Bildschirm zeigt den Bahnhof in Form einer *Gleisbildanzeige,* d. h. der schematischen Darstellung aller Gleise, Weichen und Doppelkreuzungsweichen und der Position aller Signale.
   Der dynamische Anteil der Anzeige besteht zu jedem Zeitpunkt aus der Darstellung des augenblicklichen Zustands ihrer veränderlichen Bestandteile: den *Stellungen aller Weichen und Signale* sowie den *Besetztmeldungen aller Gleise* – danach unterschieden, ob sie durch stehende Züge oder durch erteilte Fahraufträge bzw. fahrende Züge belegt sind. Wenn ein Zug ein Gleis verlassen hat, wird die Besetztmeldung zurückgenommen. (In der Realität werden *Gleisfreimelder* verwendet, Einrichtungen an den Gleisen, die den Zustand beispielsweise durch Zählen der vorbeirollenden Achsen registrieren.)

14.1.4 Fahraufträge

Die Fahrdienstleitung fordert eine Fahrstraße für eine Zugfahrt an, indem sie Tasten auf der Gleisbildanzeige drückt, die das *Start-* und das *Zielgleis* für die Fahrt angeben,
wodurch die Gleisbildanzeige die Funktion eines *Drucktastenstellwerks* erhält.

Start und Ziel können prinzipiell nur Gleise sein, die durch Nummern gekennzeichnet sind. Weichen können nur zur Durchfahrt benutzt werden; Züge dürfen auf ihnen nicht stehenbleiben.

Eine Fahrt in diesem Sinne ist eine Bewegung vom Start- zum Zielgleis in *genau einer* Richtung.

Wenn ein Fahrauftrag nicht durchführbar ist, weil es *überhaupt keinen* oder keinen *freien* Fahrweg vom Start- zum Zielgleis gibt, oder weil das *Zielgleis besetzt* ist, werden entsprechende Meldungen ausgegeben.

Daraufhin prüft das System, ob eine Fahrstraße für die Fahrt verfügbar ist.

Wenn ein Fahrauftrag auf mehr als einem Fahrweg durchführbar ist, wählt das System denjenigen mit den wenigsten zu befahrenden Weichen aus.

Anschließend sichert das System den Fahrweg durch die Schaltung der Weichen und der Signale für die Fahrstraße, markiert alle Gleise und Weichen auf dem Fahrweg als besetzt und aktualisiert die Gleisbildanzeige im Bildschirmfenster.

Der Fahrauftrag wird an die Zugführung dadurch erteilt, dass das entsprechende Signal auf *Fahrt* bzw. *Langsamfahrt* gestellt wird.

Wenn auf einem Einfahrgleis ein Zug aus dem Nachbarbahnhof angekommen ist, muss er von der Fahrdienstleitung „abgeholt" werden; d. h. es muss ein Fahrauftrag (von dem Einfahrgleis als Startgleis) zu einem Zielgleis im Bahnhof erteilt werden.

Wenn ein Ausfahrgleis Ziel einer Fahrt ist, verschwindet der Zug in Richtung des folgenden Bahnhofs.

Früher wurde das alles mit mechanischen Hebelstellwerken, Drahtseilzügen und elektromechanischen Relaissteuerungen erledigt; heutzutage wohl inzwischen überall von rechnergesteuerten Sensoren und Motoren.

14.1.5 Darstellung der Zugfahrten

Die Verweildauer der Züge bei ihrer Fahrt über Gleise unterschiedlicher Länge wird stark vereinfacht modelliert: Wir nehmen an, dass mit konstanter Geschwindigkeit gefahren wird, d. h. dass die Dauer einer Fahrt über einen Block nur linear von dessen Länge abhängt.

Die Fahrt eines Zuges, die Ankunft auf seinem Zielgleis, oder die Tatsache, dass er den Bahnhof verlassen hat, wird auf der Gleisbildanzeige optisch dargestellt. Gleise und Weichen, die der Zug verlassen hat, werden in der Gleisbildanzeige sofort freigegeben.

14.1.5.1 Einbeziehung mehrerer Bahnhöfe

Das System besteht aus mehreren Bahnhöfen.

Dazu ist eine verteilte Lösung vorgesehen: Jeder Bahnhof wird auf einem eigenen Rechner oder in einem Schwergewichtsprozess auf einem der beteiligten Rechner betrieben; der Betrieb dazwischen wird von den jeweils benachbarten Bahnhöfen synchronisiert. Unter „Synchronisation" verstehen wir dabei, dass bei ein Zug bei einer Fahrt zu einem Nachbarbahnhof nach dem Verlassen des Ausfahrgleises auf dem Einfahrgleis des Zielbahnhofs erscheint.

14.2   Systemarchitektur

14.2.1 Die Objekte des Systems

Aus der Systemanalyse des Projektes lassen sich die folgenden **Objekte** im geplanten System ableiten, die jeweils in ein Paket verfrachtet werden:

- *Bahnhöfe* als *Gleisbilder* der Gesamtheit aller Blöcke,
- das *Netz* aller beteiligten Bahnhöfe mit dem der Zugverkehr zwischen den Bahnhöfen *synchronisiert* wird,
- *Fahrwege* als geordnete Folgen von paarweise verbundenen Blöcken, die konstruiert, besetzt, geschaltet, befahren und wieder freigegeben werden.
- *Blöcke* mit
  - ihren *Verbindungen* zu den benachbarten Blöcken,
  - ihrer *Art* (Gleis, Weiche oder Doppelkreuzungsweiche),
  - ihrer *Lage,*
  - ihren *Position auf dem Bildschirm,*
  - den *Zellen,* aus denen sie bestehen,
  - falls es sich um Weichen oder Doppelkreuzungsweichen handelt:
      ihrer *Verzweigungsrichtung* (mit oder gegen die Kilometrierung),
      ihrer *Weichenrichtung* (Linksweiche oder Rechtsweiche) und
      ihrer *Stellung* (Links, Gerade oder Rechts),
  - ihren *Signalen* und
  - ihrem *Zustand* (frei oder besetzt mit einem stehenden oder fahrenden Zug),
- zu jedem Block seine *Signale,*
- *Zellen* in Form eines geraden oder geknickten Gleisstücks, eines Prellbocks oder einer Weiche und Doppelkreuzungsweiche in ihrer jeweiligen Stellung, aus denen sich die *Darstellungen* der Blöcke auf dem Bildschirm zusammensetzen,

Darüberhinaus werden für das System noch die folgenden kleinen Pakete benötigt:

- *Kilometrierung* für die beiden Richtungen („mit" und „gegen" Kilometrierung),
- *Farbe* für die vom System benötigen Farben,
- *Richtung* für die Stellung der Weichen (links, gerade, rechts) und
- diverse *Konstanten* für die Positionierung auf den Bildschirmfenstern.

Im Folgenden erläutern wir diese Grundbestandteile.

14.2.2 Komponentenhierarchie

In der Abb. 14.1 finden sich die Abhängigkeiten der einzelnen Pakete untereinander: das jeweils tiefer liegende Paket wird vom darüber liegenden importiert (benutzt). Die Darstellung gibt die Importbeziehungen insoweit leicht vergröbert wieder, als

- zwischen den Definitions- und den Implementierungsteilen der Pakete nicht unterschieden wird und
- nicht *jeder* Import sichtbar wird, weil es an einigen Stellen auch Importe über mehrere Schichten gibt (beispielsweise werden die Farben col von allen mittelbar darüberliegenden Moduln importiert).

Abb. 14.1 Architektur von
Bahn

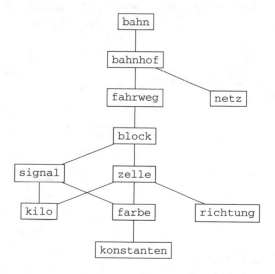

14.3   Benutzerhandbuch

14.3.1 Bildschirmgestaltung

Die einzigen alphanumerischen Formate im System sind die

- Bahnhofsnamen (Zeichenketten beschränker Länge) und
- die Gleisnummern (natürliche Zahlen < 100).

14.3.1.1 Darstellung der Zellen

Die Zellen haben eine Größe von horizontal 36 Pixeln und vertikal 24 Pixeln.
    Es gibt Zellen für die Darstellung von

- Gleisen,
- Gleisknicks,
- Weichen,
- Doppelkreuzungsweichen und
- Prellböcken.

Abb. 14.2 zeigt Gleiszellen, Abb. 14.3 zeigt Gleisknicks, Abb. 14.4 zeigt in Kilometrierungsrichtung verzweigte Weichen, Abb. 14.5 zeigt Weichen, die gegen die Kilometrierungsrichtung verzweigt sind, Abb. 14.6 zeigt Doppelkreuzungsweichen und Abb. 14.7 zeigt Prellböcke.

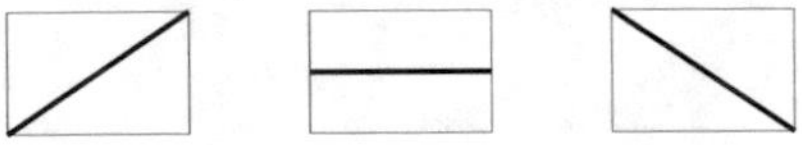

Abb. 14.2 Gleiszellen

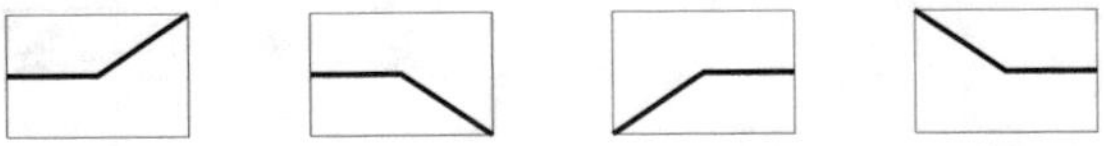

Abb. 14.3 Gleisknicks

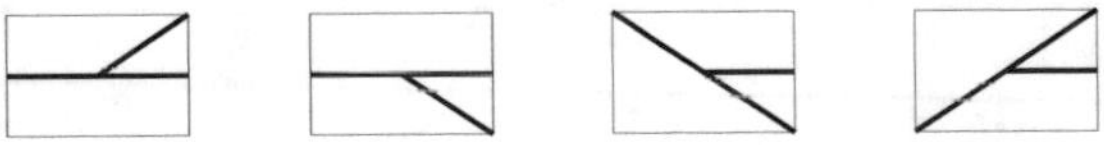

Abb. 14.4 in
Kilometrierungsrichtung
verzweigte Weichen

Abb. 14.5 Weichen, die gegen
die Kilometrierungsrichtung
verzweigt sind

Abb. 14.6 Doppelkreuzungsweichen

Abb. 14.7 Prellböcke

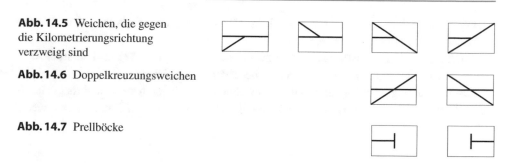

14.3.1.2 Darstellung der Blöcke

Ein Block wird als Folgen von Zellen dargestellt, bei Gleisen mit ihrer Gleisnummer etwa in der Mitte des Gleisblocks.

Weichen und Doppelkreuzungsweichen sind Blöcke der Länge 1, sie werden also als die entsprechenden Zellen dargestellt. Weichennummern werden nicht ausgegeben, denn sie müssen auf dem Gleisbild nicht identifiziert werden, weil sie nicht durch die Fahrdienstleitung, sondern durch das System geschaltet werden.

14.3.1.3 Darstellung der Signale

Signale werden als kleine (farblich gefüllte) Kreise dargestellt; in Richtung der Kilometrierung am Ende eines Gleisblocks *unterhalb* einer Gleiszelle und in Gegenrichtung *oberhalb* einer Gleiszelle.

14.3.1.4 Besetztmeldungen

Die unterschiedlichen Zustände von Gleisen, Weichen und Fahrwegen werden wie folgt angezeigt: Freie Gleise werden in *grün* dargestellt, Gleise, die von einem stehenden Zug besetzt sind, in *gelb* und Gleise, die von einem fahrenden Zug besetzt sind, in *rot*.

Die Stellungen von Weichen und Doppelkreuzungsweichen sind dadurch ersichtlich, dass nur die geschalteten Zweige die entsprechende Farbe haben, die anderen sind *grau*.

14.3.2 Das Gleisbildstellwerk auf dem Bildschirm

Ein- und Ausgabe erfolgen auf einem statischen Bildschirm; auf Techniken wie „Bildschirm-rollen" wird verzichtet; die Fahrdienstleitung muss stets den *gesamten* Bahnhof im Blick haben (es gibt auch keine „rollenden Drucktastenstellwerke").

Die Bildschirmfenster haben eine Größe von vertikal 42 Zellen und horizontal von 8 Zellen und vier Zeilen für den Abstand zum obigen und unteren Rand der Fenster und die letzte Bildschirmzeile für Fehlermeldungen und Bedienungshinweise.

Durch diese Festlegung ist die Anzahl der Gleise der Bahnhöfe begrenzt: Es können höchstens acht Parallelgleise dargestellt werden.

Nach erfolgreicher Ausführung des Fahrauftrages wird der Fahrweg als Fahrstraße ausgewiesen, d. h. als mit einem fahrenden Zug besetzt gekennzeichnet.

Die Darstellung einer Zugfahrt in ihrer Bewegung wird dadurch erreicht, dass geräumte Gleisabschnitte und Weichen sofort den Zustand in *frei* annehmen, d. h. zur Freifarbe wechseln.

14.3.3 Das Netz der Bahnhöfe

Abb. 14.8 zeigt das Netz des sechs Bahnhöfe.

Im Folgenden stellen wir die einzelnen Bahnhöfe vor.

Bahnheim

Bahnheim ist ein Endbahnhof einer doppelgleisigen Strecke mit zwei Hauptgleisen (2 und 3), zwei Nebengleisen (1 und 4), vier Abstellgleisen (11 bis 14) und einem Flankenschutzgleis (21) (s. Abb. 14.9). Zwischen Gleis 2 und 3 hat man sich einen Bahnsteig vorzustellen.

Gleis 23 ist das Einfahrt- und Gleis 24 das Ausfahrgleis von bzw. nach Bahnhausen.

Bahnhausen

Bahnhausen ist ein Bahnhof an einer doppelgleisigen Strecke mit zwei Hauptgleisen (2 und 3), zwei Nebengleisen (1 und 4) und zwei Flankenschutzgleisen (14 und 21) (s. Abb. 14.10). Zwischen Gleis 2 und 3 hat man sich einen Bahnsteig vorzustellen.

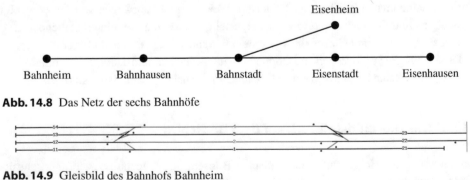

Abb. 14.8 Das Netz der sechs Bahnhöfe

Abb. 14.9 Gleisbild des Bahnhofs Bahnheim

Abb. 14.10 Gleisbild des Bahnhofs Bahnhausen

Die Gleise 12 und 13 sind das Ein- bzw. Ausfahrgleis von bzw. nach Bahnheim und die Gleise 23 und 22 sind das Ein- bzw. Ausfahrgleis von bzw. nach Bahnstadt.

Bahnstadt

Bahnstadt ist ein Bahnhof an einer doppelgleisigen Hauptstrecke mit zwei Hauptgleisen (3 und 4), mit Nebengleisen (1, 2 und 6) und zwei Flankenschutzgleisen (16 und 22). Gleis 5 ist Ausgangspunkt für die abzweigende eingleisige Nebenstrecke nach Eisenheim; Gleise 6 bis 8 mit ihren Nebengleisen bilden einem kleinen Güterverladeteil mit Auszieh- und Abstellgleisen zu Rangierzwecken (s. Abb. 14.11).

Zwischen Gleis 2 und 3 und zwischen Gleis 4 und 5 hat man sich Bahnsteige vorzustellen.

Gleise 13 und 34 sind die Einfahrgleise von Bahnhausen bzw. Eisenstadt, Gleise 14 und 33 die entsprechenden Ausfahrgleise. Gleis 36 ist das Ein- und Ausfahrgleis von bzw. nach Eisenheim.

Eisenheim

Eisenheim ist ein Endbahnhof einer eingleisigen Nebenstrecke mit einem Hauptgleis (2), zwei Nebengleisen (1 und 3), einem Flankenschutzgleis (13) und drei Abstellgleisen (21 bis 23) (s. Abb. 14.12). Zwischen Gleis 2 und 3 hat man sich einen Bahnsteig vorzustellen.

Gleis 12 ist das Ein- und Ausfahrgleis von bzw. nach Bahnstadt.

Eisenstadt

Eisenstadt ist ein Durchgangsbahnhof an einer doppelgleisigen Hauptstrecke mit zwei Hauptgleisen (2 und 3), zwei Nebengleisen (1 und 4) und zwei Flankenschutzgleisen (14 und 21) (s. Abb. 14.13). Zwischen Gleis 2 und 3 hat man sich einen Bahnsteig vorzustellen.

Gleise 12 und 23 sind die Einfahrgleise von Bahnstadt bzw. Eisenhausen, Gleise 13 und 22 die entsprechenden Ausfahrgleise.

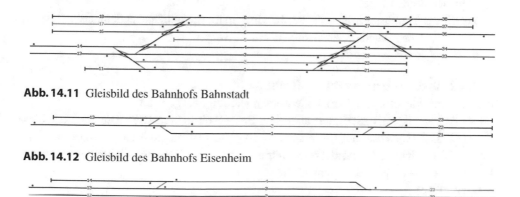

Abb. 14.11 Gleisbild des Bahnhofs Bahnstadt

Abb. 14.12 Gleisbild des Bahnhofs Eisenheim

Abb. 14.13 Gleisbild des Bahnhofs Eisenstadt

Abb. 14.14 Gleisbild des Bahnhofs Eisenhausen

Eisenhausen

Eisenhausen ist Endbahnhof an einer doppelgleisigen Hauptstrecke mit zwei Hauptgleisen (2 und 3), zwei Nebengleisen (1 und 4), einem Flankenschutzgleis (14) und vier Abstellgleisen (21 bis 24) (s. Abb. 14.14). Wie bei den vorigen Bahnhöfen hat man sich zwischen Gleis 2 und 3 einen Bahnsteig vorzustellen.

Gleis 12 und 13 sind das Ein- bzw. Ausfahrgleis von bzw. nach Eisenstadt.

14.3.4 Bedienung des Systems

Sie ist sehr einfach. Nach dem Start des Servers kann der Betrieb auf den Bahnhöfen gestartet werden, der aus Fahraufträgen besteht.

14.3.4.1 Auswahl des Bahnhofs

Jeder Bahnhof wird von einem eigenen Rechner oder einem Schwergewichtsprozess auf einem Rechner gesteuert.

Für die Synchronisation des Zugverkehrs zwischen den Bahnhöfen ist das System verantwortlich. Dazu ist es notwendig, vor dem Aufruf des Betriebs auf einem der Bahnhöfe den Server – eine Komponente im Paket `netz`-Paket – zu starten. Das erfolgt mit dem Aufruf `bahn` (ohne Argumente).

Danach wird ein Bahnhof durch den Aufruf „`bahn n`", wobei n eine der Zahlen von 0 bis 5 ist, ausgewählt: Es ist dann der n-te Bahnhof aus dem Netz (in der im Abschn. 14.3.3 angegebenen Reihenfolge).

Das Bildschirmfenster zeigt sein Gleisbild in dem im Bahnhofspaket definierten Zustand und der Betrieb des Bahnhofs kann aufgenommen werden.

14.3.4.2 Erteilung eines Fahrauftrags

Start- und Zielgleis für eine Fahrstraße werden wie folgt ausgewählt:

Es gibt den Hinweis „Startgleis anklicken Betrieb einstellen: Esc". Durch einen Klick mit der linken Maustaste auf das entsprechende Gleis ist das Startgleis ausgewählt; mit der Fluchttaste wird erreicht, dass der Betrieb auf diesem Bahnhof – allerding erst nach Beendigung aller Zugfahrten – eingestellt wird.

Dann gibt es den Hinweis „Zielgleis anklicken anderes Startgleis: Esc"; auch hier wird mit der linken Maustaste das Zielgleis angeklickt.

Wenn ein *anderes* Startgleis ausgewählt werden soll, muss die Fluchttaste gedrückt werden.

Bei diesen Klicks sind folgende Fehler möglich:

- Als *Startgleis* wird ein *freier* Gleisabschnitt oder
- ein *Ausfahrgleis* einer zweigleisigen Verbindung oder
- als *Zielgleis* wird ein *besetzter* Gleisabschnitt oder
- ein *Einfahrgleis* einer zweigleistigen Verbindung oder
- als *Startgleis* oder *Zielgleis* wird eine *Weiche* angegeben.
- Es gibt keine Fahrwege vom Start- zum Zielgleis oder
- es gibt zwar Fahrwege, aber auf allen sind irgendwelche Gleise durch stehende Züge oder Zugfahrten besetzt.

In den ersten fünf Fällen wird der Fahrauftrag vom System schlicht ignoriert; in den anderen beiden Fällen erfolgt eine entsprechende Fehlermeldung.

Nach Auswahl von Start- und Zielgleis sucht das System unter den möglichen Fahrstraßen diejenige mit den wenigsten Weichen aus.

Nach der erfolgreichen Erteilung des Fahrauftrags werden die Weichen und die Signale gestellt, und dann fährt der Zug ab.

14.4 Konstruktion

Wir zeigen nur die *Spezifikationen* der Bibliothekspakete und die Repräsentationen der jeweiligen abstrakten Datenobjekte.

14.4.1 Hauptprogramm

Das Hauptprogramm ist sehr kurz, es besteht nur aus der Aktivierung des Servers bzw. der Betriebsaufnahme auf einem der Bahnhöfe.

```
package main
import ("µU/ker"; "µU/env"; "µU/kbd";
"bahn/bahnhof"; "bahn/netz")

func main() {
  if env.NArgs() == 0 {
    netz.MeinBahnhof = netz.Server
    netz.Aktivieren()
    kbd.Wait (false)
    return
  }
  n, m := env.N(1), netz.N - 1
```

```
if n >= m { ker.Panic1 ("Das Argument des Aufrufs \"bahn\"
muss kleiner sein als", m) }
netz.MeinBahnhof = n
bahnhof.New().Betreiben()
}
```

14.4.2 Netz

Die Aufgaben des Netz-Pakets sind

- die Verwaltung der sechs Bahnhöfe mit ihre Verbindungen untereinander und
- die Arbeit des Servers, der die Einfahrten der Bahnhöfe besetzt und freigibt.

Seine Spezifikation lautet

```
package netz

const M = 11 // maximale Länge der Bahnhofsnamen
const (Bahnheim = uint(iota); Bahnhausen; Bahnstadt; Eisenheim;
      Eisenstadt; Eisenhausen Server; N; A = N - 1)
var (MeinBahnhof uint; MeinName string)

func Name (n uint) string { return name(n) }

func AnzahlNachbarn (n uint) uint { return anzahlNachbarn(n) }

func Nachbar (n, i uint) uint { return nachbar(n,i) }

func Aktivieren() { aktivieren() }

func EinfahrtFreigeben (n uint) { einfahrtFreigeben(n) }

func EinfahrtBesetzen (n uint) { einfahrtBesetzen(n) }

func EinfahrtBesetzt (n uint) bool { return einfahrtBesetzt(n) }
```

Die Implementierung des Netz-Pakets umfasst zwei Dateien; in `netz.go` werden die Namen der Bahnhöfe und ihre jeweiligen Nachbarn definiert; in `monitor.go` werden der abstrakte Datentyp mon und der Rechner, auf dem der Server läuft, definiert:

```
import ("μU/host"; "μU/fmon")

type mon struct {
                fmon.FarMonitor
                }
var server = host.Localhost().String()
```

14.4.3 Bahnhöfe

Die einzige Aufgabe der Bahnhöfe ist ihr Betrieb. Daher ist die Spezifikation des Bahnhof-Pakets sehr kurz:

```
package bahnhof

type Bahnhof interface {
  Betreiben()
}

func New() Bahnhof { return new_() }
```

Die Repräsentation des abstrakten Datentyps Bahnhof ist sehr einfach, sie besteht nur aus dem *Graphen* der Blöcke, dabei repräsentiert durch ihre Nummern, und der Angabe der Kilometrierung, die jeweils die Richtung der aktuellen Fahrstraße angibt:

```
type bahnhof struct {
                 gra.Graph
                 Kilometrierung
                 }
```

14.4.4 Fahrwege

Fahrwege und Fahrstraßen sind geordnete Folgen von Blöcken. Sie haben einen Startblock und einen Zielblock und Blöcke können in sie eingeordnet werden.

```
package fahrweg

type Weg interface {

// Liefert die Nummer des Startblocks von x.
  Start() uint

// Liefert die Nummer des Zielblocks von x.
  Ziel() uint

// x enthält keine Blöcke.
  Clr()

// Der Block mit der Nummer n ist in x eingeordnet.
  Insert (n uint)

// Liefert die Nummer des i-ten Blocks von x.
  Nr (i uint) uint

// Liefert die Anzahl der Blöcke in x.
```

```
  Num() uint

// Liefert genau dann true, wenn der i-te Block in x
// kleiner als der j-te Block in x ist.
  Less (i, j int) bool

// Liefert genau dann true, wenn der i-te Block in x
// kleiner als der j-te Block in x ist oder mit ihm übereinstimmt.
  Leq (i, j int) bool

// Liefert genau dann true, wenn in x Weichen oder
   Doppelkreuzngsweichen
// mit einer ablenkenden Stellung (links oder rechts) vorkommen.
  Ablenkend() bool
}

// Liefert einen neuen leeren Fahrweg.
func New() Weg { return new_() }
```

Fahrwege werden intern als Folgen von Blocknummern repräsentiert:

```
type weg struct {
                n []uint
                   }
```

14.4.5 Blöcke

Die Blöcke sind die Grundbestandteile eines Bahnhofs, weil jeder Bahnhof ein Graph ist, dessen Knoten die Blöcke sind. Jeder Block besteht aus einer geordneten Folge von Zellen (s. Abschn. 14.4.6). Es gibt

- gerade Gleisblöcke,
- Knicks (geknickte Gleisblöcke),
- Weichen(blöcke) und
- Doppelkreuzungsweichen(blöcke).

Die letzen drei Arten bestehen nur aus (einer) Zelle.

Blöcke sind numeriert; bei Gleis(blöck)en sind das die Gleisnummern. Es gibt verschiedene Gleisarten:

- Durchfahrgleise,
- Ein- und Ausfahrgleise und
- Abstellgleise.

Jeder Block hat einen der Zustände

- *frei,* d.h. nicht von einem Zug besetzt,
- *besetzt,* d.h. von einem stehenden Zug besetzt oder
- *befahren,* d.h. von einem fahrenden Zug besetzt.

Hier ist die Spezifikation des Block-Pakets:

```
package block
import (. "µU/obj"; "µU/col"; . "bahn/kilo"; . "bahn/richtung";
        "bahn/signal")

const H = 100 // Maximalzahl der Blöcke in einem Bahnhof

type Art byte; const (
  Dfg = Art(iota) // Durchfahrgleis
  AsM // AbstellgleisMit
  AsG // AbstellgleisGegen
  EfM // EinfahrgleisMit
  EfG // EinfahrgleisGegen
  AfM // AusfahrgleisMit
  AfG // AusfahrgleisGegen
  EAM // EinAusfahrgleisMit
  EAG // EinAusfahrgleisGegen
  Knick
  Weiche; DKW
  NArten
)
type
  Block interface {

  Object

  Stringer

// Vor.: x ist nicht leer.
// Liefert die Nummer von x modulo M.
  Nummerkurz() uint

// Liefert die Nummer von x.
  Nummer() uint

// Liefert die Schräglage von x.
  Schräglage() Richtung

// Vor.: z < AnzahlZeilen, s + 1 <= AnzahlSpalten, s < sn < s + 1.
//       Die Position (z, s) ist noch nicht durch einen Block
        belegt.
```

```
// x beginnt bei (z, s) und verläuft gerade nach rechts
   (a = gerade: horizontal,
// a = links: diagonal steigend, a = rechts: diagonal fallend)
   mit der Spaltenlänge l.
// x hat die Nummer n, sie erscheint n in der Spalte sn.
// x hat die Signale ...
// GleisDefinieren (n uint, a Art, lage Richtung, l, z, s, sn uint,
//              gn uint, gt signal.Typ, g Kilometrierung, gst
   signal.Stellung, gz, gsn uint,
//              mn uint, mt signal.Typ, m Kilometrierung, mst
   signal.Stellung, mz, msn uint)
   GleisDefinieren (n uint, a Art, lage Richtung, l, z, s, sn uint,
                    gt signal.Typ, g Kilometrierung,
                    gst signal.Stellung, gz, gsn uint,
                    mt signal.Typ, m Kilometrierung,
                    mst signal.Stellung, mz, msn uint)
```

```
// Liefert genau dann true, wenn x ein Gleis ist.
   IstGleis() bool
```

```
// Liefert genau dann true, wenn x ein Durchfahrgleis ist.
   IstDurchfahrgleis() bool
```

```
// Liefert genau dann true, wenn x ein Einfahrgleis ist.
   IstEinfahrgleis() bool
```

```
// Liefert genau dann true, wenn x ein Ausfahrgleis ist.
   IstAusfahrgleis() bool
```

```
// Liefert genau dann true, wenn x ein EinAusfahrgleis ist.
   IstEinAusfahrgleis() bool
```

```
   KnickDefinieren (n uint, k Kilometrierung, r Richtung, z, s uint)
```

```
   IstKnick() bool
```

```
// Vor.: z < AnzahlZeilen, s < AnzahlSpalten, l ungleich r,
   r = Links oder Rechts.
//      Die Position (z, s) ist noch nicht durch einen Block
belegt.
// x ist nicht leer. x hat die Nummer n.
// k ist die Kilometrierung, in der sich die Weiche verzweigt.
// l ist die Lage des durchgehenden Astes der Weiche
// (l = Gerade/Links/Rechts: horizontal/diagonal steigend/diagonal
   fallend).
// x ist für r == Links bzw. Rechts eine Links-/ bzw. Rechtsweiche
// mit der Stellung st an der Position (z, s).
   WeicheDefinieren (n uint, k Kilometrierung, l, r, st Richtung,
   z, s uint)
```

```
// Liefert genau dann true, wenn x eine Weiche ist.
  IstWeiche() bool

// Vor.: l != Gerade.
// x ist eine DKW mit der Nummer n, der Schräglage l, und der
   Position (z, s).
  DKWDefinieren (n uint, l, r Richtung, z, s uint)

// Liefert genau dann true, wenn x eine DKW ist.
  IstDKW() bool

// Vor.: x ist eine Weiche.
// Liefert die Richtung des abzweigenden Astes von x.
  Weichenrichtung() Richtung

// Vor.: x ist eine Weiche.
// Liefert die Kilometrierungsrichtung, in die x verzweigt ist.
  Verzweigungsrichtung() Kilometrierung

// Liefert die Position am linken Rand von x.
  Pos() (uint, uint)
  Zeile() uint

// Vor.: x ist eine Weiche oder eine DKW.
// x hat die Stellung r.
  Stellen (r Richtung)

// Vor.: x ist eine Weiche.
// Liefert die Stellung von x.
  Stellung() Richtung

// Wenn x in Richtung k ein Signal hat, hat es die Stellung s.
// Das Signal ist ausgegeben.
  SignalStellen (k Kilometrierung, s signal.Stellung)

// x ist ausgegeben.
// Ist x ein Gleis mit einer Nummer > 0, ist diese Nummer
   mit ausgegeben.
  Ausgeben (f col.Colour)

// Vor.: x ist nicht leer. l < AnzahlZeilen, c < AnzahlSpalten.
// Liefert genau dann true, wenn x die Position (l, c) belegt.
  Belegt (l, c uint) bool

// x ist nicht besetzt.
  Freigeben()

// Liefert genau dann true, wenn x nicht besetzt ist.
```

```
  Frei() bool

// Vor.: x ist nicht leer.
// x ist mit einem stehenden Zug besetzt.
  Besetzen()

// Vor.: x ist nicht leer.
// x ist mit einem fahrenden Zug besetzt.
  Befahren()

// Vor.: x ist nicht leer.
// Der Block ist mit einem stehenden Zug besetzt und blinkt.
  AnkunftBesetzen()

// Liefert genau dann true, wenn x mit einem stehenden oder
  fahrenden Zug besetzt ist.
  Besetzt() bool

// Vor.: x ist nicht leer.
// Liefert den Typ des Signals von x in direction k, falls es
    eins gibt;
// andernfalls NT.
  Signaltyp (k Kilometrierung) signal.Typ

// x blinkt einen Augenblick lang.
  Blinken()

// Liefert die Spaltenlänge von x.
  Länge() uint

// Liefert genau dann true, wenn der Mauszeiger auf x zeigt.
  UnterMaus() bool

// Liefert genau dann true, wenn x eine Weiche oder DKW mit der
    Verzweigungsrichtung k ist.
  Verzweigt (k Kilometrierung) bool
}

var Nr []uint
const M = 300
var B, W, D [M]Block

// Liefert einen neuen leeren Block.
func New() Block { return new_() }

// Liefert die Anzahl der Paare.
func NPaare() uint { return nPaare() }

// Vor.: i < NPaare()
```

```
// Liefert das i-te Paar.
func Paar (i uint) (uint, uint) { return paar(i) }

// Liefert genau dann die Nummer des Blocks, der unter der Maus
   liegt;
// in diesem Fall ist sie > 0. liefert andernfalls 0.
func Gefunden() uint { return gefunden() }
```

Die Repräsentation von Blöcken ist etwas aufwendiger:

```
type block struct {
                uint32  "Nummer"
                Art
                Kilometrierung // Verzweigungsrichtung, falls
                Weiche
         lage,
      richtung,             // Abzweigungsrichtung, falls Weiche
      stellung Richtung     // Stellung, falls Weiche
            uint            // Länge = Anzahl der Zellen
         l, c uint          // Position am linken Rand
            seq.Sequence    // Folge der Zellen
            zustand
          sig [NK]s.Signal
             }
```

14.4.6 Zellen

Zellen sind die Bestandteile von Blöcken.
   Es gibt folgende Arten von Zellen:

• Gleise,
• Knicks,
• Weichem,
• Doppelkreuzungsweichen und
• Prellbäcke.

Zellen haben eine Lage, eine Richtung, ggf. eine Stellung und eine Position im Bildschirm-fenster (s. Abschn. 14.3.1.1).
   Die Spezifikation des Zellen-Pakets lautet

```
package zelle
import (. "µU/obj"; "µU/col"; . "bahn/kilo"; . "bahn/richtung")

type Zelle interface {

  Object
```

```
// x hat die Nummer n.
  Numerieren (n uint)
```

```
// Vor. für alle Methoden mit den Parametern z, s am Schluss,
   die eine Zelle definieren:
// Die Position (z, s) ist noch nicht mit einer Zelle belegt.
```

```
// x ist ein Gleis mit der Schräglage a.
  Gleis (n uint, a Richtung, z, s uint)
```

```
// Liefert genau dann true, wenn x ein Gleis ist.
  IstGleis() bool
```

```
// x ist ein Knick in Richtung der Kilometrierung nach a.
  Knick (n uint, k Kilometrierung, a Richtung, z, s uint)
```

```
// x ist ein Prellbock in Richtung k und Position (z, s).
  Prellbock (k Kilometrierung, z, s uint)
```

```
// x ist für r = Rechts eine Rechtsweiche, andernfalls eine
   Linksweiche
// mit Verzweigungsrichtung k, Schräglage l, Stellung st und
   Position (z, s). Weiche (n uint, k Kilometrierung, l, r,
   st Richtung, z, s uint)
```

```
// Liefert genau dann (k, true), wenn x eine Weiche mit der
   Verzweigungsrichtung k ist.
  IstWeiche() (Kilometrierung, bool)
```

```
// Vor.: l != Gerade.
// x ist eine Doppelkreuzungsweiche mit Schräglage l, Stellung r
   und Position (z, s). DKW (n uint, l, r Richtung, z, s uint)
```

```
// Liefert genau dann (k, true), wenn x eine DKW mit der
   Verzweigungsrichtung k ist.
  IstDKW() (Kilometrierung, bool)
```

```
  String() string
```

```
// Wenn x eine Weiche oder DkW ist, ist sie in Richtung r
   gestellt. Stellen (r Richtung)
```

```
// Liefert die Stellung von x, wenn x eine Weiche oder DkW ist;
   andernfalls Gerade.
  Stellung() Richtung
```

```
// Liefert die Kilmetrierung von x.
  Kilo() Kilometrierung
```

```
// Liefert die Schräglage von x in Richtung k (bei in
// Richtung k verzweigtem x die des durchgehenden Astes),
// und die Position von x auf dem Bildschirm.
  Schräglage (k Kilometrierung) (Richtung, uint, uint)

// Liefert genau dann true, wenn x die Position (z, s) hat.
  HatPosition (z, s uint) bool

// Liefert die Position von x.
  Pos() (uint, uint)

  Nummer() uint

// x ist auf dem Bildschirm in der Farbe ausgegeben.
  Ausgeben (c col.Colour)

// Liefert genau dann true, wenn der Mauszeiger auf x zeigt.
  UnterMaus() bool
}


func New() Zelle { return new_() }
```

Auch die Repräsentation der Zellen ist etwas aufwendig:

```
type art byte
const (gleis = art(iota); knick; weiche, dkw; prellbock; nk)
type zelle struct {
                    art
                    uint32 "Nummer"
                    Kilometrierung
              lage,
          richtung,
          stellung Richtung
              z, s uint // Zeile, Spalte im Bildschirmfenster
        letzteFarbe col.Colour
                    }
```

14.4.7 Signale

Signale sind Bestandteile von Blöcken: Jeder Block kann ein oder zwei Signale haben, eins in Richtung der Kilometrierung und/oder eins in Gegenrichtung.

Wir beziehen nur Hauptsignale in das System ein. Sie haben immer eine der folgenden Stellungen:

- Hp0 = *Halt,*
- Hp1 = *Fahrt* oder
- Hp2 = *Langsamfahrt.*

Die Spezifikation des Signal-Pakets ist recht kurz:

```
package signal
import (. "μU/obj"; . "bahn/kilo")

type Typ byte; const (
  T0 = Typ(iota)
  T1 // Hp0, Hp1
  T2 // Hp0, Hp1, Hp2
  NT
)
type Stellung byte; const ( // Hauptsignale:
  Hp0 = Stellung(iota) // Halt
  Hp1  // Fahrt
  Hp2  // Langsamfahrt
  NS
)
type Signal interface {

  Object

// x ist definiert; x hat die Nummer n, die Kilometrierung K,
  den Type t,
// die Position (z, s) und die stellung Zughalt.
  Definieren (n uint, t Typ, k Kilometrierung, st Stellung, z,
  s uint)

// Liefert den Signaltyp von x.
  Signaltyp() Typ

// Vor.: x is defined.
// x hat die Stellung s. x ist an seiner Position auf dem
  Bildschirm ausgegeben.
  Stellen (s Stellung)

// Wenn x definiert ist, ist es an seiner Position auf dem
  Bildschirm ausgegeben.
  Ausgeben()
}

func New() Signal { return new_() }
```

14.4.8 Hilfspakete

Über die bisher vorgestellten Pakete hinaus werden noch einige kleine Pakete gebraucht.

Farben

Die verschiedenen Zustände der Blöcke werden durch Farben unterschieden:

- grün für unbesetzt,
- gelb für besetzt und
- rot für befahren.

Daraus ergibt sich die Spezifikation des Farben-Pakets:

```
package farbe
import "µU/col"

var ( Fordergrundfarbe, Hintergrundfarbe, Nichtfarbe,
  Freifarbe, Besetztfarbe, Zugfarbe,
  Fahrtfarbe, Langsamfahrtfarbe, Haltfarbe col.Colour
)
```

Kilometrierung

Die Kilometrierungen sind

- *Mit* = in Richtung der Kilometrierung und
- *Gegen* = entgegen dieser Richtung.

Die Spezifikation des Kilometrierungs-Pakets ist trivial:

```
package kilo

type Kilometrierung byte; const (
  Mit = Kilometrierung(iota) // von links nach rechts
  Gegen
  NK
)
var Ktext = [NK+1]string {"Mit", "Gegen", "NK"}

// Liefert Gegen für K == Mit, sonst Mit.
func Gegenrichtung (k Kilometrierung) Kilometrierung
{ return entgegen(k) }
```

Richtungen

Die Richtungen

- links,
- gerade und
- rechts

werden für die Schräglage von Zellen und die Stellungen von Weichen gebraucht (s. Abschn. 14.3.1.1).

Die Spezifikation des Richtungs-Pakets ist auch sehr einfach:

```
package richtung

type Richtung byte; const (Links = Richtung(iota); Gerade; Rechts;
     ND)

var Dtext = [ND+1]string {"Links", "Gerade", "Rechts", "ND"}

func Entgegen (d Richtung) Richtung { return entgegen(d) }
```

Konstanten

Der Größe und Positionierung von Zellen – damit von Blöcken – auf den Bildschirmfenstern dienen diverse Konstanten, die sich in dem entsprechenden Paket finden:

```
package konstanten

var Y0, H1, H2, W1, W2 int
const NZeilen, NSpalten = 16, 42

// Definiert die Werte Variablen unter Berücksichtigung
// der Größe des verfügbaren Bildschirms.
func Init() { init_() }
```

14.4.9 Sonstige Pakete

An tieferen Stellen werden viele weitere Pakete gebraucht, die aufgrund ihrer universellen Verwendbarkeit Bestandteile des Mikrouniversums sind, wie z. B. *Folgen* (μU/seq), *persistente Folgen* (μU/pseq), *Graphen* (μU/gra) und mein eierlegendes Wollmilchschwein für verteilte Probleme, der *ferne Monitor* (μU/fmon).

Literatur

1. Eisenbahn-Bau- und Betriebsordnung. https://www.gesetze-im-internet.de/ebo/
2. Richtlinie 408 – Fahrdienstvorschrift der Deutschen Bahn
3. Eisenbahn-Signalordnung 1959. https://www.gesetze-im-internet.de/eso_1959/

Figuren im Raum

15

Zusammenfassung

In diesem Kapitel geht es um die räumliche Darstellung von klassischen Figuren.

Da kiek'ste, wa.?

In meinen Vorlesungen in der Lehrerweiterbildung Mathematik hatte ich im Kontext „Moduln und Vektorräume" zur Verdeutlichung diverser Konzepte und in Anknüpfung von Vorwissen gelegentlich Skizzen einer Gebilde aus der analytischen Geometrie im dreidimensionalen Raum an die Tafel gezeichnet.

Als Abfallprodukt einiger graphischer Pakete aus dem Mikrouniversum war dann das Paket `rfig` zur Visualisierung einfacher Szenarios aus der analytischen Geometrie entstanden, mit dem z. B. *Kegelschnitte* anschaulich dargestellt werden können.

Bei diesem Projekt handelt es sich lediglich darum, Standardfiguren im dreidimensionalen Raum zu erzeugen und betrachten zu können.

Der Vorteil gebenüber einer (zweidimensionalen) Skizze liegt auf der Hand; z. B. um die Schnitte von (Doppel-)Kegeln mit Ebenen im 3D-Raum „herumlaufen" zu können – wenn auch nur virtuell – ist doch erheblich anschaulicher als lausige 2D-Skizzen ...

15.1 Systemanalyse

Es sollen *dreidimensionale Figuren im Raum* dargestellt werden, sowohl eckige, wie z. B. Würfel, Pyramiden oder Oktaeder, als auch runde, wie z. B. Kugeln, Kegel, Zylinder und Tori.

15.2 Systemarchitektur

15.2.1 Die Objekte des Systems

Das sind die dreidimensionalen Figuren aus dem Paket μU/fig3:

- *Punkte,*
- *Strecken* und *Folgen von Strecken,*
- *Dreiecke* und *Folgen von Dreiecken,*
- *Vierecke* und *Folgen von Vierecken,*
- horizontale und vertikale *Rechtecke,*
- *Parallelogramme,*
- *Polygone,*
- durch Funktionen gegebene *Kurven,*
- *Ebenen,* gegeben durch Funktionsterme der Form $f(x, y) = ax + by + c$,
- *Würfel,*
- *Quader* mit horizontaler Grundfläche,
- allgemeine *Prismen,*
- *Parallelepipede,*
- *Pyramiden* und *Multipyramiden,*
- *Oktahedra,*
- horizontale und vertikale *Kreise* und *Kreissegmente,*
- *Kugeln,* gegeben durch die Koordinaten des Mittelpunks (x, y, z) und ihren Radius r, und
- *Kegel* und *Doppelkegel* (mit vertikaler Symmetrieachse), gegeben durch die Koordinaten ihrer Spitze (x, y, z), ihren Radius f und ihre Höhe h,
- *Zylinder, Zylindersegmente,* horizontale *Zylinder,*
- horizontale und vertikale *Tori,*
- *Paraboloide* und
- durch Funktionen gegebene *Flächen.*

15.2.2 Komponentenhierarchie

Es gibt hier nur das Hauptprogramm raumfig.go, das das Paket fig3 benutzt, deshalb ist die Hierarchie sehr flach (s. Abb. 15.1).

Abb. 15.1 Komponentenhierarchie
der Raumfiguren

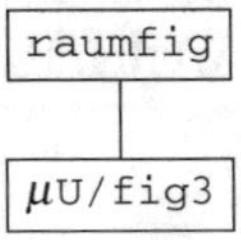

15.3   Benutzerhandbuch

Die Benutzung des Systems besteht darin, ähnliche kurze Programme wie die hier oben gezeigten zu schreiben, was das Studium der Spezifikationen des OpenGL-Pakets μU/gl voraussetzt.

15.4   Konstruktion

Für die *Spezifikation* ist die des OpenGL-Pakets μU/gl wichtig; die *Implementierungen* sind ganz kurze Programme im Stil derjenigen zu schreiben, die im Abschn. 15.4.3 vorgestellt werden.

15.4.1 Spezifikationen

Die dreidimensionalen Figuren

Die Spezifikation von μU/fig3 enthält viele Figuren. Wir zeigen hier aber nur den Ausschnitt davon, der sich mit dreidimensionalen Figuren befasst, und lassen auch die Funktionen weg, in denen Figuren mit mehreren Farben vorkommen:

```
package fig3
import (. "µU/obj"; "µU/col")

// The specifications of all functions
// are found in the file µU/gl/def.go.

func Cube (c col.Colour, x, y, z, a float64) { cube(c,x,y,z,a) }
func Cuboid (c col.Colour, x, y, z, x1, y1, z1 float64) {
          cuboid(c,x,y,z,x1,y1,z1) }
func Prism (c col.Colour, x ...float64) { prism (c,x...) }
func Parallelepiped (c col.Colour, x ...float64) {
                 parallelepiped(c,x...) }
func Pyramid (c col.Colour, x, y, z, a, h float64) {
              pyramid(c,x,y,z,a,h) }
func Multipyramid (f col.Colour, x, y, z, h float64, c ...float64) {
                multipyramid(f,x,y,z,h,c...)}
func Octopus (c col.Colour, x ...float64) { octopus(c,x...) }
func Octahedron (c col.Colour, x, y, z, r float64) {
              octahedron(c,x,y,z,r) }
func OctahedronC (c []col.Colour, x, y, z, r float64) {
              octahedronC(c,x,y,z,r) }
func Sphere (c col.Colour, x, y, z, r float64) { sphere(c,x,y,z,r) }
func Cone (c col.Colour, x, y, z, r, h float64) { cone(c,x,y,z,r,h) }
func DoubleCone (c col.Colour, x, y, z, r, h float64) {
              doubleCone(c,x,y,z,r,h) }
func Cylinder (c col.Colour, x, y, z, r, h float64) {
```

```
                 cylinder(c,x,y,z,r,h) }
func CylinderSegment (c col.Colour, x, y, z, r, h, a, b float64) {
                 cylinderSegment (c,x,y,z,r,h,a,b) }
func HorCylinder (c col.Colour, x, y, z, r, l, a float64) {
                 horCylinder(c,x,y,z,r,l,a) }
func Torus (c col.Colour, x, y, z, R, r float64) {
                 torus(c,x,y,z,R,r) }
func VerTorus (c col.Colour, x, y, z, R, r, a float64) {
                 verTorus(c,x,y,z,R,r,a) }
func Paraboloid (c col.Colour, x, y, z, a, wx, wy float64) {
                 paraboloid(c,x,y,z,a,wx,wy) }
func Surface (c col.Colour, f Fxy2z, wx, wy float64) {
                 surface(c,f,wx,wy) }
```

15.4.2 Implementierungen

Die Implementierung von $\mu U / \texttt{fig3}$ besteht nur aus direkten Zugriffen auf das OpenGL-Paket $\mu U / \texttt{gl}$ aus dem Mikrouniversum. Dazu zeigen wir einen Ausschnitt aus der Spezifikation dieses Pakets:

```
// Pre: wx > 0, wy > 0.
// The bounded plane within the area -wx <= x <= wx and -wy <= y <= wy,
// defined by f(x,y) = a * x + b * y + c, is created.
func Plane (a, b, c, wx, wy float64) { plane(a,b,c,wx,wy) }

// Pre: a != 0.
// A cube with edges parallel to the coordinate axes is created
// with the center at (x, y, z) and the edge length a.
func Cube (x, y, z, a float64) { cube(x,y,z,a) }

// Pre: len(x) == 6, x[0] != x[3], x[1] != x[4] and x[2] != x[5].
// A cuboid with edges parallel to the coordinate axes is created
// between the points at (x[0], x[1], x[2]) and (x[3], x[4], x[5]).
func Cuboid (x ...float64) { cuboid (x...) }

// Pre: len(x)
// A prism without bottom and top is created. Its bottom corners are (x[3],
    x[4], x[5]),
// (x[6], x[7], x[8]) and so on, its top corners are the bottom corners
    plus (x[0], x[1], x[2]).
func Prism (x ...float64) { prism (x...) }

// Pre: len(x) == 12.
// A parallelepiped is created. One of its corners is c = (x[0], x[1],
    x[2]), the others
// are c + (x[3], x[4], x[5]), c + (x[6], x[7], x[8]) and c + (x[9],
    x[19], x[11]).
func Parallelepiped (x ...float64) { parallelepiped (x...) }

// Pre: a > 0, h != 0.
```

```
// A pyramid of height h with the center (x, y, z) of its horizonal bottom
   is created,
// its bottom edges have the length a.
func Pyramid (x, y, z, a, h float64) { pyramid (x,y,z,a,h) }


// Pre: len(x)
// An octopus with top (x[0], x[1], x[2]) and corners (x[3], x[4], x[5]),
// (x[6], x[7], x[8]) and so on is created.
func Octopus (x ...float64) { octopus (x...) }


// Pre: r != 0.
// An octahedron with the center (x, y, z) and length e of its edges is
   created.
func Octahedron (x, y, z, e float64) { octahedron (x,y,z,e) }


// Pre: r != 0.
// A sphere is created with the center (x, y, z) and the radius r.
func Sphere (x, y, z, r float64) { sphere (x,y,z,r) }


// Pre: r != 0, h != 0.
// A cone of height h is created with the horizontal circle around (x, y,
   z) with radius r
// as its bottom.
func Cone (x, y, z, r, h float64) { cone (x,y,z,r,h) }


// Pre: r != 0, h != 0.
// Two cones of height h are created, one with the horizontal circle around
   (x, y, z - h)
// as bottom and the other with the horizontal circle around (x, y, z + h)
   as top.
func DoubleCone (x, y, z, r, h float64) { doubleCone (x,y,z,r,h) }


// Pre: r != 0, h != 0.
// A cylinder of radius r and height h is created with the
   horizontal circle around (x, y, z)
// with radius r as bottom and the horizontal circle around (x, y, z + h)
   as top.
func Cylinder (x, y, z, r, h float64) { cylinder (x,y,z,r,h) }


// Pre: R > 0, r > 0.
// A horizontal torus with the center at (x, y, z),
// the inner radius R-r and the outer radius R+r is created.
func Torus (x, y, z, R, r float64) { torus (x,y,z,R,r) }


// Pre: a != 0, wx > 0, wy > 0.
// A paraboloid within the area -wx <= x <= wx and -wy <= y <= wy is created
   with
// base point (x0, y0, z0), defined by f(x, y) = a^2 * ((x - x0)^2 +
   (y - y0)^2).
func Paraboloid (x0, y0, z0, a, wx, wy float64) { paraboloid(x0,y0,z0,a,
wx,wy) }


// Pre: wx > 0, wy > 0.
```

```
// The bounded surface within the area -wx <= x <= wx and -wy <= y <= wy,
// given by the function f is created.
func Surface (f obj.Fxy2z, wx, wy float64) { surface (f,wx,wy) }
}
```

Das Hauptprogramm stützt sich auf die Funktion Go aus dem Paket μU/scr zur Darstellung von 3D-Szenen. Das haben wir im Kap. 13 über Lindenmayer-Systeme kurz erläutert (s. Abschn. 13.3.6).

15.4.3 Beispiele

Das Programm

```
package main
import ("μU/col"; "μU/gl"; "μU/scr"; . "μU/fig3")

func main() {
  s := scr.NewWH (0, 0, 800, 600); defer s.Fin()
  gl.ClearColour (col.FlashWhite());
  s.Go (draw, 3,-1, 10, 3,-1, 0, 0, 1, 0)
}

func draw() {
  r, o, y, g := col.Red(), col.Orange(), col.Yellow(), col.Green()
  c, b, m, n := col.Cyan(), col.Blue(), col.Magenta(), col.Brown()
  MultipyramidC ([]col.Colour {m, n, r, o, y, g, c, b},
    0, 2, 0, 2, 3, 3, 1, 4, -1, 4, -2, 3, -2, 2, -1, 0, 2, 0)
  OctahedronC ([]col.Colour{r,o,y,g,c,b,m,n}, 6, 2, 0, 1.4)
  PrismC ([]col.Colour {c, b, m, r, o, y, g}, 1, 0, 1.5, 1, -2, 0,
    -1, -1, 0, -2, -2, 0, 0, -3, 0, -1, -4, 0, 0, -5, 0, 2, -4, 0)
  ParallelepipedC ([]col.Colour{r,o,y,g,b,m}, 5, -2, 0,
            2, 0, 1, 1, -2, 0, -1.5, 0, 2)
}
```

zeigt eine Multipyramide, ein Oktaeder, ein Prisma und ein Parallelepiped (s. Abb. 15.2 und 15.3).

Im Programm

```
package main
import ("μU/col"; "μU/scr"; . "μU/fig3")
package main
import ("μU/col"; "μU/gl"; "μU/scr"; . "μU/fig3")

func main() {
  s := scr.NewWH (0, 0, 800, 600); defer s.Fin()
  gl.ClearColour (col.FlashWhite());
  s.Go (draw, 0, -12, 0, 0, 0, 0, 0, 0, 1)
}

func draw() {
  m, o := col.Magenta(), col.Orange()
```

Abb. 15.2 Diverse Figuren

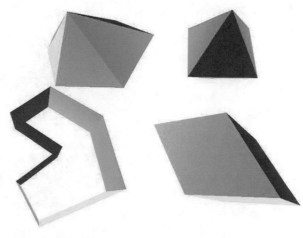

Abb. 15.3 Andere Ansicht der
diversen Figuren

```
   Sphere (col.Red(), -1.25, -0.5, 0, 2)
   Torus (col.Green(), 0, 0, 0, 5, 1)
   VerTorus (col.Blue(), 5, -2, 0, 3, 0.5, 65)
   CylinderC ([]col.Colour{m,o}, 2.0, 1.5, -4, 1, 8)
}
```

werden eine Kugel, zwei Tori und ein Zylinder modelliert (s. Abb. 15.4).

15.4.4 Beispiele für Kegelschnitte

Das sind diejenigen Figuren, die seinerzeit für mich der Anlass waren, dieses Projekt zu konstruieren.

Abb. 15.4 Kugel, Tori und
Zylinder

Kreise und Ellipsen

Schneidet man einen Kegel mit eine Ebene, die horizonal zur Kegelachs liegt, resultiert ein Kreis als Durchschnittsmenge. Wenn die Ebene *nicht* horizontal zur Kegelachse und ihr Anstiegswinkel kleiner ist als der Neigungswinkel des Kegels, ist die Durchschnittsmenge eine Ellipse. Dieser zweite Fall wird durch das folgende Beispielprogramm modelliert:

```
package main
import ("µU/col"; "µU/gl"; "µU/scr"; . "µU/fig3")

func main() {
  s := scr.NewWH (0, 0, 800, 600); defer s.Fin()
  gl.ClearColour (col.FlashWhite()); gl.Clear()
  s.Go (draw, 0, -6, 2, 0, 0, 2, 0, 0, 1)
}

func draw() {
  Cone (col.Blue(), 0, 0, 0, 2, 5)
  Plane (col.Orange(), 0.8, 0.8, 2.5, 2.5, 2.5)
}
```

Die Abb. 15.5 und 15.6 illustrieren dieses Beispiel.

Parabeln und Hyperbeln

Wenn man den Kegel durch einen Doppelkegel ersetzt und der Anstiegswinkel der Ebene größer als der Neigungswinkel des Kegels ist, ist der Durchschnitt im Allgemeinen eine Parabel. Der Spezialfall dieses Beispiels, dass die Ebene parallel zur Kegelachse liegt, resultiert eine Hyperbel als Durchschnittsmenge. Das wird durch das folgende Beispielprogramm modelliert:

```
package main
import ("µU/col"; "µU/gl"; "µU/scr"; . "µU/fig3")
```

```
func main() {
  s := scr.NewWH (0, 0, 800, 600); defer s.Fin()
  s.ScrColourB (col.FlashWhite()); scr.Cls()
  s.Go (draw, 5, -3, 2, 0, 0, 0, 0, 1, 0)
}

func draw() {
  gl.ClearColour (col.FlashWhite()); gl.Clear()
  DoubleCone (col.Red(), 0, 0, 0, 1, 3)
  VertRectangle (col.Green(), .3, -1, -3, .3, 1, 3)
}
```

Die Abb. 15.7 und 15.8 zeigen zwei Ansichten dieses Beispiels.

Abb. 15.5 Schnitt eines
Kegels mit einer Ebene

Abb. 15.6 Andere Ansicht
dieses Schnittes

Abb. 15.7 Schnitt eines
Doppelkegels mit eine Ebene
parallel zur Kegelachs

Abb. 15.8 Die Hyperbel

Zusammenfassung

Dieses Projekt hat mit dem Bahnprojekt gemeinsam, dass es um kürzeste Verbindungen geht; hier aber zwischen Bahnhöfen bei Fahrten mit Berliner U- und S-Bahnen. Das Netz dieser Bahnen ist auf dem Bildschirm abgebildet; mit Mausklicks können Fahrten gefunden werden.

Berlin, Berlin,
wir fahren durch Berlin.

Aufschrift auf einem Bus der BVG.

Auch in diesem Projekt spielt Graphentheorie die zentrale Rolle: Es geht um die Suche nach den besten Verbindungen zwischen zwei Bahnhöfen im Verkehrsnetz der Berliner U- und S-Bahnen, also einem klassisches Beispiel für einen Graphen.

16.1 Systemanalyse

Eine *U- oder S-Bahn-Linie* besteht aus *Bahnhöfen* und den *Verbindungsstrecken* dazwischen. Das *Netz* ist die Gesamtheit aller U- und S-Bahn-Linien.

Die Attribute der *Bahnhöfe* sind

- ihre *Namen,*
- ihre *Koordinaten* (Breiten- und Längengrad),
- die *Linien,* auf denen sie liegen,

- eine interne *Nummer,* über die sie identifiziert werden und
- ob sie ein *Umsteigebahnhof* sind oder nicht

Eine *Verbindung* (zwischen zwei Bahnhöfen) besteht aus

- der *Linie,* auf der die Bahnhöfe liegen,
- den *Koordinaten* der beiden Bahnhöfe, die er verbindet, und
- einer natürlichen Zahl als mittlere *Fahrzeit* zwischen diesen beiden Bahnhöfen.

Eine *Linie* besteht aus

- ihrer *Bezeichnung* (bei U-Bahnen ein „U", bei S-Bahnen ein „S", gefolgt von der *Liniennummer,* und
- der *Farbe,* mit der sie auf Plänen gekennzeichnet sind.

16.2 Systemarchitektur

16.3 Die Objekte des Systems

Nach der Systemanalyse haben wir die folgenden **Objekte:**

- das Netz,
- die Bahnhöfe,
- die Verbindungen und
- die Linien.

Die entsprechenden Pakete sind die abstrakten Datentypen

- `net`,
- `station`,
- `track` und
- `line`.

`net` ist ein abstraktes Datenobjekt, `station` und `track` sind abstrakte Datentypen und `line` definiert nur die Namen und Texte der Linien.

16.4 Komponentenhierarchie

Abb. 16.1 zeigt die Abhängigkeit der Pakete untereinander:

Abb. 16.1 Architektur von
BUS

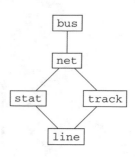

16.5   Benutzerhandbuch

Die Benutzung des Programms ist denkbar einfach:

Nach dem Programmaufruf erscheint eine Graphik (s. Abb. 16.2), die das U- und das S-Bahn-Netz darstellt. Nach einem Klick auf den *Startbahnhof* und anschließendem Klick auf den *Zielbahnhof* wird die kürzeste Verbindung farblich angezeigt.

Mit der Eingabetaste ◄┘ und der Rücktaste ◄— kann die Graphik verkleinert bzw. vergrößert und mit den Pfeiltasten verschoben werden; mit der Fluchttaste Esc wird das Programm beendet.

16.6   Konstruktion

16.6.1 Spezifikationen

Wir zeigen hier die Spezifikationen der beteiligten Pakete.

Das Netz

Die Spezifikation des Netzes ist sehr kurz:

```
package net

// Liefert genau dann true, wenn
// Start- und Zielbahnhof angeklickt wurden.
func StartAndDestinationSelected() bool { return selected() }

// Zeigt die kürzeste Verbindung zwischen den angeklickten Bahnhöfen.
func ShortestPath () { shortestPath() }
```

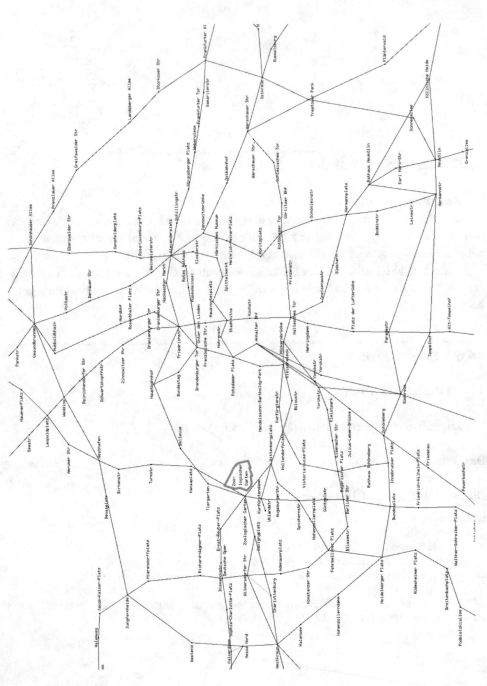

Abb. 16.2 Ausschnitt aus dem Berliner U- und S-Bahn-Netz

Die Bahnhöfe

Bahnhöfe haben den Typ Object – die Voraussetzung dafür, dass sie als *Knoten* in Graphen eingefügt werden können (s. Abschn. 3.5.11).

```
package stat
import (. "µU/obj"; . "bus/line")

const (L = 'l'; R = 'r'; O = 'o'; U = 'u')

type Station interface {

  Object

  Set (l Line, nr uint, n string, b byte, y, x float64)
  Line() Line
  Number() uint
  Pos() (float64, float64)
  Umstieg()
  Renumber (l Line, nr uint)
  Equiv (Y any) bool
  EditScale()
  UnderMouse() bool
  Write (b bool)
}
```

Die Verbindungen

Auch *Verbindungen* haben den Typ Object – die Voraussetzung dafür, dass sie als *Kanten* in Graphen eingefügt werden können (s. Abschn. 3.5.11).

```
package track
import (. "µU/obj"; "bus/line")

type Track interface { // Verbindung mit Linie und natürlicher Zahl
                       // als Wert (mittlere Fahrzeit in Minuten)
  Object
  Valuator

// x gehört zur Linie l und hat den Wert f.
  Def (l line.Line, f uint)

// Die Positionen der beiden Endpunkte der Verbindung
// sind durch (x, y) und (x1, y1) gegeben.
  SetPos (x, y, x1, y1 float64)

// x ist auf dem Bildschirm ausgegeben, für b == true
// in der Farbe seiner Linie, sonst in schwarz.
  Write (b bool)
}
```

Die Linien

Die Spezifikation der *Linien* besteht aus der Aufzählung der U- und S-Bahn-Linien in Berlin und den von der BVG für sie vergebenen Farben.

```
package line
import "µU/col"

type Line byte; const (
  Footpath = Line(iota)
  U1; U2; U3; U4; U5; U6; U7; U8; U9; S1; S2; S25; S26; S3
  S41; S45; S46; S47; S5; S7; S75; S8; S85; S9; Zoo; BG; NLines)
var (
  Text = []string {"F", "U1", "U2", "U3", "U4", "U5", "U6",
                   "U7", "U8", "U9", "S1", "S2", "S25", "S26",
                   "S3", "S41", "S45", "S46", "S47", "S5",
                   "S7", "S75", "S8", "S85", "S9", "Zoo", "BG"}
  Colour = []col.Colour {col.White (),
                   col.New3n ("U1", 85, 184, 49),
                   col.New3n ("U2", 241, 71, 28),
                   ...
                   col.New3n ("S1", 119, 95, 176),
                   col.New3n ("S2", 19, 133, 75),
                   ...
)
```

16.6.2 Implementierung

Wir zeigen nur die Repräsentationen der Datentypen `stat` und `track` und einen Ausschnitt aus der Datei `construct.go` aus dem Paket `net`.

Die Bahnhöfe

Die Repräsentation von `station` lautet:

```
package stat
import (. "µU/obj"; "µU/time"; "µU/linewd"; "µU/str"
        "µU/col"; "µU/scr"; "µU/scale"; "bus/line")

const (
  dB = 67.62 // km pro Breitengrad bei 52,5 Grad Breite
  dL = 111.13 // km pro Längengrad
)
type station struct {
        bg, lg float64 // Position (Breiten- und Längengrad)
        line line.Line
             uint // interne Nummer
```

```
           umstieg bool
                  string "Name"
       beschriftung byte // Positionierung des Namens auf der Graphik
                  }
```

Die Verbindungen

Hier ist die Repräsentation von track:

```
package track
import (. "µU/obj"; "µU/linewd"; "µU/col"; "µU/scr"
       "µU/scale"; "bus/line")

const dB, dL = 67.62, 111.13 // km pro Breiten- bzw. Längengrad
                             // bei 52.5 Breite
type track struct {
                  line.Line
      x, y, x1, y2 float64 // Positionen der Bahnhöfe
                  uint "Fahrzeit"
                  }
```

Das Netz

Das Netz ist als Graph repräsentiert. Bei seiner Konstruktion in der Datei net/construct.go wird jeder Bahnhof in einer Programmzeile in diesen Graphen eingefügt und mit dem Bahnhof aus der Programmzeile davor verbunden. Wir zeigen einen beispielhaften kurzen Ausschnitt aus dieser Konstruktion.

```
package net

import ("µU/ker"; "µU/str"; "µU/errh"; . "bus/line"; "bus/stat")

// Aktuelle Ecke ist (l, nr), postaktuelle Ecke ist die,
// die vorher aktuell war.
func ins (l Line, nr uint, k string, b byte, y, x float64) {
  k = str.Lat1 (k)
  station.Set (l, nr, k, b, y, x)
  lastX, lastY = x, y
  netgraph.Ins (station)
}

// Aktuelle Ecke ist (l, nr), postaktuelle Ecke ist die,
// die vorher aktuell war. t ist die mittlere Fahrzeit
// vom Bahnhof aus der Programmzeile davor.
func ins1 (l Line, nr uint, n string, b byte, y, x float64, t uint) {
  x0, y0 := lastX, lastY
  ins (l, nr, n, b, y, x)
  trk.Def (l, t)
```

```
    trk.SetPos (x0, y0, x, y)
    netgraph.Edge (trk)
}

func constructNet() {
    ins     (U1, 10, "Uhlandstr___",        U, 52.5030, 13.3276)
    ins1    (U1, 11, " Kurfürstendamm",     O, 52.5038, 13.3314, 1)
    ins1    (U1, 12, "Wittenbergplatz",     R, 52.5018, 13.3430, 2)
    ins1    (U1, 13, "Nollendorfplatz",     L, 52.4994, 13.3535, 2)
    ins1    (U1, 14, "Kurfürstenstr",       O, 52.5001, 13.3615, 1)

    ...
}
```

Erratum zu: Bücher

Erratum zu:
Kapitel 11 in: C. Maurer, *Objektbasierte Programmierung mit Go*,
https://doi.org/10.1007/978-3-658-42014-7_11

Die ursprüngliche Version des Kapitels 11 wurde versehentlich veröffentlicht, bevor die folgenden Korrekturen eingearbeitet wurden. Das Kapitel wurde aktualisiert.

S. 246: In der letzten Zeile wurde `field` durch `enum` ersetzt.

S. 247: In der Systemarchitektur wurde `field` durch `enum` ersetzt.

S. 247, 248: Der gesamte Text des Abschnitts 11.6.1 **Gebiete** wurde durch den Satz „Hierfür benutzen wir den Typ `enum.Enum` aus dem Mikrouniversum." ersetzt.

S. 250: Vor der 16. Zeile von unten wurde die Zeile
```
const (len0 = 30; len1 = 63; len2 = 22)
```
eingesetzt.

S. 250: Die 16. Zeile von unten wurde durch
```
field enum.Enum
```
ersetzt.

S. 250: Die 8. Zeile von unten wurde durch
```
x.field = enum.New(20)
```
ersetzt.

S. 250: In der 3. Zeile von unten wurde `len0` durch `len2` ersetzt.

S. 251: In der 10. Zeile wurde beim Import des ersten Pakets µU/collop durch `mU/obj` ersetzt.

Die aktualisierte Version des Kapitels finden Sie unter
https://doi.org/10.1007/978-3-658-42014-7_11

Stichwortverzeichnis

A

Ableitung, 272
Adressenverzeichnis, 257
Adressoperators, 27
Alphabet, 272
Anweisung, 191
any, 39
Atom, 254, 255, 259
ausdrucken, 76
Ausfahrgleis, 308
ausgeglichen, 97
Auswahl, 77
Auswahlmenü, 14
AVL-Baum, 97, 109
AVL-Invariante, 98

B

B-Baum, 115
Bahnanlage, 305
Bahnhausen , 312
Bahnheim, 312
Bahnhof, 303, 305, 308, 317, 339
Bahnstadt, 313
Baum, dreidimensionaler, 288, 290
Benutzerhandbuch, 143
Benutzeroberfläche, 11
Berechenbarkeit, 190
Bild, 221, 225
Bildschirm, 11, 48
Bildschirmodus, 51
Bildschirmpaket, 54

Binärbaum, 97
Block, 308, 311, 318
Blockstrecke, 305
Blume, 290
Buchstabe, 272
Busch, dreidimensionaler, 288
Byte, 43
Bytefolge, 31, 42

C

Clearer, 42
Codelänge, 43
codieren, 43

D

Datei, sequentielle, 114
Datenobjekt, abstraktes, 10, 22
Datensatz, 254
Datenspeicher, 190, 232
Datentyp
    abstrakter, 3, 10, 27
    konkreter, 24
Dereferenzierungsoperator, 27
drehen, 274
Drucktastenstellwerk, 303

E

editieren, 72
Effekt, 12
Einfahrgleis, 308

Printed in the United States
by Baker & Taylor Publisher Services